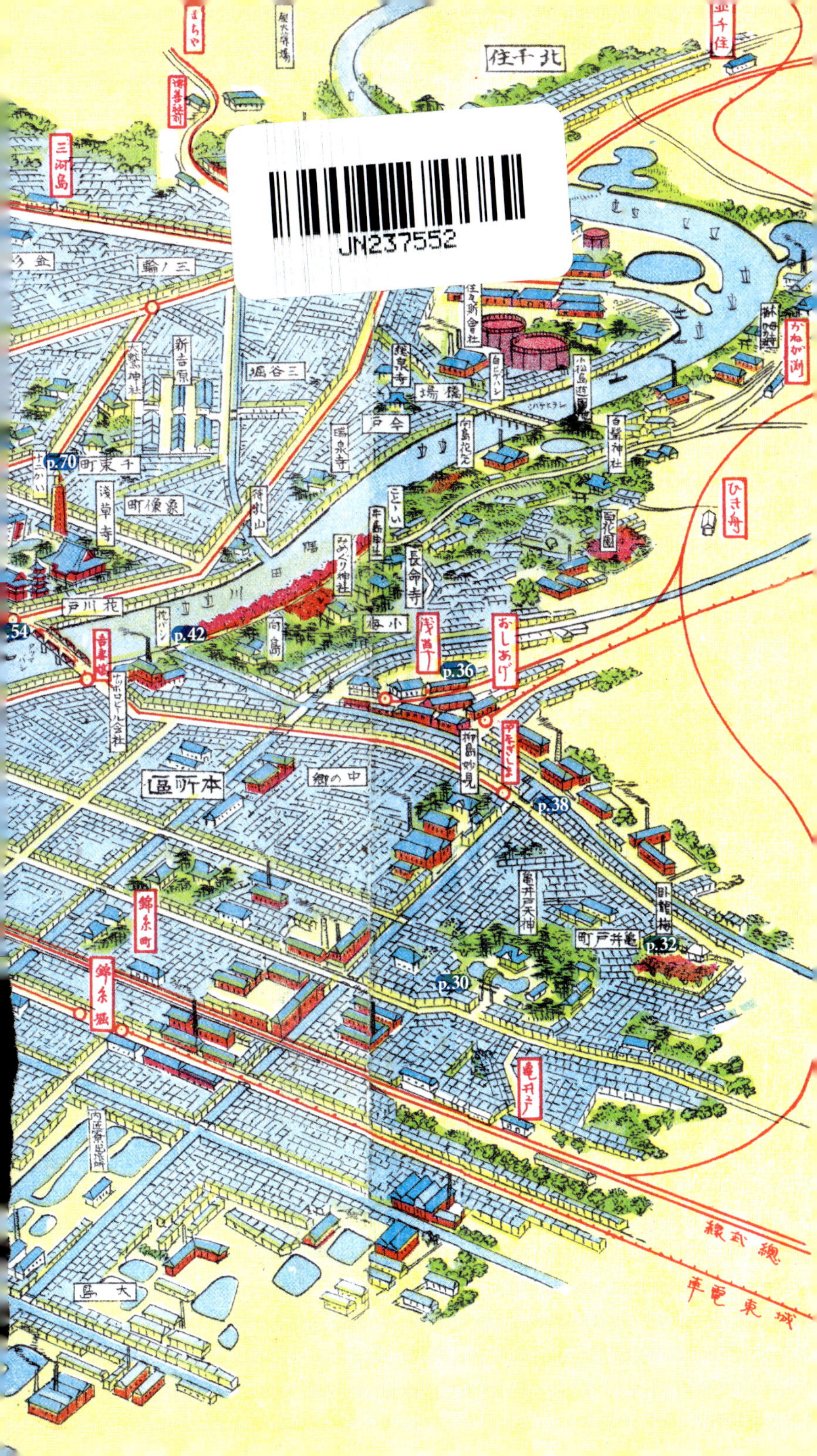

北千住
まちや
三河島
三ノ輪
新吉原
大鷲神社
三谷堀
今戸
橋場
総泉寺
白ヒゲハシ
小松島遊園地
白鬚神社
かねが淵
ひき舟
百花園
十二かい
p.70
千束町
浅草寺
象潟町
待乳山
ことゝい
牛島神社
みめぐり神社
長命寺
小梅
花川戸
54
吾妻橋
枕バシ
p.42
向島
浅草
p.36
おしあげ
サッポロビール会社
本所区
中の郷
柳島妙見
p.38
錦糸町
錦糸堀
亀井戸天神
亀井戸町
臥竜梅
p.32
p.30
亀井戸
大島
総武線
城東電車

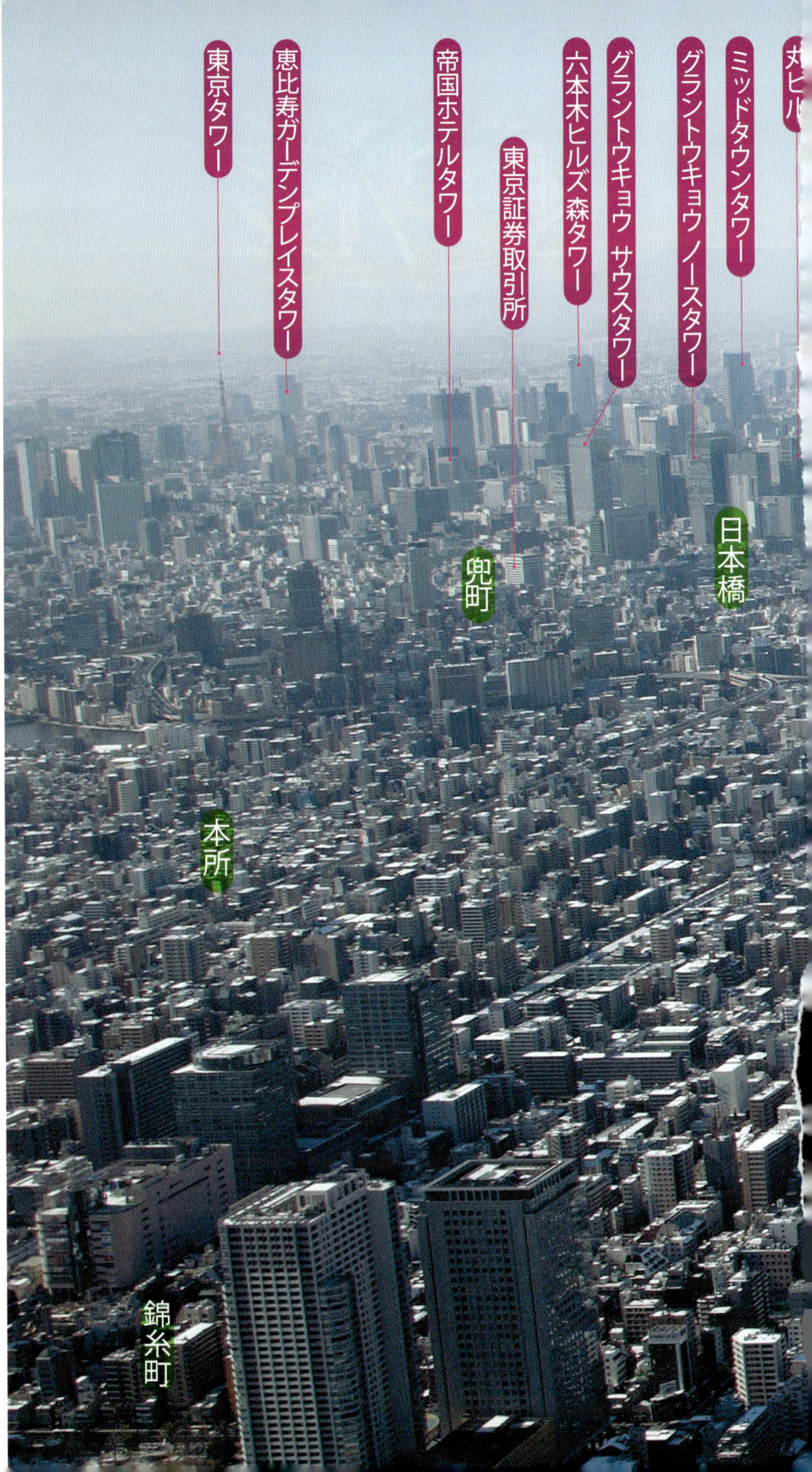
東京タワー
恵比寿ガーデンプレイスタワー
帝国ホテルタワー
東京証券取引所
六本木ヒルズ 森タワー
グラントウキョウ サウスタワー
グラントウキョウ ノースタワー
ミッドタウンタワー
兜町
日本橋
本所
錦糸町

彩色絵はがき・古地図から眺める

ワイド版 東京今昔散歩

原島広至

亀戸天神の太鼓橋（p.30）

はじめに

文庫版の『東京今昔散歩』が２００８年に発売されてから、5年が経過しました。わずか5年ですが、東京スカイツリーがそびえ立ち、辰野金吾設計の東京駅丸の内駅舎の復原工事が完成し、丸の内のジョサイア・コンドル設計の三菱一号館も明治時代の姿がよみがえりました。２００８年版の文庫版の現代写真と、２０１４年版のワイド版の現代写真との間で、今昔の差が現れるほど、東京の景観は刻々と変わっています。１００年もすれば、本書の「現代」写真は、「はるか昔」のレトロ写真として紹介されることになるでしょう。

１９００年（明治33）に私製はがきが認可されるようになると、各地の名所を載せた手彩色絵はがき（モノクロの写真に職人が手で彩色した絵はがき）が人気を博し、人々に親しまれました。本書では、明治・大正・昭和初期の絵はがきに写し出された風景と全く同じ視点から現代の写真を撮影しました（場所によっては同じ地点からは撮影できなかったものもあります）。何気ない風景の中にも、歴史的にも興味の尽きないエピソードが隠されているのがこの東京。それを掘り出していき、東京を「再発見」するきっかけとなれば幸いです。

古い絵はがきを楽しむには、その当時の建物の位置関係を知るための古地図が必需品となります。本書でしばしば掲載している江戸の「切絵図」は、大きな地図を持ち運ぶことなく、必要な部分だけを「携帯」できる便利な地図でした。大名や旗本の名前がほぼ載っており、現代の住宅地図のはしりといえます。特に大名屋敷に表札のなかった時代に、切絵図は必需品でした。切絵図は現在の建物の場所や地名が、江戸時代と大きなつながりを持っていることを探る大きな手がかりとなります。道路の形が１００年を経ても昔のままであるのも興味深い点です。江戸時代の地図は、北を上にするというルールがなかったため、地図によって方角はまちまちでした。しかし、江戸全図を描いた地図は大抵、西が上に描かれていました。４ページに掲載した地図の区分をみると、当時の身分社会の構図を見て取ることができます。

　本書の現代地図、また時として古地図にある 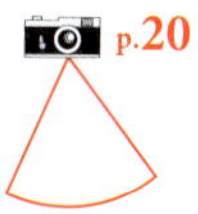

のマークは、赤字のページに掲載された写真、あるいは絵はがきや古写真が、地図上のどの地点で撮影されたのかを示し、赤い扇形は撮影された画像の視野の広がりを表わしています。地図上の場所を実際に散歩する際、この扇形の円弧の中心に立てば、掲載した写真や絵はがきと、ほぼ同じ風景が眼前に現れるはずです。

　本書の制作に際して、大勢の方の協力を頂きました。画像を提供して頂いた方々、また建物の撮影に御協力頂いた方々には深くお礼を申し上げます。

　本書の編集を担当して下さった細田繁氏には心より感謝致します。また、イラストや地図製作を担当して頂いた堀場正彦氏、東島香織氏、松元千晶氏、田中李奈氏に、そして資料調査等で協力頂いた谷川宗寿氏、宮崎智美氏、松元奈保子氏、田中裕子氏に、そして、枡形門のＣＧ制作にご協力頂いた大塚航氏には、この場をお借りして厚くお礼申し上げます。

２０１４年３月

原島　広至

江戸全図〔江戸時代〕
江戸城
大名屋敷
町人の町
金融・商業の中心地
隅田川
埋め立て
造成地
観光地・別荘地

江戸全図を描いた古地図の多くは、西を上に東を下に描いている。特に、ここで示した部分で江戸を切り抜けば、徳川家の江戸城を頂点とした、大名屋敷（徳川家親藩《しんぱん》、譜代大名）、町人の町（日本橋、銀座）、新開発地域・観光地という社会構図を端的に見ることができる。

泰平御江戸繪圖 天保補益再版を用いて作図

東京市街図〔明治時代〕

1878年（明治11）、東京府は15区と6郡に区分され、大名屋敷のあった大名小路や皇居周辺は、**「麹町《こうじまち》区」**となった。この地図から分かるように、麹町区が今と全く異なる点は、内乱の備えとして、兵営や練兵場等の陸軍の施設がかなりの部分を占めていたことだ。

「區畫改正實測東京明細全圖」1893年（明治26）

ワイド版 東京今昔散歩●もくじ

はじめに 2／江戸全図 4／東京市街図 5

第1章 江戸城から皇居へ 9

江戸城本丸［地図］10／大名小路《こうじ》［地図］12

二重橋 14／楠木正成《くすのきまさしげ》像 16／坂下門と宮内省 18

桜田二重櫓と桔梗門 20／桜田門 22／北桔橋門《きたはねばしもん》 24

コラム：江戸城天守台今昔 26

第2章 モネを魅了した亀戸天神の風景 27

亀戸［地図］28／亀戸天神の太鼓橋 30

コラム：印象派の画家に影響を与えた江戸の浮世絵 32

第3章 吉宗が植えさせた墨堤の桜 向島・東京スカイツリー 33

向島［地図］34／小梅村と東京スカイツリー 36

常夜燈《じょうやとう》 40／枕橋付近 42／浩養園 46

コラム：文人墨客《ぶんじんぼっかく》の愛した向島 50

第4章 江戸時代から続く庶民娯楽の中心 浅草 51

浅草［地図］52／吾妻橋 54／雷門前 56／浅草仲見世 58

浅草六区 62／花屋敷 68／凌雲閣《りょううんかく》 70

第5章 橋の展覧会 隅田川 73

東京の景観を変えた震災・戦災・五輪 74

クイズ：これはどの橋の装飾でしょう？ 75

隅田川の橋一覧 77／両国［地図］80／両国橋 82

新大橋 86／清洲橋 88／永代橋 90／勝鬨橋《かちどきばし》 92

コラム：博覧会と博物館 94

第6章 芸術と文化の中心地 上野 95

上野［地図］96／上野駅 98／上野公園入口 100

西郷隆盛銅像 102／帝室《ていしつ》博物館 104

不忍池のウォーターシュート 106

寛永寺 徳川家霊廟《れいびょう》 108／徳川家系図と墓地の所在 109

コラム：江戸時代の治水工事・上水道工事 110

第7章 江戸からの学問の中心地 神田川界隈 111

神田川［地図］112／柳橋 114／万世橋駅 116

聖橋 118／東大赤門 120／砲兵工廠《ほうへいこうしょう》 122

コラム：都内各地の不思議な「不」印 124

第8章 月見の名所 九段坂 125
九段［地図］126／九段坂 128
コラム：日本橋・銀座周辺の町名にみる職業 132

第9章 金融・商業の中心地 日本橋界隈 133
日本橋［地図］134／日本橋 136
日本銀行 138／鎧橋《よろいばし》 140
コラム：江戸時代の迷子 142

第10章 日本最初のレンガ街 銀座 143
銀座［地図］144／京橋 146
銀座四丁目交差点 148／新橋 152
新橋停車場 154／歌舞伎座 156／浜離宮 158
コラム：銀座「日本初」物語 160

第11章 日本初のオフィス街 丸の内 161
大名小路／丸の内［地図］162／東京駅 164／東京駅前 166
馬場先門通り 168／東京銀行集会所 170
丸の内空撮 172／帝国劇場 174／東京市役所 176
華族会館 178／帝国ホテル 180／日比谷公園 182
コラム：古い絵はがきの年代推定のヒント 184

第12章 大名屋敷から官庁街へ 霞ヶ関 185
霞ヶ関［地図］186／桜田濠《ぼり》 188
司法省 190／帝国議事堂 192
コラム：江戸の三十六見附 194

第13章 江戸城の西の守り 赤坂・四谷 195
赤坂・麹町［地図］196／赤坂見附 198
弁慶橋 200／清水谷公園 202／四ツ谷 204
四谷見附橋 206／東宮御所 208
コラム：お台場今昔 210

第14章 徳川家霊廟 芝 211
芝［地図］212／増上寺山門 214
徳川家霊廟 216／高輪・三田［地図］220
池田屋上屋敷表門・後の高輪御殿 222
手彩色絵はがきの歴史 224／江戸〜昭和初期年表 227
干支一覧表 230／参考文献一覧 231

本書は「中経の文庫」の『東京今昔散歩』を改訂増補し、ワイド版にしたものです。

現代の皇居の航空写真 コンクリートに覆われた東京のただ中にあって、皇居周辺の空間は緑と水に囲まれ、濠《ほり》や櫓《やぐら》などの、江戸時代を偲ばせる史跡が残る良き散歩コースとなっている。

画像：㈱株式会社エアロ・フォト・センター

皇居前広場　明治時代【手彩色大判古写真】

第１章　江戸城から皇居へ

江戸城は１４５７年（康正《こうせい》３）に、上杉持朝《もちとも》の家臣、太田道灌《おおたどうかん》が最初に築城。後に上杉氏、次いで北条《ほうじょう》氏の城となったが、１５９０年（天正18）、徳川家康が入城し、居城と定めて以降、増築を重ね、日本最大の城郭《じょうかく》となる。明治維新後、江戸城は天皇の住まい「皇居（当時は宮城《きゅうじょう》）」となる。現在、本丸・二の丸・三の丸跡の一部は公園として一般に開放され、昔と変わらぬ景色を楽しむことができる。

江戸城本丸

見取図　江戸御城之絵図（甲良家）などを元に作成

百人番所とは、甲賀《こうが》組、伊賀《いが》組、根来《ねごろ》組、二十五騎《き》組からなる鉄砲百人組が昼夜交代で詰めた警備の詰所。長崎出島の医師にして博物学者のシーボルトは、将軍拝謁《はいえつ》の際、百人番所で休憩したという記述がある。

皇居東御苑 現代

二の丸雑木林は、開発によって失われつつある東京郊外の「武蔵野」の生態系を保存するため、コナラ、クリ、クヌギ、イヌシデ、クスノキといった樹木を表土ごと、つまりその中の根や種子、昆虫や土壌動物ごと移植したという、面積が8200㎡もある人工林。

大名小路《こうじ》（西の丸下）

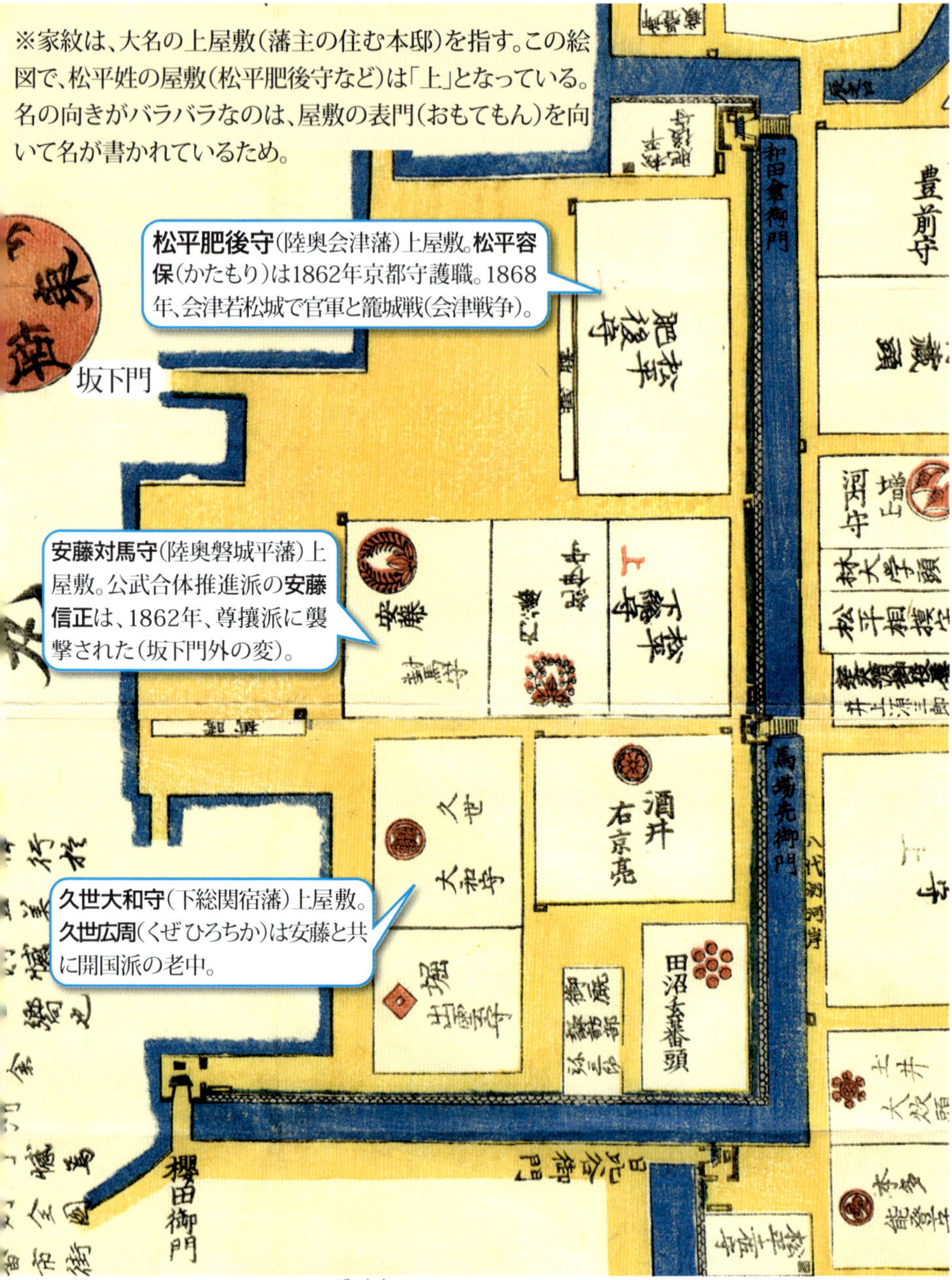
※家紋は、大名の上屋敷（藩主の住む本邸）を指す。この絵図で、松平姓の屋敷（松平肥後守など）は「上」となっている。名の向きがバラバラなのは、屋敷の表門（おもてもん）を向いて名が書かれているため。
松平肥後守（陸奥会津藩）上屋敷。**松平容保**（かたもり）は1862年京都守護職。1868年、会津若松城で官軍と籠城戦（会津戦争）。
坂下門
安藤対馬守（陸奥磐城平藩）上屋敷。公武合体推進派の**安藤信正**は、1862年、尊攘派に襲撃された（坂下門外の変）。
久世大和守（下総関宿藩）上屋敷。**久世広周**（くぜひろちか）は安藤と共に開国派の老中。
和田倉御門
馬場先御門
日比谷御門
櫻田御門
豊前守
松平 肥後守
酒井 右京亮
久世 大和守
田沼玄蕃頭

文久元年改正の尾張屋板「大名小路神田橋内 内桜田之圖」（1861年）より

ここには、老中・若年寄等の幕閣《ばっかく》の役宅屋敷が多く、入れ替わりが激しい（p.162参照）。この地図は**「坂下門外《さかしたもんがい》の変」**（1862年、→p.18）の1年前のもので、その時失脚した老中安藤信正や久世広周の名がまだある。広い面積にわずかな軒数であり、広い屋敷だったことが分かる。

皇居前広場 現代

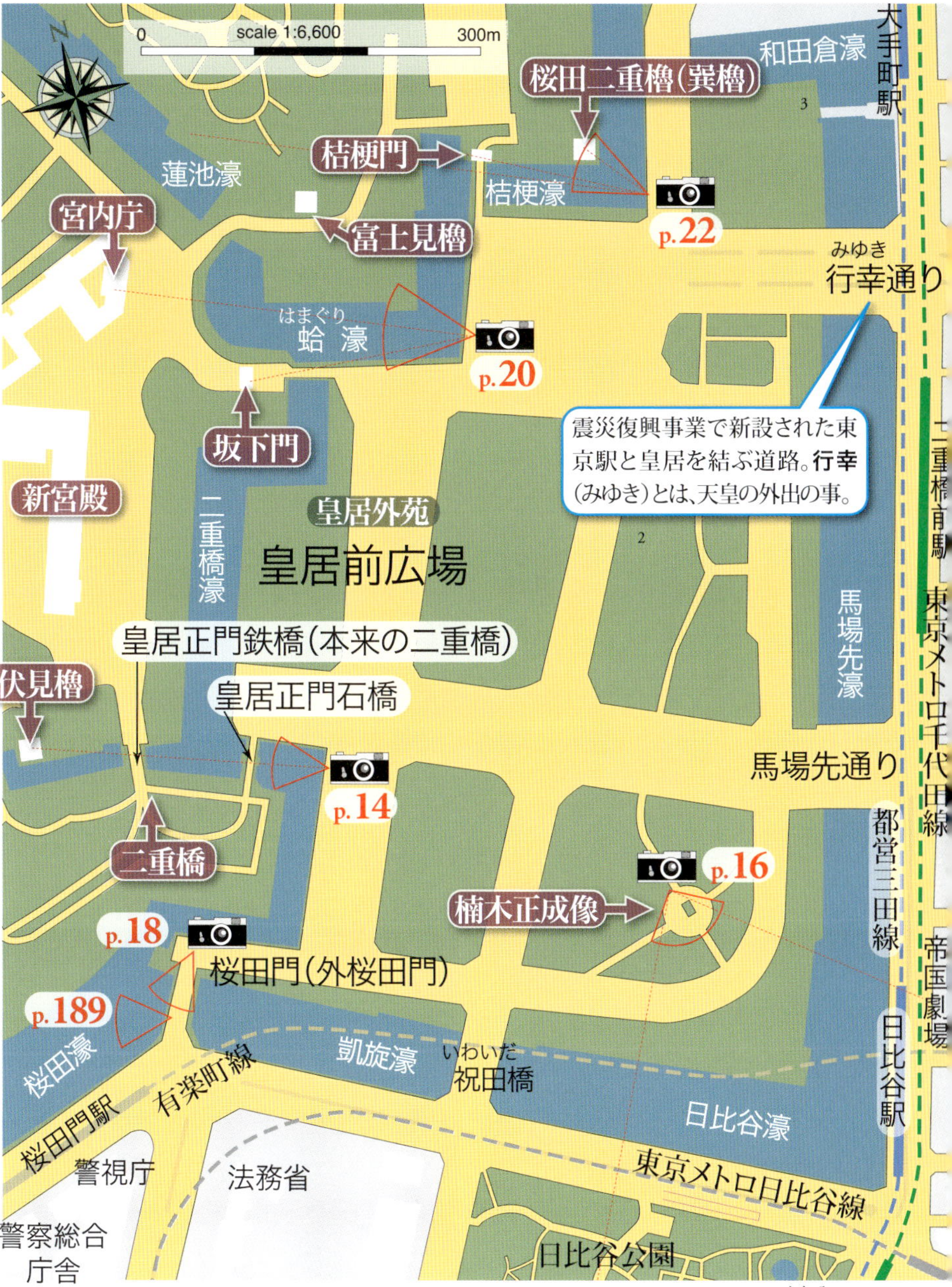

明治維新後、西の丸下の役宅屋敷の跡地は、元老院や華族会館、岩倉具視《ともみ》邸、また近衛《このえ》騎兵営等の軍施設で占められていた。1889年（明治22）の「東京市区改正設計」によって、軍関連の施設は移転、西の丸下全体が更地にされて、国民のための公園・**「皇居前広場」**が誕生した。

二重橋　明治初期

伏見櫓《ふしみやぐら》は、**伏見二重櫓**、**月見櫓**《つきみ》ともいう。三代将軍の家光の頃に、廃城となった京都の伏見城《ふしみじょう》から移設されたと言われてきたが、確かではない。二重橋と伏見櫓の組み合わせは、皇居を代表する景色として、多くの古写真や絵はがきの題材となってきた。

二重橋は、木橋の頃は、奥にある**西の丸下**《げ》**乗**《じょう》**橋**を指した。その橋桁《はしげた》を二重に組んだのが元の由来と言われる。現在では、石橋と鉄橋が二重に見えるため、二つの橋を「二重橋」と総称されることが多い。

渡櫓門は
前方に移動
皇居正門鉄橋
1888年（明治21）
鉄橋になる。
皇居正門
旧櫓門
皇居正門石橋
1887年（明治20）
石橋になる。

現代の二重橋（模式図）

西の丸
下乗門
西の丸
書院門
ここで
乗り物を
降りた。
西の丸下乗橋
本来の二重橋
渡櫓門《わたりやぐらもん》
高麗門《こうらいもん》
（1889年
撤去）
西の丸
大手門
西の丸大手橋

江戸時代の二重橋（想定図）

二重橋と伏見櫓 明治後期

Nijiubashi, Tokyo.
東京丸ノ内二重橋

この眺めは、江戸時代と比べて橋の造りや櫓門《やぐらもん》の位置以外は、ほとんど変わっていない。明治時代と比べると、樹木の成長が時の経過を示すのみである。

二重橋と伏見櫓 現代の姿

皇居正門かつての西の丸大手門の渡櫓門
石橋飾電燈
このアングルでは見えないが、奥に皇居正門鉄橋（旧西の丸下乗橋）がある。
十四間《じゅうよんけん》多門櫓《たもんやぐら》
伏見櫓
皇居正門石橋
かつての西の丸大手橋。アーチ橋と水面に映る影の形から「めがね橋」とも呼ばれた。

石橋飾電燈は老朽化のため、1986 年（昭和 61）に元の電燈から型を取り新たに鋳造された。古い電燈は「皇居東御苑」や、「江戸東京たてもの園」「博物館明治村」に展示されている。

楠木正成像

明治後期～大正初期

The Copper-Statne of Nanko
楠公銅像
（東京名所）

楠木正成《くすのきまさしげ》（楠正成、?～1336）、いわゆる**楠公**《なんこう》は、王政復古を目指していた**後**《ご》**醍醐**《だいご》**天皇**（1288～1339）の鎌倉幕府の倒幕計画に応じて挙兵し、鎌倉幕府を滅ぼした（元弘《げんこう》の乱）。

普通、銅像は中空だが、楠公像は中まで銅が詰まっている（重さは何と6.7tもある！）。というのも、この像は住友財閥が**別子**《べっし》**銅山**開坑200年記念に献納したものなので、同鉱山の銅が豊富に使われた。

高村光雲作の楠公像
後藤貞行作の馬
帝国劇場（→ p.174）が見える。
日比谷公園にある日比谷図書館が見える。

楠木正成の銅像は、上野恩賜公園の西郷隆盛像（→ p.102）、靖国神社の大村益次郎像（→ p.129）と並び「**東京の三大銅像**」と呼ばれている。

楠木正成像 現代の姿

高村光雲は、彫刻家で東京美術学校（現在の東京藝術大学美術学部）教授。ちなみに、高村光雲の息子は、詩人、彫刻家の高村光太郎。

楠公像は**高村光雲**《たかむらこううん》作、躍動感ある馬は**後藤貞行**《ごとうていこう》作。10年がかりで1900年（明治33）に完成。上野の西郷像も人は高村、犬は後藤の同じペア。完成当時、馬は尻尾を上げないという非難が起きたが、馬術にも馬の解剖学にも詳しい後藤は自ら馬を駆り、急に止めると馬が尻尾を上げることを実証した。

楠公像正面

実はこちらが、楠公像正面。しかし顔は皇居を向いている。

坂下門と宮内省

明治後期～大正初期

The Imperial household department, Tokyo.
宮内省
【東京名所】

桜《さくら》田門外《だもんがい》の変の2年後の1862年（文久《ぶんきゅう》2）、この坂下門外で老中・安藤信正《あんどうのぶまさ》が襲われた（**坂下門外《さかしたもんがい》の変**）。信正は孝明《こうめい》天皇の妹・和宮《かずのみや》と第十四代将軍家茂《いえもち》との結婚による公武合体《こうぶがったい》を推進。それに反発する尊攘派の水戸藩浪士たちによって襲撃を受けた。

算木積み　関ヶ原の合戦以降、直方体の角石を長短交互に積み上げた、より強固な積み方が全国に広まった。ちなみに、算木とは計算用の棒を指している。

天端石 石垣の最頂部の石。塀や櫓を建てるため、上面は水平な仕上げ。

築石 積石ともいう。この部分は、水平方向に目地の通らない「乱積」である。

間詰石

角石 城壁が崩れないため隅に隙間なく積み上げられた巨石。

角脇石 外からは見えないが、角石と同じ長さの石。上下の角石に挟まれて強度が増す。

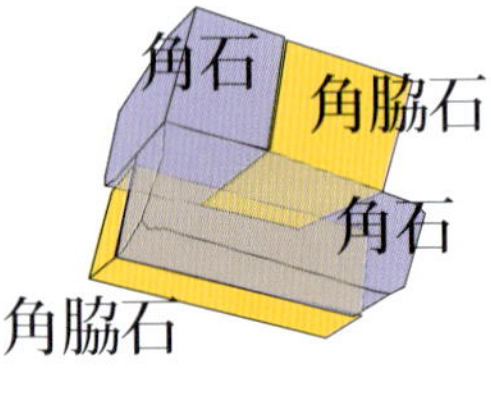
角石
角脇石
角石
角脇石

坂下門 現代の姿 東からの眺め

坂下門《さかしたもん》 高麗門《こうらいもん》が撤去され、
渡櫓門が東向きに変更された。
今は宮内庁への通用門。
昔はここに、
蓮池二重櫓
があった。
昔はここに蓮池
三重櫓があった。
宮内庁
蛤濠《はまぐりぼり》

宮内省《くないしょう》は、維新後、古代の太政官制《たいじょうかんせい》にならって、皇室事務のため創設された。戦後は、宮内省《くないしょう》→宮内府《くないふ》→宮内庁《くないちょう》と変わった。現在の庁舎は、1935年（昭和10）竣工。新宮殿の建設中は、3階が仮宮殿として使用されたこともあった。

坂下門 明治初期 南からの眺め

数寄屋
二重櫓
坂下門《さかしたもん》の高麗門《こうらいもん》
は、明治6年に
火災で焼失した。
蓮池《はすいけ》二重櫓
明治6年焼失
伏見櫓（現存）
（伏見三重櫓）

桜田二重櫓と桔梗門

明治後期〜大正初期

KIKYO-GATE
（東京名所）桔梗門

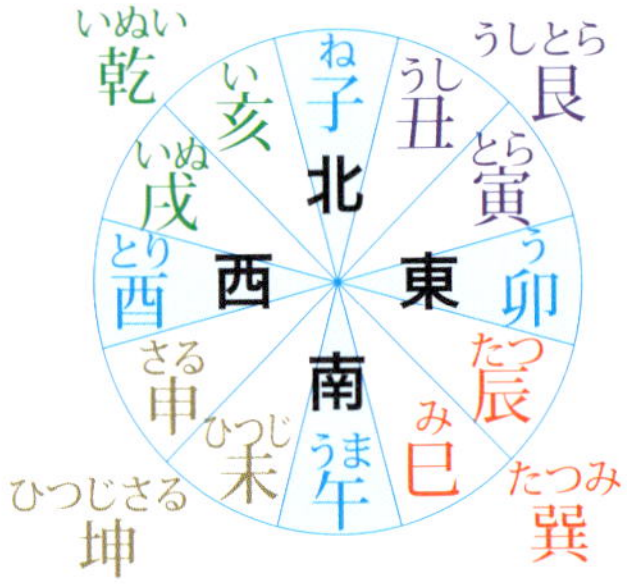
乾《いぬい》
亥《い》
子《ね》
丑《うし》
艮《うしとら》
北
戌《いぬ》
寅《とら》
酉《とり》
西
東
卯《う》
申《さる》
南
辰《たつ》
未《ひつじ》
午《うま》
巳《み》
坤《ひつじさる》
巽《たつみ》

桜田二重櫓《さくらだにじゅうやぐら》は、巽《たつみ》櫓とも呼ばれる。
巽とは、辰《たつ》と巳《み》、つまり東南の方角のこと。

破風《はふ》や鼻隠《はなかくし》を黒い銅板で包むのは江戸城の特徴。シンプルだが力強い印象を与えている。長押《なげし》の形を出すのは、江戸城の櫓の特徴で、単調な壁面にアクセントを与えている。

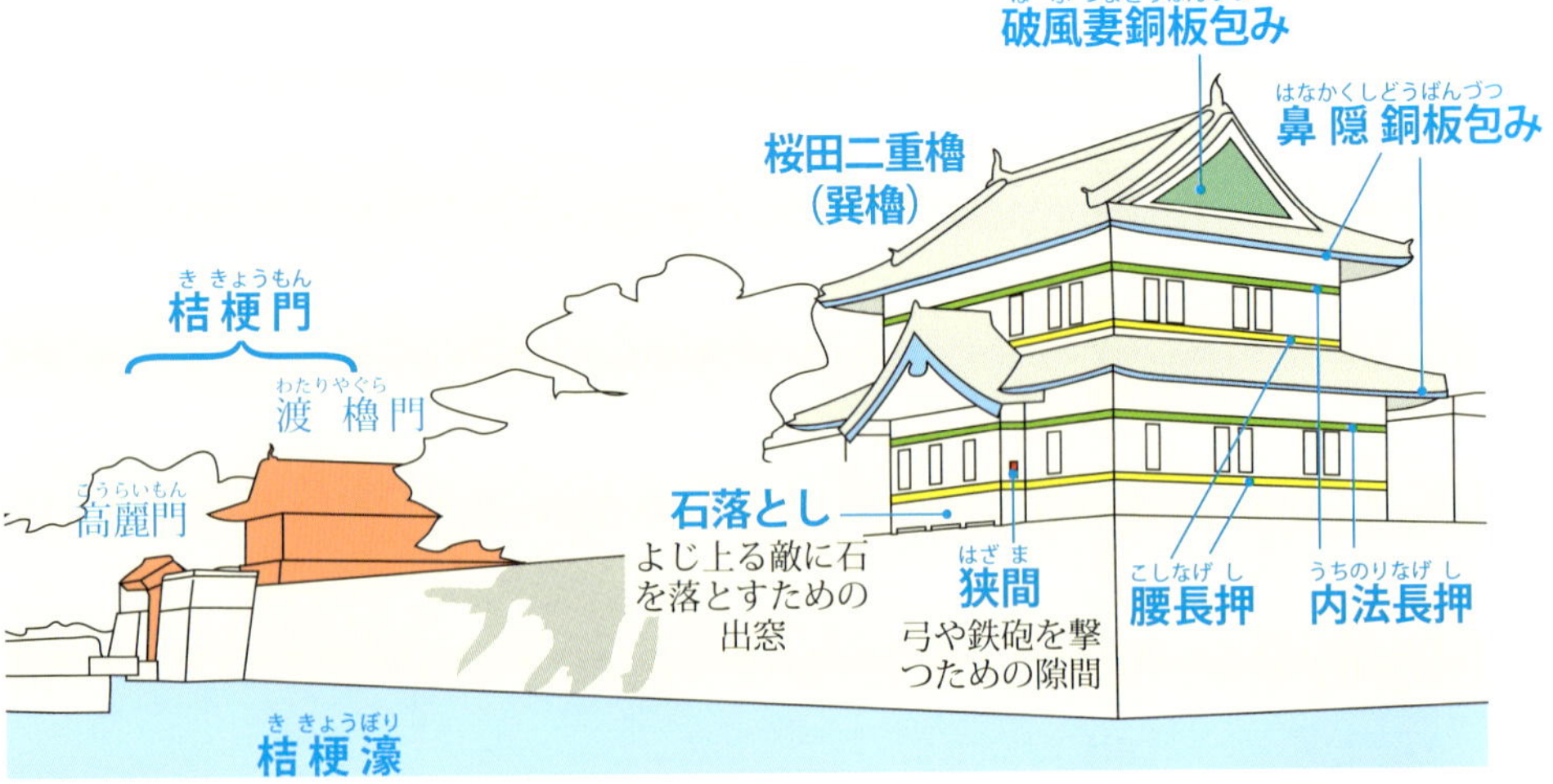
破風妻銅板包み《はふづまどうばんづつ》
鼻隠銅板包み《はなかくしどうばんづつ》
桜田二重櫓
（巽櫓）
桔梗門《ききょうもん》
渡櫓門《わたりやぐら》
高麗門《こうらいもん》
石落とし
よじ上る敵に石を落とすための出窓
狭間《はざま》
弓や鉄砲を撃つための隙間
腰長押《こしなげし》
内法長押《うちのりなげし》
桔梗濠《ききょうぼり》

富士見櫓
桔梗門
KIKYO-MON TOKYO.
東京名所 桔梗門

桔梗門と富士見櫓　明治後期　東からの眺め

富士見櫓《ふじみやぐら》は、富士山まで望めると言われ、名付けられた。明暦《めいれき》の大火の後の1659年（万治《まんじ》2）に再建。江戸城で現存する最も古い建築物。天守閣が再建されなかったため、代わりを果たした。

富士見櫓

桔梗門と富士見櫓　現代の姿

富士見櫓や桜田二重櫓は関東大震災で破損したが、解体・復元された。

桜田門　警視庁を望む　昭和初期

Sakurada-mon Gate and the Metropolitan Police Board (Greater Tokyo)　（大東京）大江戸の史蹟櫻田門より警視廳の偉容を望む

桜田門《さくらだもん》（正式には外桜田門《そとさくらだもん》）は、1636年（寛永《かんえい》13）頃、**枡形門**《ますがたもん》に修築された（枡形門については、25ページを参照）。桜田門の枡形《ますがた》は現存する中では最大級。桜田門を出ると眼前に、警視庁本部庁舎が現れる。警視庁が「桜田門」と呼ばれるゆえんである。

1931年（昭和6）竣工の警視庁本部庁舎。鉄骨鉄筋コンクリート造・地下1階、地上5階建て。隅の塔は、皇居内が見えるとの意見により、実際は、当初の設計より低い高さとなった。

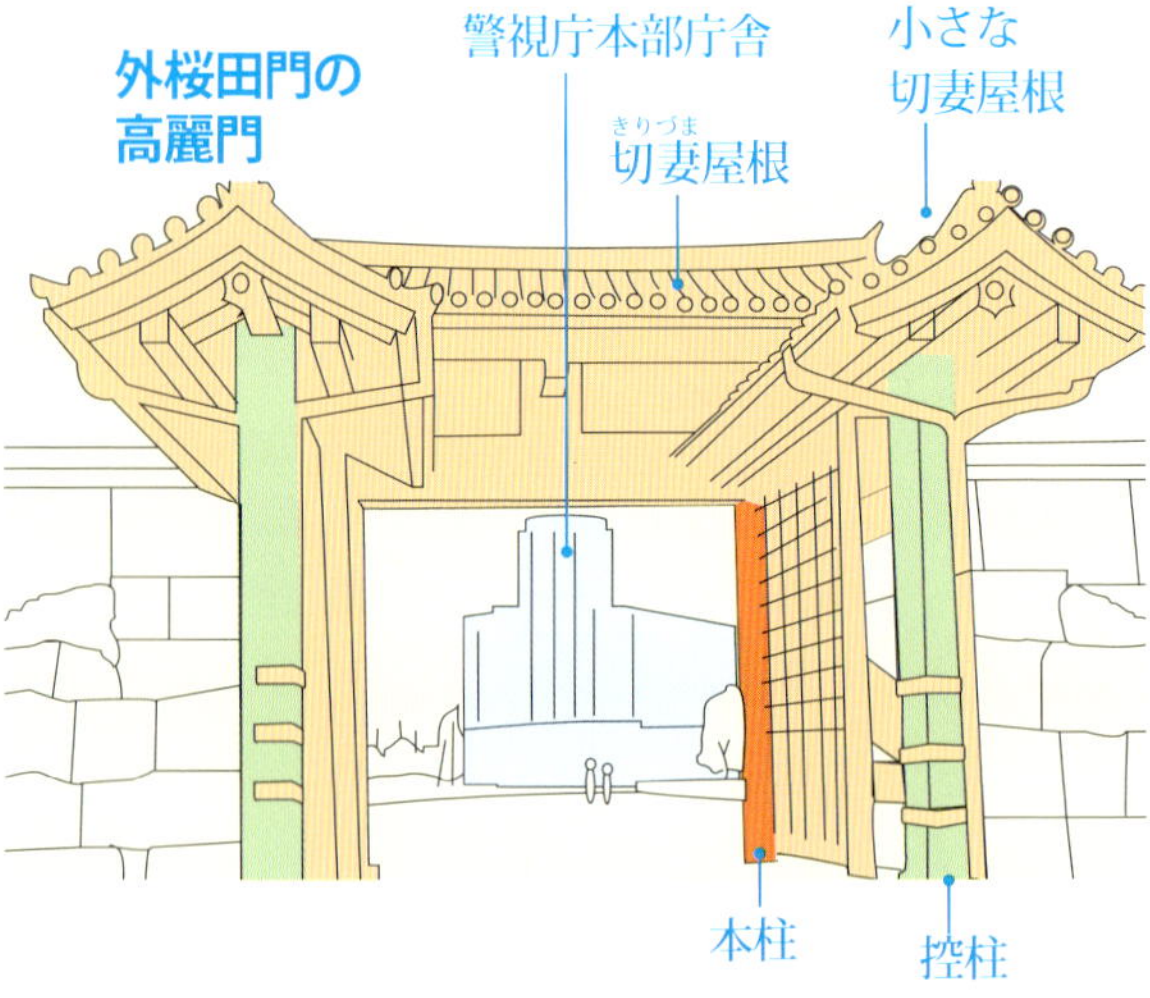

高麗門は、本柱2本と控柱2本の計4本の柱からなる。控柱《ひかえばしら》の上にも切妻屋根があるのが特徴。

桜田門と警視庁 現代の姿

1980年（昭和55）、現在の18階建ての警視庁本部庁舎が竣工。屋上にはヘリポートと巨大なアンテナが設置されている。

桜田門 明治後期〜大正初期

右に少し高い渡櫓門、左に小さな高麗門がある。左の濠は桜田濠。

北桔橋門

大正後期～昭和初期

新築圖書寮通用門(北桔橋)

はがきの題の図書寮とは皇室文書を管理する部局。1884年（明治 17）設置。1949 年（昭和 24）、宮内庁書陵部となる。

北桔橋門《きたはねばしもん》は天守台や本丸大奥に近い江戸城の裏門。桔橋は、木橋をはねあげて侵入を防ぐことができる橋のこと。現在は、コンクリートの橋となったためはね上がらないが、門には橋を吊るための金具が今なお残っている。

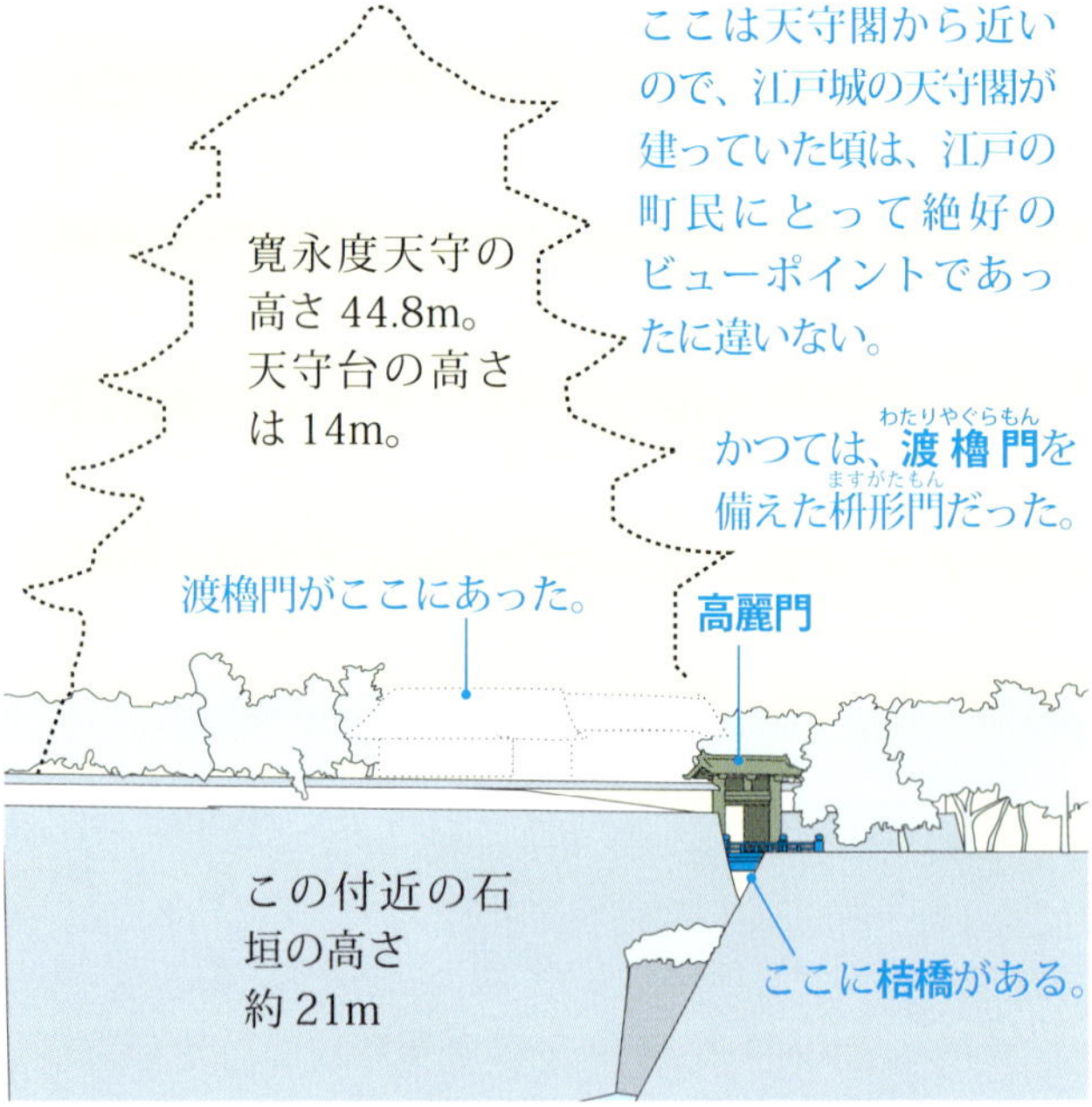
寛永度天守の高さ 44.8m。天守台の高さは 14m。
ここは天守閣から近いので、江戸城の天守閣が建っていた頃は、江戸の町民にとって絶好のビューポイントであったに違いない。
かつては、**渡櫓門**《わたりやぐらもん》を備えた枡形門《ますがたもん》だった。
渡櫓門がここにあった。
高麗門
この付近の石垣の高さ約 21m
ここに**桔橋**がある。

天守閣に近いため、防御のため濠は深く掘られた。

北桔橋門 現代の姿

枡形門《ますがたもん》とは、門の形式の一つ。高麗門《こうらいもん》（一の門）と渡櫓門《わたりやぐらもん》（二の門）の二重の門、および塀と石垣で囲まれた枡形からなる。侵入者に対する優れた防備となるため、城の門や、見附の門に多用されている。

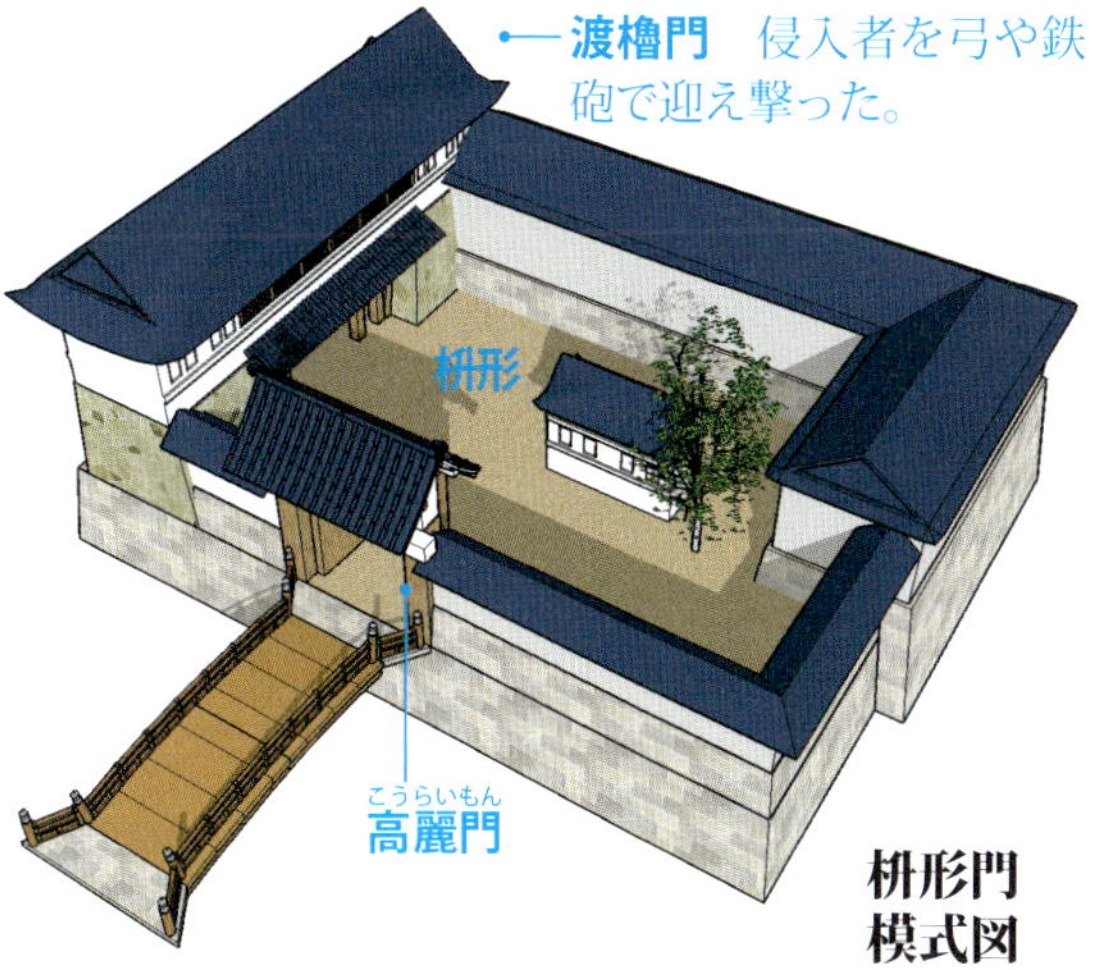
渡櫓門　侵入者を弓や鉄砲で迎え撃った。
枡形
高麗門《こうらいもん》

枡形門
模式図

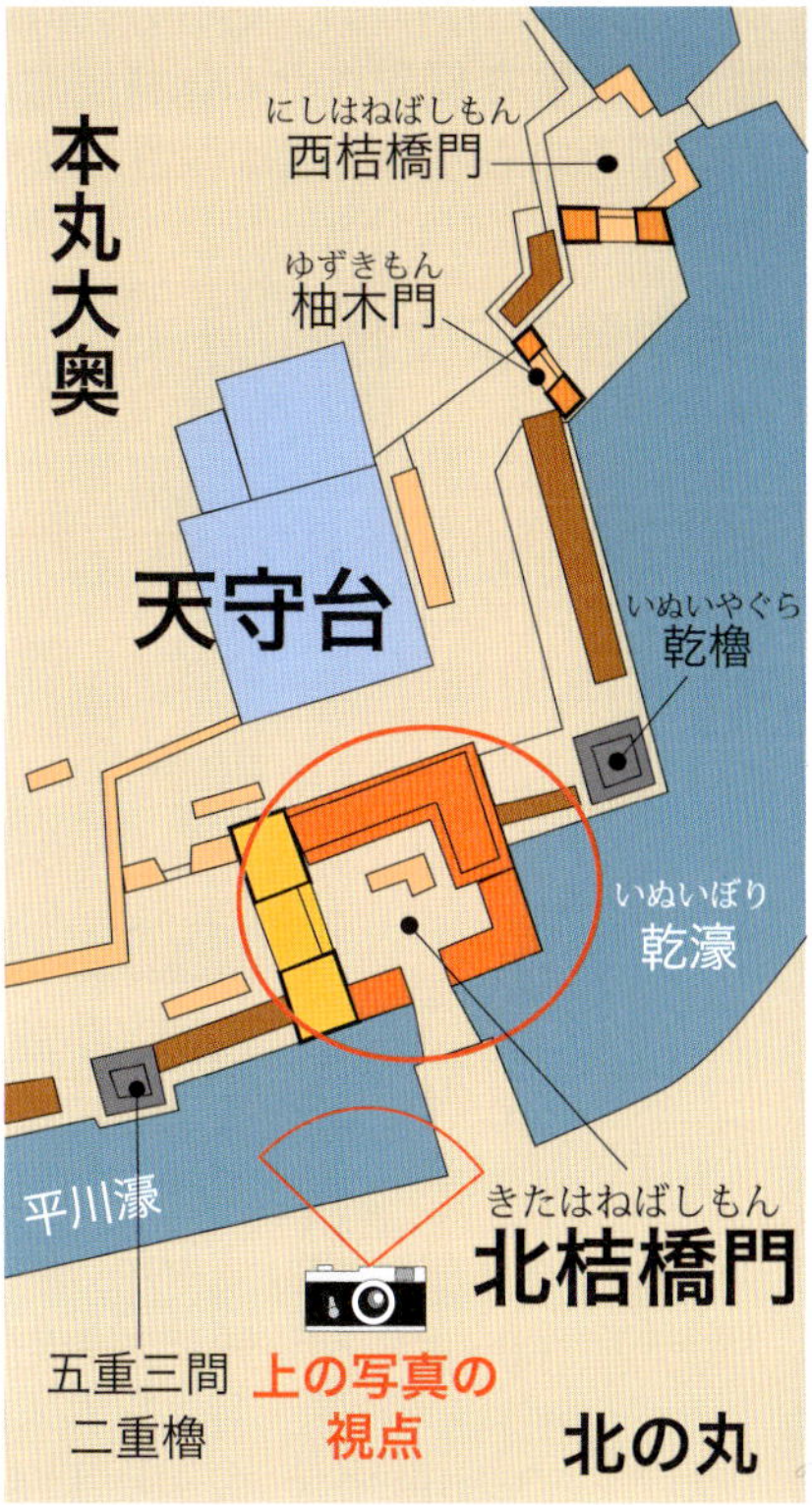
本丸大奥
西桔橋門《にしはねばしもん》
柚木門《ゆずきもん》
天守台
乾櫓《いぬいやぐら》
乾濠《いぬいぼり》
平川濠
北桔橋門《きたはねばしもん》
五重三間
二重櫓
上の写真の
視点
北の丸

江戸城天守台今昔

江戸城天守閣は、江戸初期の50年間のみ建っていた。明暦の大火で焼失した天守閣は、再建されなかったため、天守台のみ現存する。

※図は推定による。

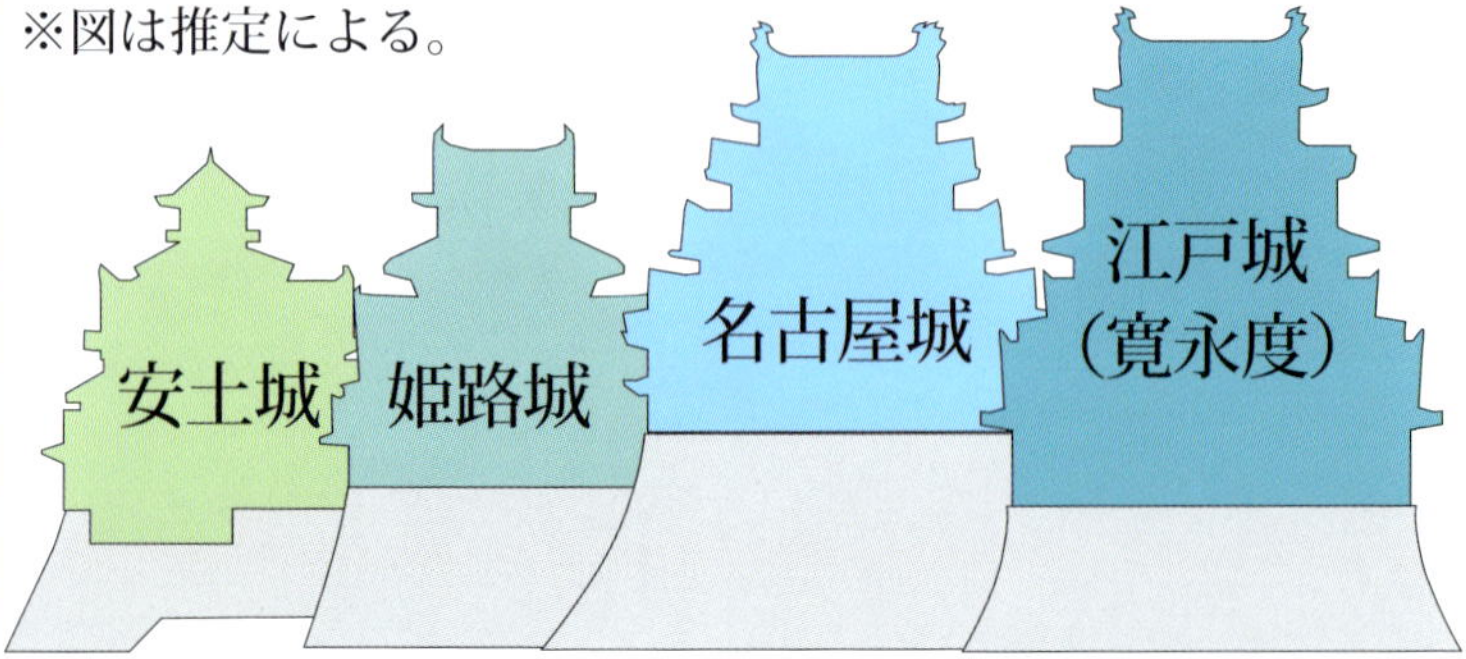

江戸城天守閣は三度築かれた。①**家康**の「**慶長度天守**」1607年（慶長12）築。立地は本丸中心部。鉛瓦葺、外壁は白漆喰《しろしっくい》塗。②**秀忠**の「**元和《げんな》度天守**」1623年（元和9）築。鉛瓦葺、白漆喰塗。③**家光**の「**寛永度天守**」1638年（寛永15）築。耐火を考慮し銅瓦葺、腰壁は銅板張だったが、1657年（明暦3）明暦の大火で焼失。天守台だけは、大火後に加賀前田藩によって再建されたが、城下の復興を優先させる保科正之（ほしなまさゆき）の進言で、天守閣そのものの再建は保留となり、結局、再建されることはなかった。

天守台の天文台

1882年（明治15）、内務省地理局が、港区虎ノ門から江戸城本丸跡に移転。地盤が堅牢《けんろう》で四方が見渡せるという理由から、**天文台**（気象台）が天守台に設けられ、各種の観測が行なわれていた。

天守台 現代の姿

本初子午線（経度0度となる子午線）は、当初、国によってまちまちだったが、短期間、天守台が日本で経度0°の期間があった（明治15年～19年）。ちなみに、維新前は京都千本三条、明治4～15年は溜池葵町の天文台が基準。その後、イギリスのグリニッジ天文台が国際的に0°と定められ、1886年（明治19）日本も従った。

亀戸天神の藤　明治後期〜大正初期

第2章
モネを魅了した亀戸天神の風景

亀戸《かめいど》周辺地域は、かつて海が広がり、島々が点在していた。亀戸は、その中の亀に似た島を亀島《かめじま》（亀津島《かめつしま》）と呼んだことに由来。周辺には、向島・牛島・寺島・大島・柳島や、押上・曳舟等、海と川に関わる地名が多い。この亀戸の地に、九州太宰府天満宮《だざいふてんまんぐう》の神官で菅原《すがわらの》道真《みちざね》の末裔、大鳥《おおとり》居《い》信祐《しんゆう》がたどり着き、菅原道真像を祀《まつ》る祠《ほこら》を建てた。後の亀戸天神《かめいどてんじん》である。

亀戸

「東京大絵図」1871年（明治4）より

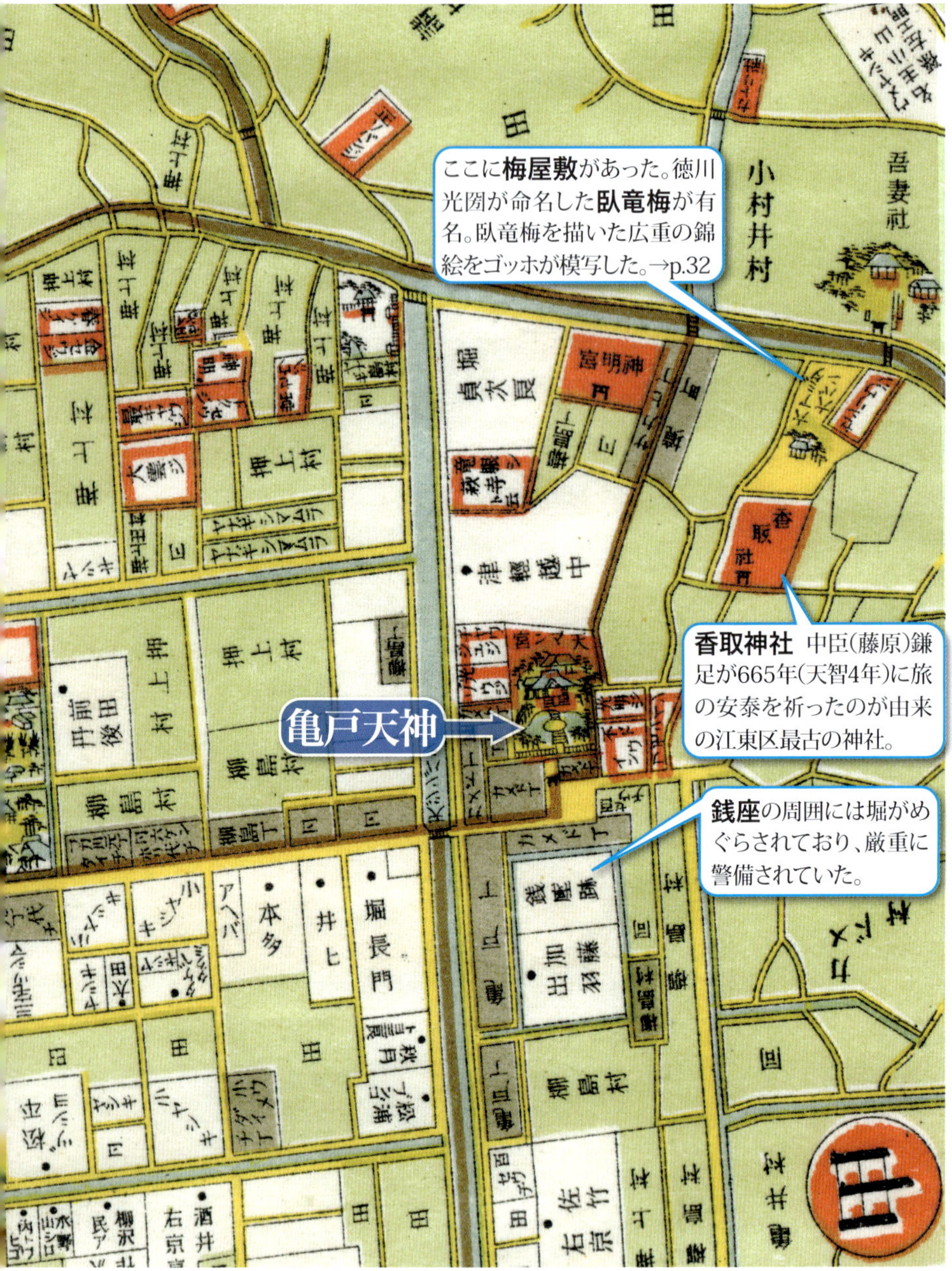
ここに**梅屋敷**があった。徳川光圀が命名した**臥竜梅**が有名。臥竜梅を描いた広重の錦絵をゴッホが模写した。→p.32
香取神社　中臣（藤原）鎌足が665年（天智4年）に旅の安泰を祈ったのが由来の江東区最古の神社。
銭座の周囲には堀がめぐらされており、厳重に警備されていた。
亀戸天神
小村井村
吾妻社

銭座とは、銅貨の鋳造所のこと。他にも、浅草や芝にも銭座があった。ちなみに、金貨は金座（後に日本銀行が建つ場所）、銀貨は銀座で造られた。亀戸天神の北は、**津軽越中守《えっちゅうのかみ》**（陸奥弘前・十万石）の下屋敷。上屋敷と合わせると江戸時代の本所で最も広い敷地を有した。

亀戸 現代

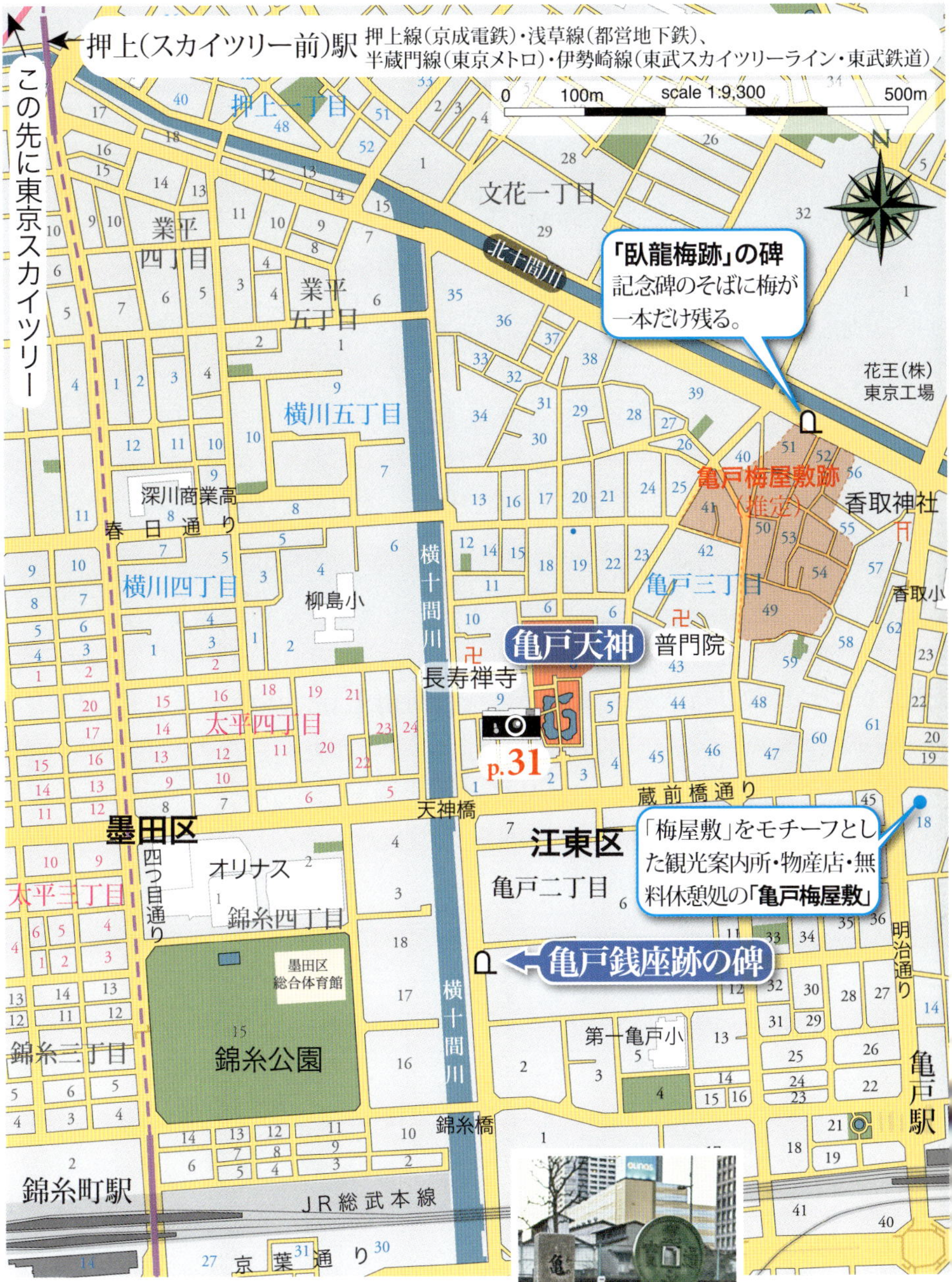

亀戸天神近くの**普門院**には「野菊の墓」の**伊藤左千夫の**墓がある。伊藤左千夫は、今の錦糸町駅南口付近に牧場を経営し、搾乳業のかたわら文学に携わった。

銭座跡には「寛永通宝」をかたどったモニュメントがある。

亀戸天神の太鼓橋

明治後期～大正初期

亀戸天神は江戸時代から藤の花で知られていた。かつての社殿や太鼓橋は1945年（昭和20）の大空襲で焼失。戦後、太鼓橋はコンクリート造で再建されたが、木造の頃よりも高さがやや低くなった（p.1の写真参照）。

「亀戸天神境内」

藤の花は、4月末から5月初めが見頃。今の藤の花は、昔の房より短いが、これは植え替えを行なったため。春の暖かい日は、池で甲羅干しする多数の亀が印象的だが、「亀戸」の地名とは関係はない。

亀戸天神の太鼓橋 南からの眺め

現代の姿

明治時代

モネ作『睡蓮の池、バラ色の調和』

La bassin aux nymphéas; harmonie rose（1900）

フランス印象派の巨匠クロード・モネ Claude Monet（1840-1926）に影響を与えたものの一つに、歌川広重の浮世絵がある。モネは晩年、パリ近郊のジヴェルニーの家に、大きな池のある日本式庭園を造り、睡蓮の連作を生み出した。勾配《こうばい》はゆるいが亀戸天神を模した太鼓橋まで設けている。

印象派の画家に影響を与えた江戸の浮世絵

亀戸梅屋敷《かめいどうめやしき》として知られた**清香庵**《せいきょうあん》は、元は呉服商・伊勢屋彦右衛門の別邸で、富裕な庶民による庭園の先駆的な存在だった。ここを訪れた**徳川光圀**《とくがわみつくに》（水戸黄門《みとこうもん》）は、その中の龍が地を這うような見事な株に、**臥龍梅**（がりゅうばい・がりょうばい）と名付け、江戸一番の名木と謳《うた》われた。梅は三百株もあったが、1910年（明治43）の大洪水で、残念ながら、梅の多くが枯死した。

▼明治後期の亀戸梅屋敷【手彩色絵はがき】

浮世絵に描かれた「亀戸」の風景美が、奇しくも、はるか遠方に住んでいたフランス印象派のモネやゴッホといった巨匠たちの創作意欲をかき立てていたのである。

ゴッホの模写

歌川広重『亀戸梅屋敷』

日本から輸出された陶器の包み紙として使われた浮世絵は、フランスの印象派の画家たちに深い影響を与えた。モネの他にも、広重が描いた名所江戸百景の「亀戸梅屋敷」を、ゴッホは油絵で模写までしたことが知られている。

向島の桜　明治時代中期【手彩色大判古写真】

第3章

吉宗が植えさせた墨堤の桜
向島・東京スカイツリー

隅田川《すみだがわ》（昔は墨田川とも書かれた）は、江戸時代には今よりも水量が多く頻繁に氾濫《はんらん》した。そこで**墨堤**《ぼくてい》と呼ばれる堤が築かれた。八代将軍**吉宗**《よしむね》がこの墨堤に桜百本を植え、行楽地化を図ったのには、花見客が歩き回って土手を地固めさせる狙いもあったという。明治時代、洪水対策を兼ねた**隅田公園**《すみだこうえん》が建設された。名所の桜や公園にはこうした水害との闘いの歴史が秘められている。

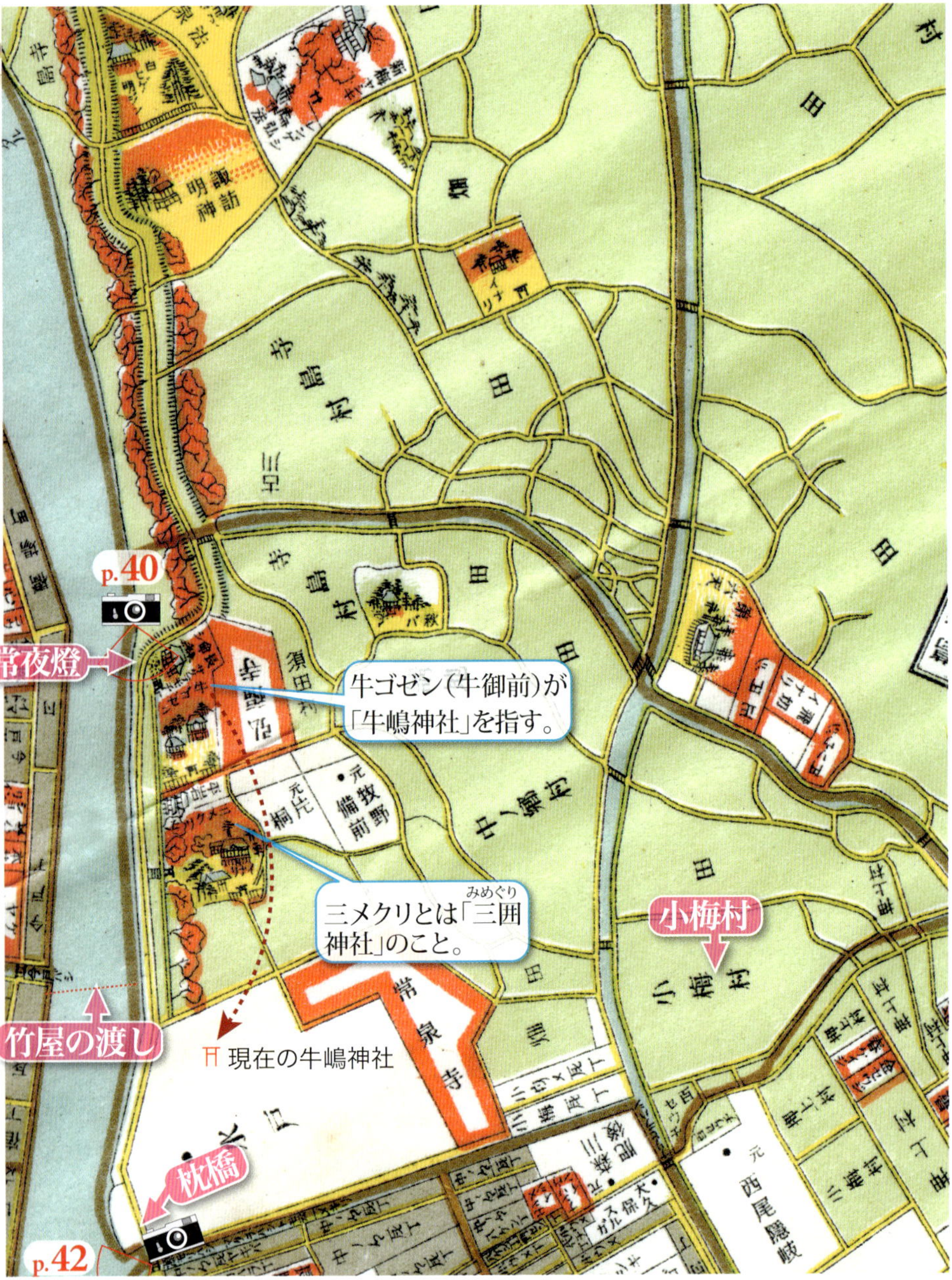

向島「東京大絵図」1871年（明治4）より

明治初期は、まだここの多くは田畑だった。この地図には、枕橋を「源森橋 枕橋トモ云」と小さく書いてあるが、現在「源森橋」は枕橋より一つ上流の橋の名に使われている。明治政府に屋敷を接収されて間もないため、元牧野備前や、元西尾隠岐守のように「元」が付いている。

向島 現代

墨堤《ぼくてい》とは、枕橋辺りから木母寺《もくぼじ》辺りの隅田川東岸の土手のことを、江戸の文人が呼んだもの（隅田川は、かつては「墨田川」とも書いた）。**桜橋**は、クロスした特徴的な形の橋で、桜の名所に架けられたことが名の由来。

小梅村と東京スカイツリー

明治時代

江戸の昔、東京スカイツリーの地にはどんな風景が広がっていたのか？この一帯は人家もまばらな田園地帯。梅の木の植えられた場所があり、梅香《うめか》村（後に小梅《こうめ》村）と呼ばれた。画中の川は自然のものではなく、江戸初期に造られた上水（亀有上水）。後に、上水の使用は廃止され、灌漑用水路となる。岸から綱で舟を引いたため、**曳舟川《ひきふねがわ》**とも呼ばれた。

名所江戸百景
小梅堤

亀有上水（曳舟川）
庚申橋
八反目橋
源森川
スカイツリーが156年後に建つ付近
業平橋
田地
田地
小梅村
押上村

江戸時代の小梅村周辺

東武浅草駅

1917年（大正6）の地図

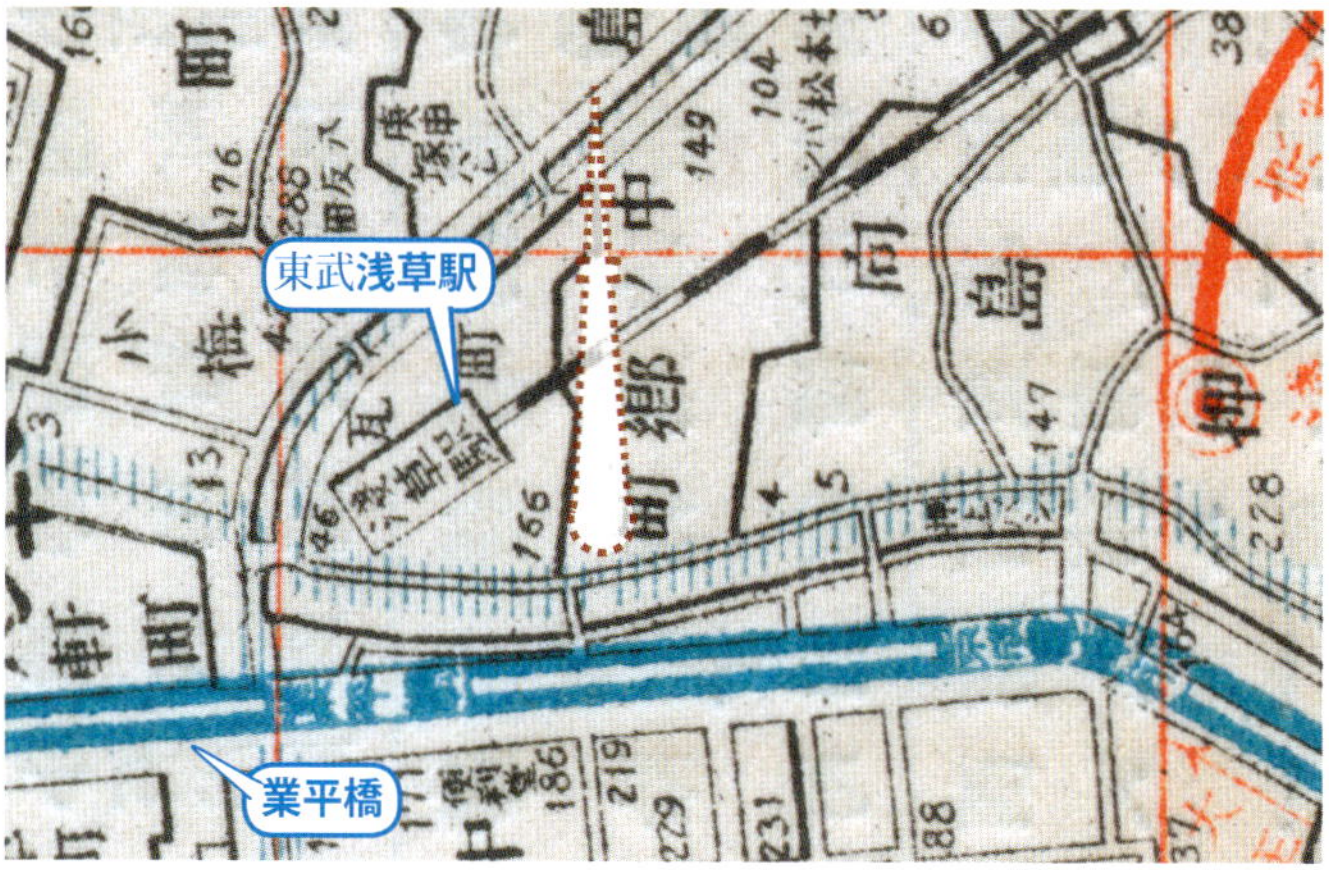

明治末から昭和6年まで、東京スカイツリーの建つ場所の前には、東武鉄道のターミナルの**浅草駅**があった！　その後、業平橋駅など幾度も名を変えて、現在は、**とうきょうスカイツリー駅**となっている。

業平橋ドック

1953年（昭和28）の地図

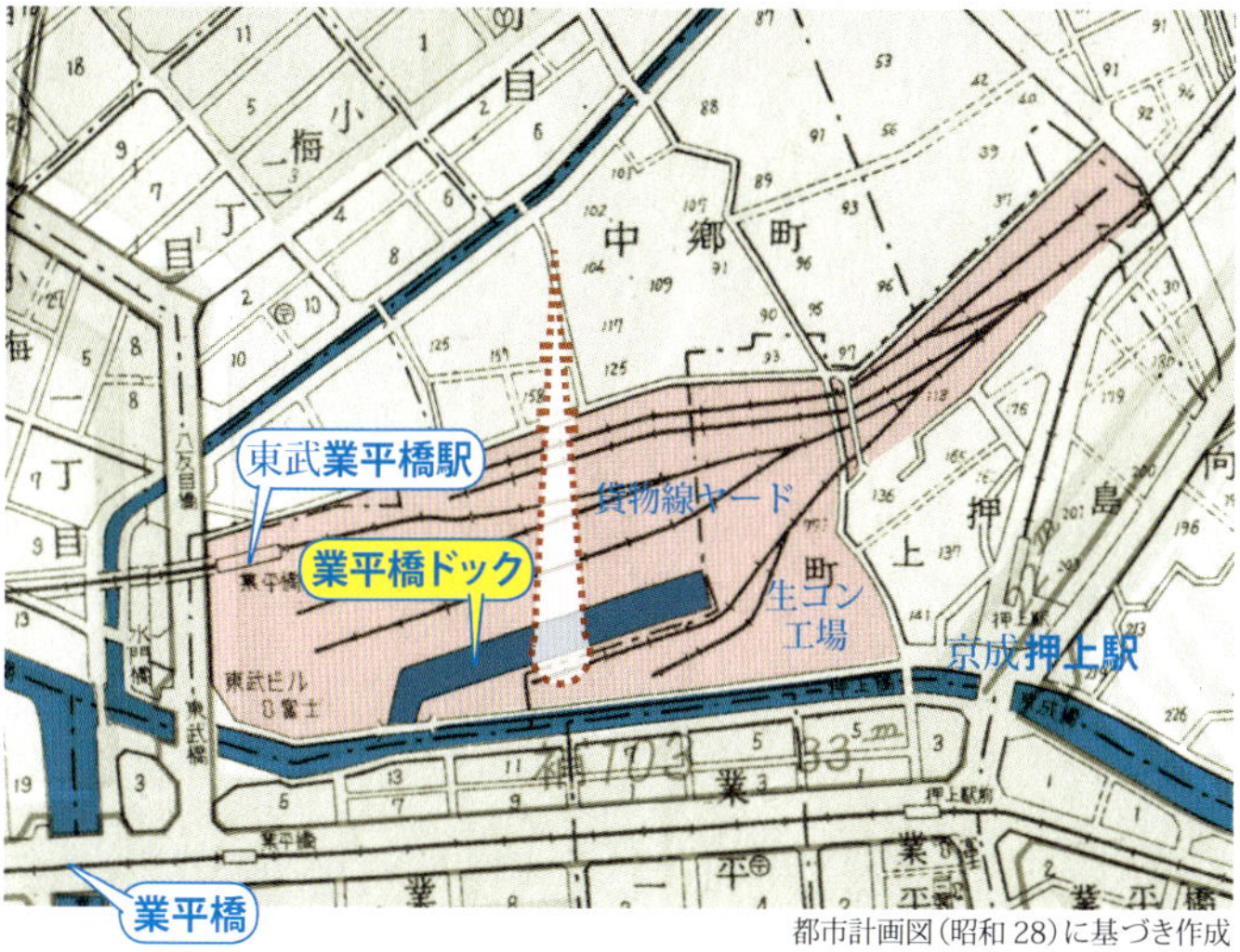

都市計画図（昭和28）に基づき作成

明治後期には、浅草駅貨物線ヤードの中に鉄道と北十間川の船とを結ぶ**業平橋ドック（船渠）**も造られた。戦後の1949年（昭和24）、磐城コンクリート工業（現、住友大阪セメント）が、ここに**日本初の生コン工場**を建設した。

東京スカイツリー

現代

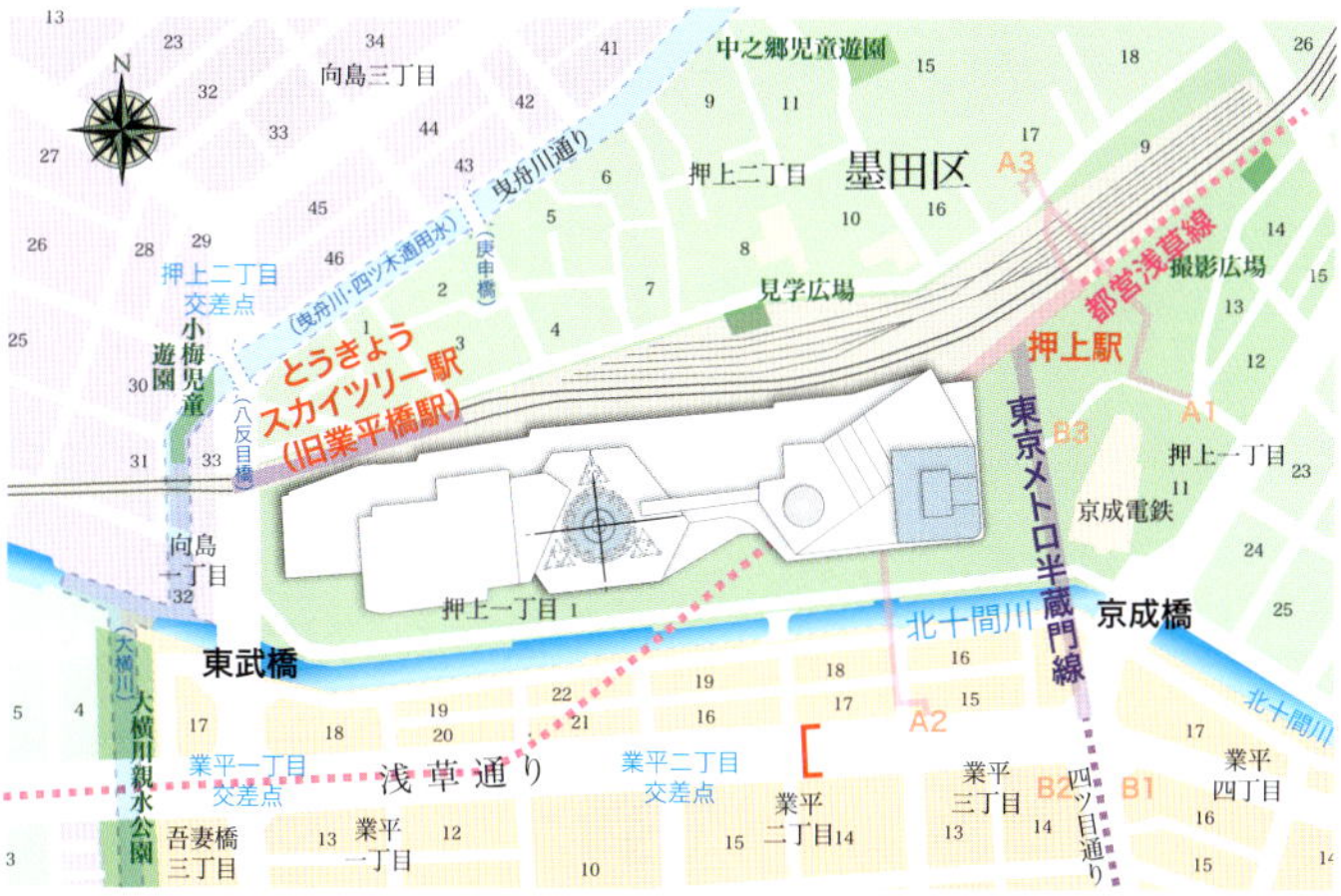

東京の地上デジタル放送の送信する電波塔として、また観光施設として、2012年（平成24）5月、**東京スカイツリー**が開業した。高さは、東京タワー333mの約2倍の634mであり、自立式鉄塔として世界第1位である。

東京スカイツリーを直撃する稲妻

この写真は、東京スカイツリー開業の13日前の２０１２年5月9日の深夜2時4分に、柳島歩道橋から撮影したもの。雷の音が聞こえると急いで一眼レフカメラと三脚を担いで外に飛び出し、稲妻を撮影するのが著者の夏の日課である。東京スカイツリーと稲妻が共に映る写真は今まで何枚も写しているが、直撃する写真は、まだ2枚しか撮影していない。柳島歩道橋は、柳島橋から１２０ｍ東にある、北十間川と浅草通りをまたぐ歩道橋。逆さツリーの撮影ポイントとして有名。

下の井上安治《やすじ》の版画には、江戸時代から有名だった料理屋・橋本が描かれている。店の二階の座敷からは、田畑の奥に筑波山も眺めることができた。この一帯は、かつてはのどかな風景が広がり、畑の中に大名の下屋敷や大店の寮（つまり別荘）が点在し、近くに一流の料理店が揃っていた。絵師の歌川国貞も、この柳島で晩年を過ごした。

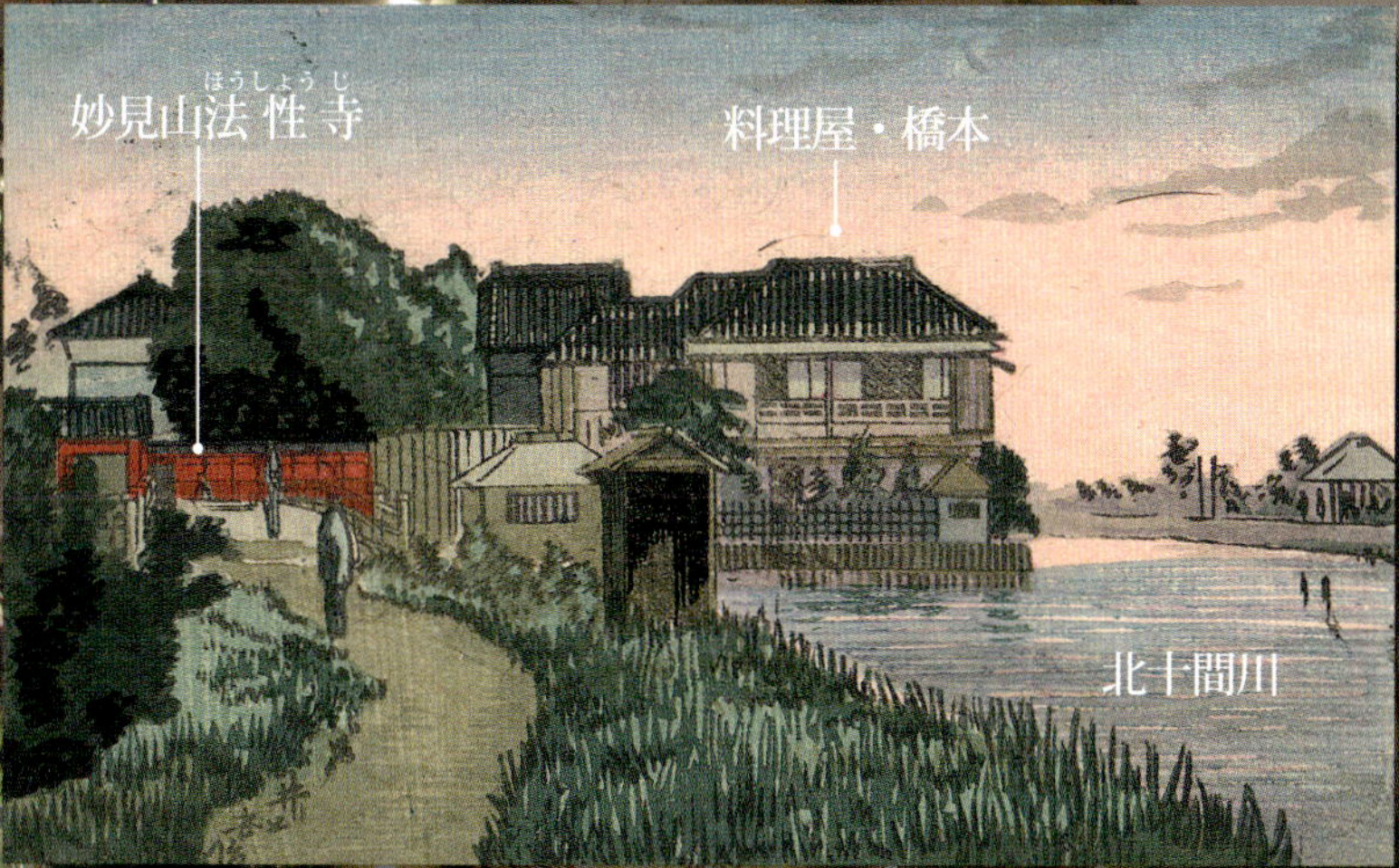

井上安治『柳島妙見』（明治初期の風景）

十間橋は 1939 年（昭和 14）架橋。上の版画の時期には存在しない。

常夜燈

明治時代　北からの眺め

明治～大正時代に活躍した人力車。

常《じょう》夜《や》燈《とう》は1871年（明治4）に墨堤から牛嶋《うしじま》神社へ下る坂の入口に建てられた。隅田川の舟のための灯台として、また夜桜の見物人のための明かりとなった。大震災後の隅田公園建設の際に牛嶋神社が移転したため、常夜燈だけがこの位置に残った。

常夜燈には、これを奉納した牛嶋神社の氏子たち（当時有名な店だった植半、八百松、駒形どぜう、言問団子、長命寺の桜餅）の名が刻まれている。

かつては土手の両側に桜が植えられていたが、隅田川の堤防工事のため片側だけになった。

現代写真の右手奥に見えるのは桜橋。さらに向こうには墨田区役所のビルが建つ。

墨堤牛嶋神社社前観桜図　明治時代　南からの鳥瞰図

右上に牛嶋神社。左下に常夜燈が見える。このように、牛嶋神社は常夜燈のすぐ近くの堤の下にあった。隅田川には花見の舟が多数浮かんでいる。

春の隅田公園　昭和初期

Sumida River Side Park (Greater Tokyo)
東洋一水の樂園隅田公園の春　(大東京)

1928年(昭和3)、向島・浅草付近の隅田川の両岸は、「隅田公園」として整備された。隅田公園は、関東大震災後に造られた震災復興公園のうちの一つ。

枕橋付近

明治後期〜大正初期　枕橋から隅田川をはさんで、対岸の浅草を眺める

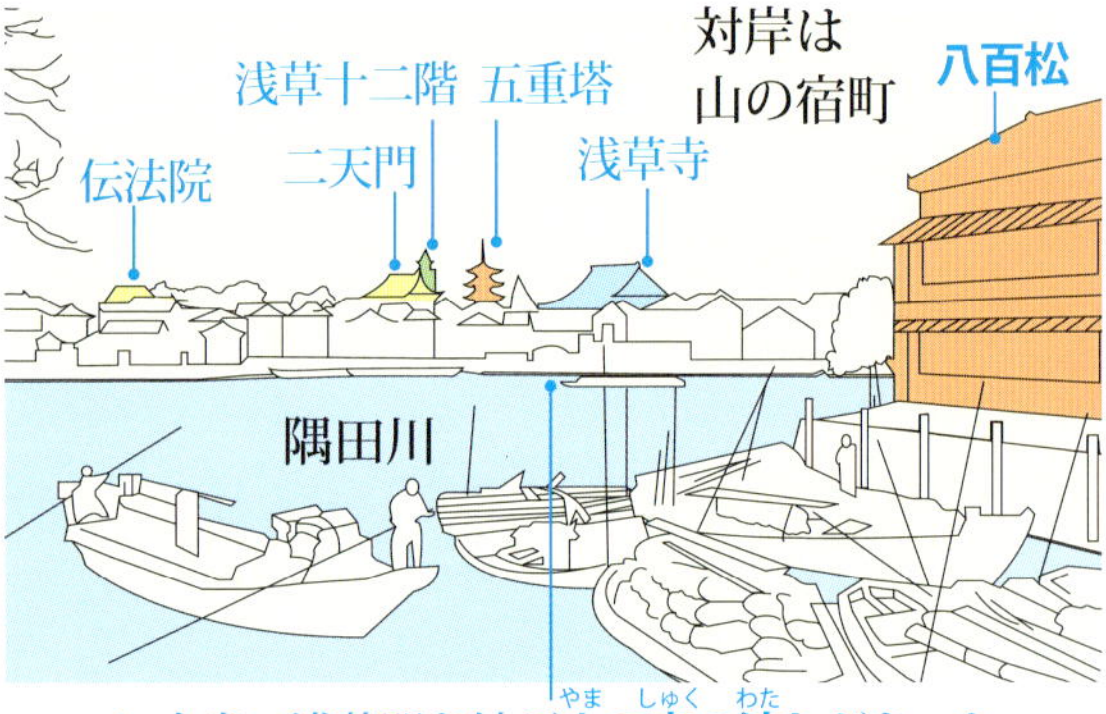

ここに向島・浅草間を結ぶ**山《やま》の宿《しゅく》の渡《わた》し**があった。

料亭**八百松**《やおまつ》は、水神《すいじん》の森の八百松の支店として、1870年（明治3）、水戸徳川家下屋敷の御船蔵《おふなぐら》を改装して開店。焼き鳥とシジミ料理が名物。かつては、政財界の面々や文人墨客《ぶんじんぼっかく》がここから隅田川を眺めつつ、宴に興じた。関東大震災で損壊し閉店となる。

現、コンクリート造の枕橋は、1928年（昭和3）架橋。親柱は、札幌麦酒東京工場（現在のアサヒビール本社の敷地）にちなみ**ビヤ樽**をイメージしている。

枕橋付近 現代の姿

首都高速
東武鉄道
隅田川橋梁
八百松の
あった場所
源森川
水門
枕橋の欄干

源森《げんもり》川は今では北十間川の一部である。

江東《こうとう》デルタ地帯（隅田川・荒川《あらかわ》間の三角地帯）は、度々水害に見舞われたゼロメートル地帯。そこで津波や高潮による水害から守るため、ここに水門が造られた。昔は、枕橋から浅草寺や五重塔を見ることができたが、今では対岸を眺めることはできない。

東武鉄道隅田川橋梁は、1931 年（昭和 6）、浅草駅の開業時に完成。景観を配慮して橋を高くしなかったため、鉄橋を走る際、車窓から隅田川の水面を眺めることができる。

吾妻橋
浅草
八百松
隅田川

『新撰東京名所図会』隅田堤・下（明治 22）《彩色は筆者による》

枕橋は 1662 年（寛文 2）創設。本来、緑色の矢印の「新小梅橋（現存せず）」と「源森橋」（赤い矢印）の、二つの橋の総称。枕を並べるように並んで架けられたのが由来。後に源森橋が単独で「枕橋」となり、隣の橋が源森橋の名を継いだ。

浅草松屋・吾妻橋・浅草付近 昭和初期

Matsuya Dep. store and Asakusa Temple
機上ヨリ見タル浅草松屋及観世音本堂
（新大東京名所）

浅草松屋の２階は東武鉄道の「雷門駅（現在は浅草駅）」で、地下は地下鉄浅草駅となっている。

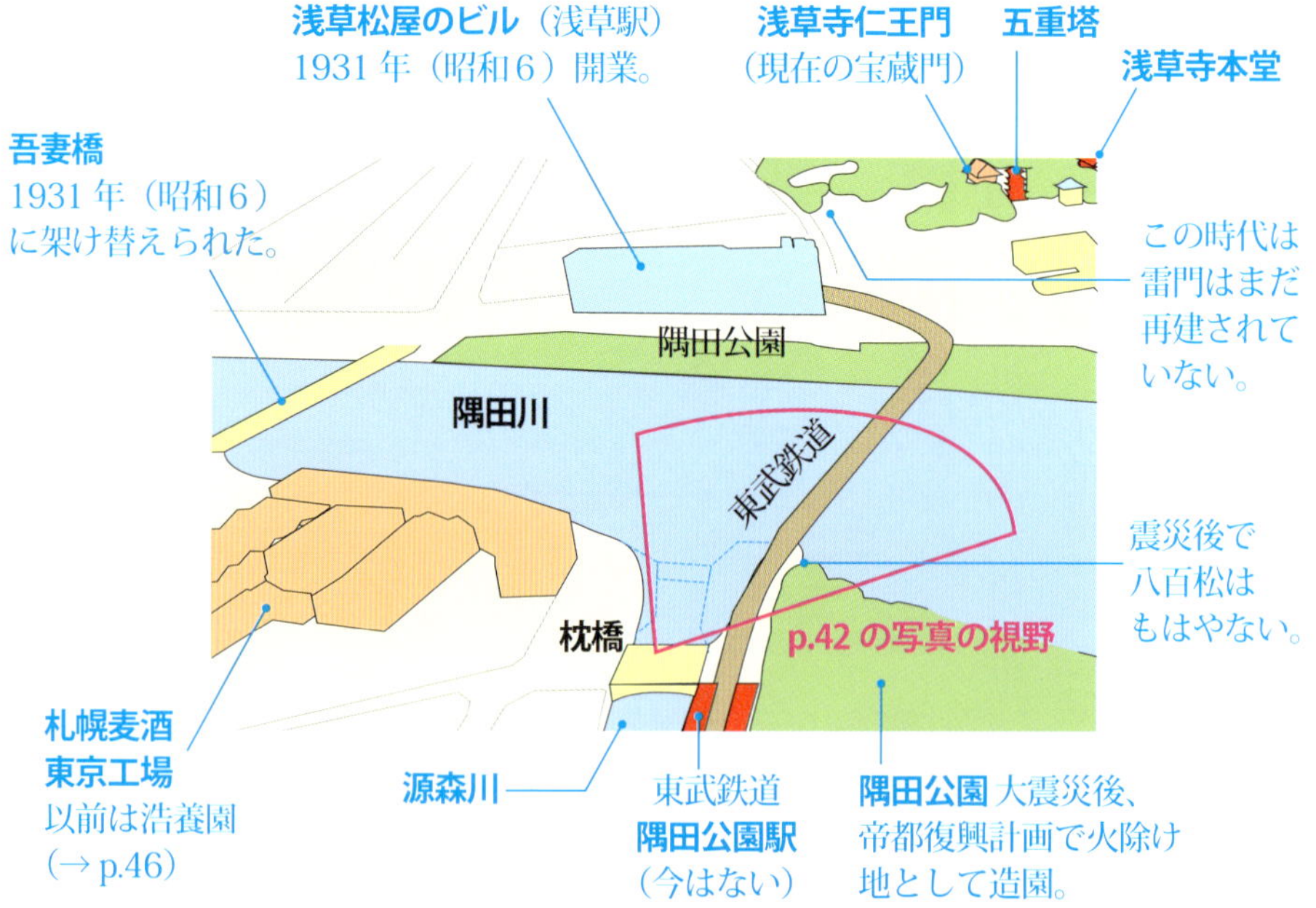
浅草松屋のビル（浅草駅）
1931年（昭和６）開業。
浅草寺仁王門
（現在の宝蔵門）
五重塔
浅草寺本堂
吾妻橋
1931年（昭和6）
に架け替えられた。
この時代は
雷門はまだ
再建されて
いない。
隅田公園
隅田川
東武鉄道
震災後で
八百松は
もはやない。
枕橋
p.42 の写真の視野
札幌麦酒
東京工場
以前は浩養園
（→ p.46）
源森川
東武鉄道
隅田公園駅
（今はない）
隅田公園 大震災後、
帝都復興計画で火除け
地として造園。

透視図法を用いた建物の見分け方

景観の変化が著しいと、古写真の建物特定は困難。その際、建築で用いられる透視図（パースペクティブ）の図法を逆の手順で用いると、謎解きに役立つ。左図は42ページの絵はがきの写真中の建物を見分けるのに用いたもの。通常、透視図の作図では地図から立体図を導き出すが、この場合は写真の建物の位置からさかのぼって、地図上のどの位置（というより直線上）に建物があったのかを推定してゆく。現代ならば、Ｗｅｂ上の地図サイトが便利な道具として使える。

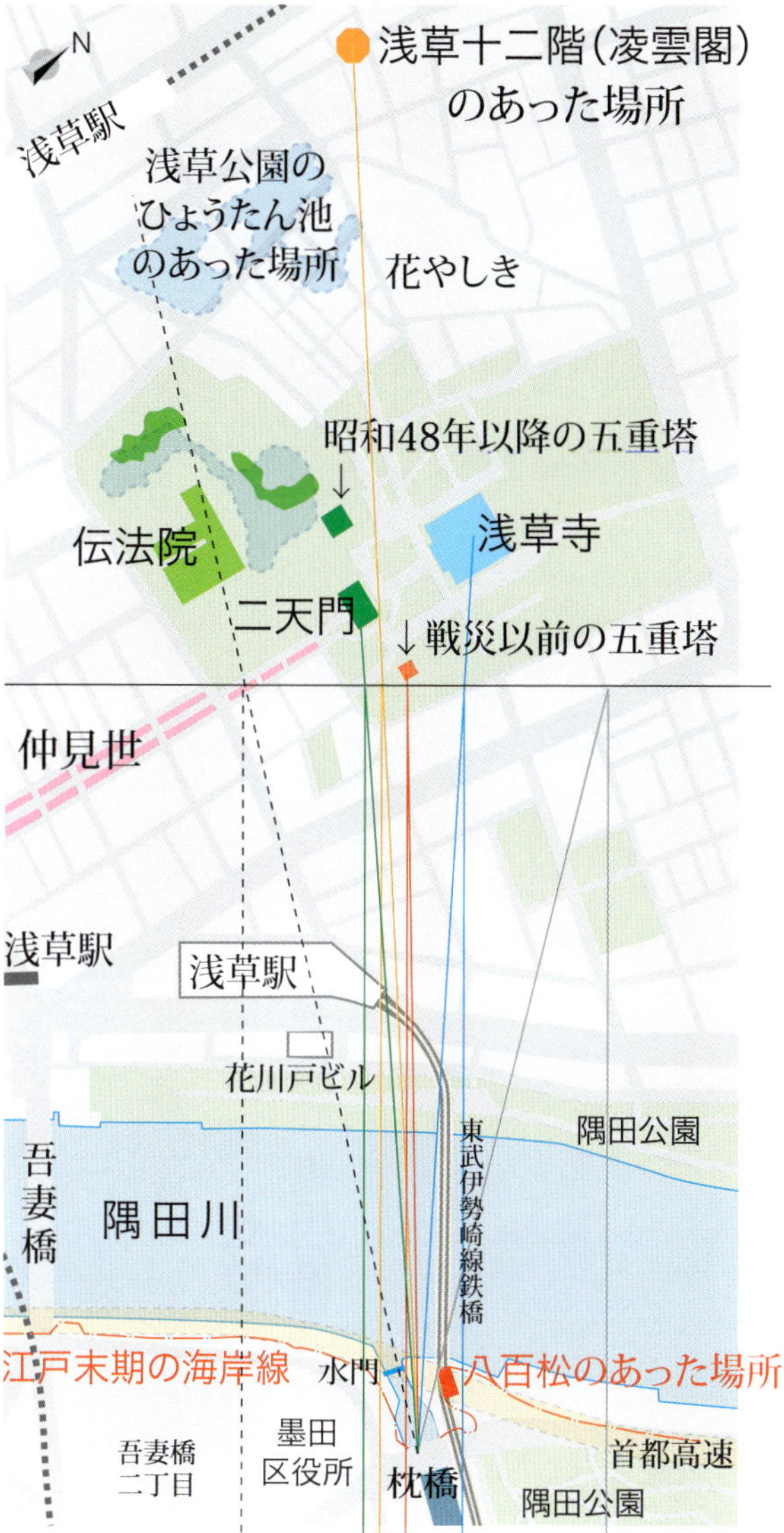

もし仮に、五重塔が明治時代の頃の位置に建っていたならば、浅草十二階の左側に見えるはず。

浩養園（佐竹庭園・堀田庭園）明治時代

浩養園は、池を中心に巨大な灯籠や名石・名木がふんだんに配置された林泉式庭園《りんせんしきていえん》だった。

浅草の対岸といえば、アサヒビールの金のモニュメントが有名。かつてはここに、旧**佐倉**《さくら》**藩堀田**《ほった》**家**別邸の名園があった。古くは老中**水野**《みずの》**忠成**《ただあきら》の別邸。その後、越前福井藩・松平越前守の屋敷に、後に**佐竹邸**、**堀田邸**となる。そのため、**佐竹庭園**、**浩養園**、**堀田庭園**、**七松園**等と呼ばれた。

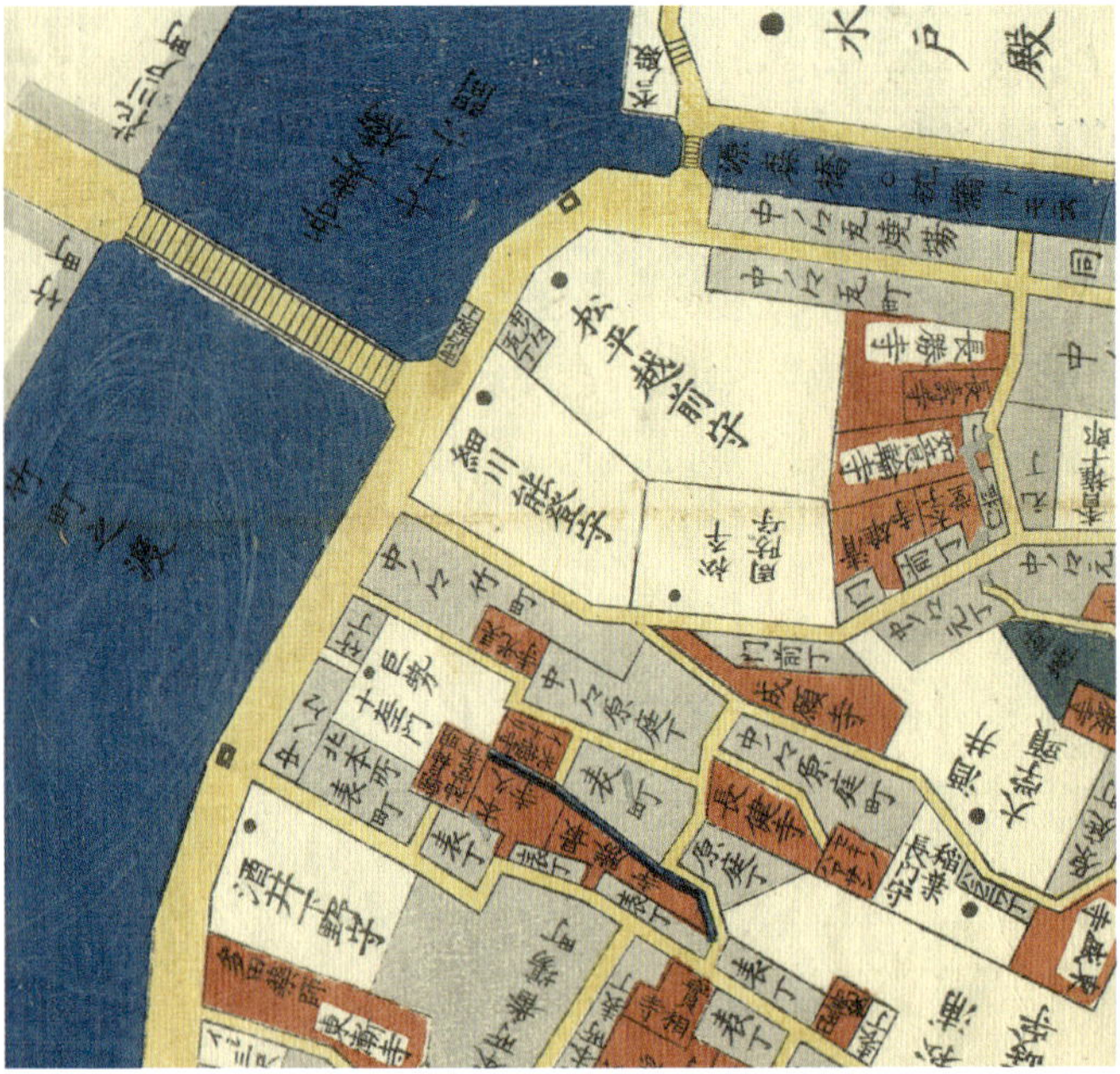

松平越前守の南隣りは、旧細川家下屋敷跡（上図で「細川能登守」と書かれている）。井戸からは良質の水が取れた。江戸名酒・**隅田川諸白**《すみだがわもろはく》もこれで造られたともいわれる。

浩養園跡 現代の姿

東京スカイツリー
アサヒビール
本社ビル
墨田区役所
炎のオブジェ
東武鉄道
隅田川橋梁
スーパードライホール
源森川水門
吾妻橋
首都高速

右の金色のビルはアサヒビール本社ビル。

1900年（明治33）、浩養園のある敷地を**札幌麦酒**が買い取り、その一角に東京工場を設置した。また庭園を利用してビヤホールを開業した。現在、**アサヒビール**の本社ビルや**墨田区役所**となっている。

昭和初期・西からの眺め

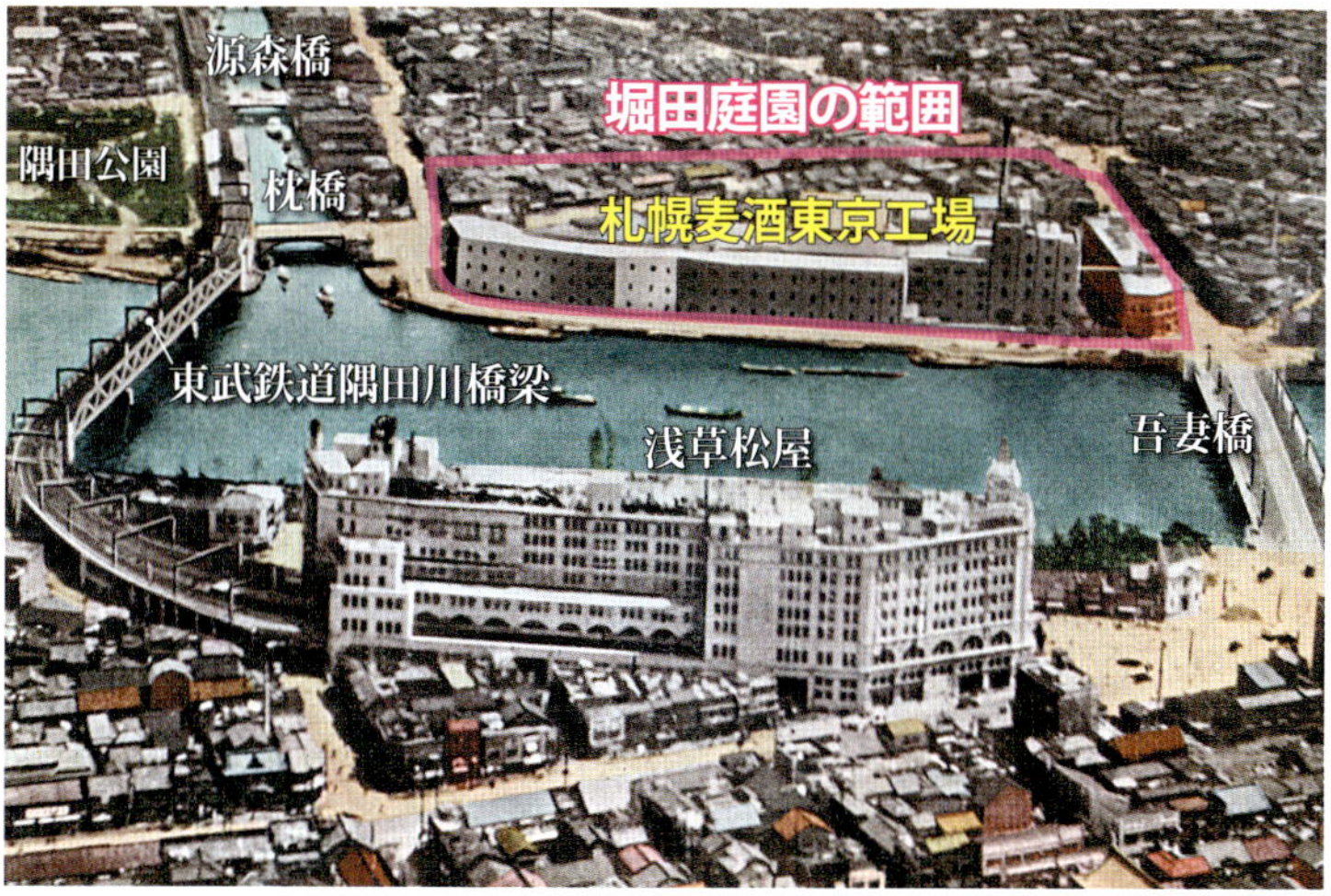

源森橋
堀田庭園の範囲
隅田公園
枕橋
札幌麦酒東京工場
東武鉄道隅田川橋梁
浅草松屋
吾妻橋

左上の「隅田公園」は、右の切絵図では「水戸殿」つまり、水戸藩の下屋敷だった。1693年（元禄6）、水戸藩三代藩主徳川綱條《つなえだ》（徳川光圀の跡継ぎ）に下賜され、別邸・蔵屋敷として用いられた。現在は「隅田公園」。作家の堀辰雄は幼少時、この水戸邸の隣りに一時期住んでいた。

浩養園（佐竹庭園・堀田庭園）

明治初期

この大判古写真は、百年以上昔の撮影にもかかわらず、石や葉一つ一つが鮮明に写っている。水面に波がないのはシャッター速度がかなり遅いため。左の実体顕微鏡で撮影した拡大写真では、男性の目鼻立ちは分かるが、女性は、のっぺらぼう。男性は撮影中顔を動かさずこらえていたが、女性は顔を動かしてしまったのだろう。

文人墨客の愛した向島

四季折々に風情のある向島は、江戸の昔から文人墨客《ぶんじんぼっかく》に愛されてきた。向島を散策すれば、松尾芭蕉《まつおばしょう》や小林一茶《こばやしいっさ》、宝井其角《たからいきかく》といった俳人の句碑が随所に見られ、向島「句碑巡り」ができる。向島百花園《ひゃっかえん》に至っては、園内に29個もの句碑がある。

明治時代以降も、作家たちは好んで向島を舞台とした作品を残した。また、森鷗外《もりおうがい》や堀辰《ほりたつ》雄《お》、『水の東京』を書いた幸田露伴《こうだろはん》は向島に住んでいた。青年時代を向島で過ごした森鷗外のペンネーム「鷗外」は、隅田川のユリカモメに由来するという説もある。

【手彩色絵はがき】

向島百花園の門前（大正後期）。当初は梅が多く、亀戸梅屋敷にならって「新梅屋敷」と呼ばれた。

撮影協力：博物館 明治村

幸田露伴は度々引っ越しをしたが、それらの住居を**蝸《か》牛《ぎゅう》庵《あん》**と称した（向島の中でも何度か移転しており、「露伴児童遊園」もその跡地の一つ）。向島の蝸牛庵が、「博物館 明治村」に移築され、家の中も見学することができる（下の写真）。ちなみに「蝸牛」とは、幸田露伴が自らを家をもたない蝸牛（かたつむり）になぞらえたもの。

浅草雷門 戦後 雷門再建まで仮設の雷門が建てられた時期もあった。

第4章
江戸時代から続く庶民娯楽の中心　浅草

浅草寺《せんそうじ》の歴史は古く、628年（推古《すいこ》36）に漁師の檜前浜成《ひのくまのはまなり》と竹成《たけなり》の兄弟の網にかかった黄金の観音像を本尊としたのが始まりと言われる。浅草寺は徳川家康のブレーン・天海僧正《てんかいそうじょう》の推挙で、徳川家の祈願所となり発展する。浅草寺の門前にある「仲見世」は、日本で最も古い商店街の一つ。浅草寺境内の掃除を頼まれた近くの住民が、その見返りとして出店による営業の特権を得たのが始まりである。

凌雲閣
（浅草十二階）
↓現在の
ひさご通り
花屋敷
ひょうたん池
五区
奥山
噴水
薬師堂
一区
浅草神社
浅草寺・本堂
二天門
四区
p.69
江川一座
玉乗り
清遊館
水族館
浅草寺
薬師堂
戦災前の
五重塔の
場所
茶屋
浅草公園
宝蔵門
経堂
中島
p.56
噴水
p.71
共盛館
青木一座
都踊
三区
二区
仲見世
弁才天
時の鐘
開進館勧工場
電気館
珍世界
常盤座
梅園勧工場
共栄館勧工場
六区
かつての映画街
パノラマ館
p.65
仲見世
p.58
七区
東洋館
勧工場
p.60
雷門
p.57

浅草
明治時代　一区〜七区地図　「東京案内」（明治40年）掲載の浅草公園之圖等を元に作成

浅草六区の誕生　1884年（明治17）、浅草寺周辺は一区から七区に区画分けがなされた。特に、浅草寺裏手の六区には見世物小屋が多く集まった。時代と共に、玉乗りのような曲芸から、剣劇、歌舞伎、オペラ、活動写真（映画）や落語など、あらゆる種類の娯楽を提供してきた。こうして明治・大正・昭和にかけて六区は東京の「娯楽の代名詞」となる。

浅草寺の宝物庫でもある**宝蔵門**は以前、仁王を納めていたため**仁王門**と呼ばれた。現在、長さ 4.5 m、重さ 500kg の大わらじが有名。隅田川に対する浅草辺りの呼び名は「大川」といい、吾妻橋も「大川橋」と呼ばれた。その西岸は大川端（おおかわばた）といった。

目のラインナップ、続々刊行中！

「オープニングではみんな走る！」他、〝お約束〟400連発！

アニメあるある

多根 清史　本体1000円＋税

「あ、そうだったのか…」と心が軽くなる本

CD付 すべての「思い込み」から自由になる生き方

阿部 敏郎　本体1600円＋税

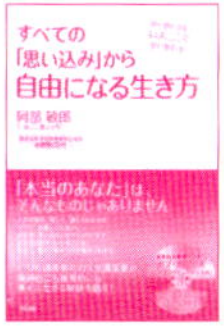

「呼吸」という何日の習慣を変えれば、人生が変わる！

仕事・人間関係がうまくいく呼吸の教科書

加藤 俊朗　本体1300円＋税

今までの服が似合わなくなったあなたへ

おしゃれの幸福論

光野 桃　本体1400円＋税

岡本太郎、ニーチェ他の言葉でつづる逃亡の名言集！

…けれど、

中経出版

第5回

コミックエッセイ グランプリ

作品募集のお知らせ

グランプリ賞
賞金
10万円

いい感じ！賞
賞金1万円

中経出版ではコミックエッセイの作品を募集します。
優れた作品は中経出版で書籍化する可能性もあります。
ご応募をお待ちしております！

概要

応募要項をご覧いただいて、作品を中経出版にお送りください。2014年1月末にしめきり、全作品の中で書籍化をすすめるものを選考させていただき、中でも優秀な作品には**「グランプリ賞（10万円）……1点」**を、力作には「いい感じ！賞（1万円）……複数」をさしあげます。（受賞者がいない場合もございます）。2014年2月末までにそれぞれの受賞者に連絡をさしあげ、弊社ＨＰより発表させていただきます。

※作品によっては、2月末より前にご連絡差し上げる場合もございます。

応募要項

❶ 応募作品は商業的に出版されていないオリジナルの作品に限ります（個人のブログなどを除く）
❷ **①Ａ４用紙で３枚以上のマンガ原稿 ②簡単なもくじ案 ③タイトル案** をお送りください。
❸ カラー、モノクロは問いません。紙の種類も問いません。
❹ 原稿は返却いたしません。お手元に残したい方は、コピーを残されることをお勧めいたします。
❺ 原稿の最終ページの裏面に、**郵便番号、ご住所、お名前、お電話番号、タイトル、Ｅメールアドレス、「マンガ家登録」をするか？（可・否）**をお書きください。

※「マンガ家登録」とは、中経出版より別のテーマでコミックエッセイの執筆をご相談させていただくデータベースに登録していただくものです。登録していただくと、中経出版より別のテーマをご相談させていただくことがあります。

❻ かならず郵送でお送りください（データ送付は不可）。
❼ お一人が何点応募されても構いません。
❽ **応募先　〒102−0083　東京都千代田区麹町3−2　相互麹町第１ビル**
株式会社KADOKAWA 中経出版
コミックエッセイグランプリ事務局
❾ 質問については、**Ｅメールアドレス　henshu@chukei.co.jp** へ
タイトル：「コミックエッセイグランプリについて質問」でお送りください。
お返事には時間がかかることもありますが、必ずお返事します。

みなさんからのご応募をお待ちしております(^o^)

Facebookページ (http://facebook.com/chukeipub/)　**Twitterアカウント** (@chukeipub)

注

特に深刻な事情

私にはどうしても逃路が必要なのです

山口 路子　本体1300円+税

仕事・人間関係「最近なにかうまくいかない」と思ったら読む本

心屋 仁之助　本

迷いや不安を無くして、自分の中の自信を育てるためのヒント

「自分がイヤだ!」と思ったら読む本

心屋 仁之助　本体1400円+税

イライラの本当の原因を鎮め、穏やかに暮らす知恵

DVD付「もうイライラしたくない!」と思ったら読む本

心屋 仁之助　本体1500円+税

苦手な人、嫌な人とさよならするための方法

人間関係が「しんどい!」と思ったら読む本

心屋 仁之助　本体1400円+税

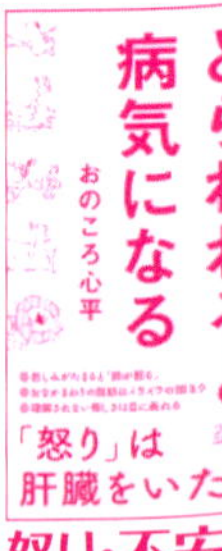

怒り・不安感情にとらわれると病気になる

おのころ 心平　本体1300円

「あの不安」とさようなら! 症状別の知識と予防方法

「おなかが弱い!」が治る本

渡邊 昌彦　本体1300円+税

運動いらずの驚異のアンチエイジング法を紹介

ミオドレ・アンチエイジング

小野 晴康　本体1300円+税

99歳の古ぎれコラージュ作家である著者が語る「幸せな老後」の秘訣

ひとりになっても、夢中になれることをお持ちなさい

三星 静子　本体1300円+税

「体と心」を整える月ヨガ生活の過ごし方

自然体で生きる月ヨガ生活のススメ

島本 麻衣子　本体1300円+税

教育・生活

子どもが安心し、健やかに育つ簡単スキンシップと言葉

明るい子どもが育つ0歳から6歳までの魔法の言葉

竹内 エリカ

本体1200円+税

わが子が入学後に困らないための具体的教育法

小学校に入る前に親がやってはいけない115のこと

立石 美津子　本体1300円+税

年間1万人に接してわかった志望校に合格するための35のこと

偏差値60以上のできる子の習慣　50以下のできない子の習慣

齊藤 淳一　本体1400円+税

「やる気」を大切にする教育法を紹介

男の子の一生を決める　0歳から6歳までの育て方

竹内 エリカ　本体1200円+税

20年以上、保護者・生徒を見てきた著者による45のポイント

中学受験　合格できる子の習慣　できない子の習慣

柴田 隆之　本体1400円+税

ホ・オポノポノの教えを日常に取り入れる!

毎日を幸せにするホ・オポノポノ手帳2014

イハレアカラ・ヒューレン、カマイリ・ラファエロヴィッチ

本体1600円+税

手帳は、あなたを幸せにする最も身近な魔法の文具

たった1行ですべてが叶う　手帳の魔法

さとう めぐみ　本体1400円+税

人気オーガナイザーが教える自分らしい収納スタイルのつくり方。

もっと心地いい暮らし

鈴木 尚子　本体1400円+税

ページをめくるだけでセンスがよくなる!

モデル仁香のおしゃれルール

仁香　本体1400円+税

メイクから服装まで、「美人に見える」雰囲気の作り方

読むだけで思わず二度見される美人なれる

—カラーでわかりやすい—
忘れてしまった高校シリーズ

カラー版 忘れてしまった高校の世界史を復習する本

祝田 秀全

本体1500円+税

カラー版 忘れてしまった高校の地理を復習する本

カラー版 忘れてしまった高校の微分積分を復習する本

CD付 カラー版 忘れてしまった高校の英語を復習する本

カラー版 忘れてしまった高校の化学を復習する本

カラー版 忘れてしまった高校の数学を復習する本

カラー版 忘れてしまった高校の日本史を復習する本

カラー版 忘れてしまった高校の生物を復習する本

カラー版 忘れてしまった高校の物理を復習する本

—ご当地で大人気！—
ルールシリーズ

仙台ルール

本体952円＋税

北海道ルール

京都ルール

博多ルール

沖縄ルール

名古屋ルール

大阪おかんルール

大阪ルール

東京ルール

広島ルール

神戸ルール

コミック・エッセイ

シリーズ170万部突破！日本中で大人気です

累計1500万ヒットの大人気ウェブサイトが本になりました！28歳、職業SE、独身、彼女ナシ、そしてオタク……オタクなサラリーマン＝「オタリーマン」の爆笑！生き様コミックエッセイ！

シリーズ170万部突破！

理系の人々
①〜③
よしたに

ぼく、オタリーマン。
①〜⑥、DX
よしたに

あちこち吉祥寺&中央線さんぽ
ワグチニラコ(マンガ)／川口有紀(取材)

台湾から嫁にきまして
ジェジェ

シリーズ26万部突破！

シブすぎ技術に男泣き！
①〜③
見ル野 栄司

中経のコミックエッセイが立ち読みできる！

このサイトに今すぐアクセス！
http://www.chukei.co.jp/

シリーズ累計26万部突破!

歴史が面白くなる
東大のディープな日本史2
相澤 理
本体1000円+税

人気アプリのキャラクターで、歴史を楽しく学ぶ

CD付
「朗読少女」と
あらすじで読む
日本史
水谷 俊樹
本体1500円+税

CD付
「朗読少女」と
あらすじで読む
世界史
村山 秀太郎
本体1500円+税

相対性理論・量子力学・宇宙論をストーリーで学ぶ!
私立時計ヶ丘高校タイムトラベル部
小谷 太郎　本体1400円+税

キリスト教と聖書をビジュアルで解説
図解 世界一わかりやすいキリスト教
富増 章成　本体1400円+税

人気予備校講師が教える、読みやすくて面白い1冊
世界一わかりやすい世界史の授業
村山 秀太郎　本体1600円+税

人気予備校講師が教える、読みやすくて面白い1冊
世界一わかりやすい日本史の授業
相澤 理　本体1500円+税

TVで活躍中の著者が教える科学の基礎!!
Dr.長沼の眠れないほど面白い科学のはなし
長沼 毅　本体1400円+税

西洋哲学の思想がやさしくわかる入門書
心が軽くなる 哲学の教室
小川 仁志　本体1600円+税

株式会社KADOKAWA 中経出版
一般書のご案内

本の内容に関するお問い合わせ
〒102-0083　東京都千代田区麹町3-2　相互麹町第一ビル
☎03-3262-0371　FAX03-3262-6855　http://www.kadokawa.co.jp
価格はすべて本体価格です。(2014年3月現在)

話題の本

会うたびに「あれっ、また可愛くなった?」と言わせる

なりたい肌も顔も自分でつくれる!
確実に美人になれるグッズ&ヒントが満載。

8万部!

神崎 恵 著 [本体1400円+税]

ぐんまちゃんの休日

大人気キャラクター「ぐんまちゃん」の
写真集第2弾! 特製シール付!

写真・河野英喜　協力・群馬県
[本体1000円+税]

仕事・人間関係 どうしても許せない人がいるときに読む本

イライラから自由になる方法

テレビで話題!

心屋 仁之助 著 [本体1400円+税]

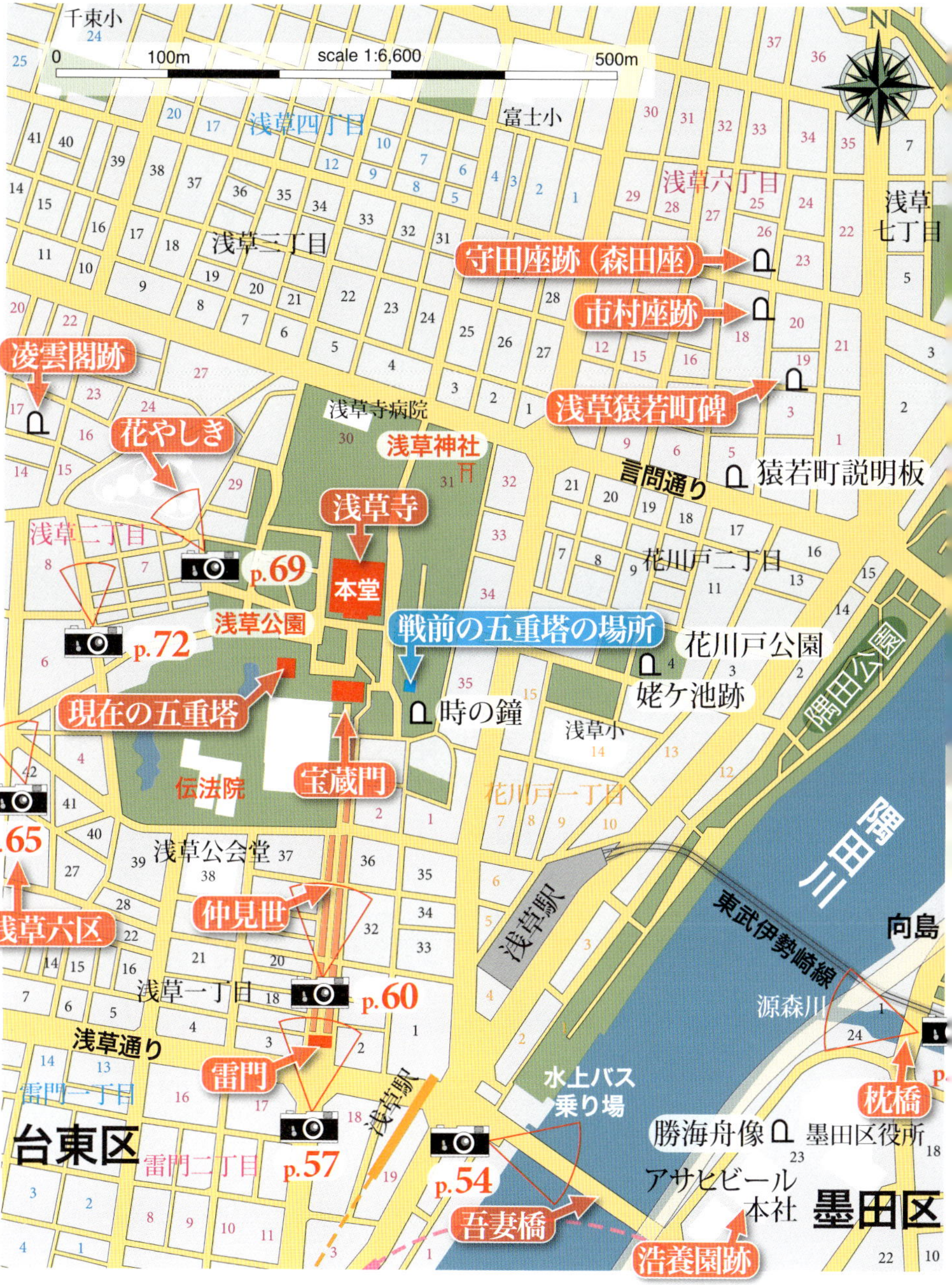

浅草には江戸時代以降の文化史跡が多く残っている。天保の改革を進める老中**水野忠邦**は、風俗上の理由から現中央区にあった**中村座、市村座、河原崎座**（以前の森田座、後の守田座）の江戸三座に移転を命じた。その移転先が猿若町で「**猿若（さるわか）三座**」と呼ばれた。

吾妻橋 明治後期

吾妻橋の最初の木橋は1774年（安永3）架橋。1887年（明治20）には、隅田川初の鉄橋が架けられた。近代化を象徴するトラス式の橋は、東京名所として錦絵や絵はがきに盛んに取り上げられた。関東大震災で焼け落ちたため、震災復興事業として架け直された。

吾妻橋　江戸時代は「大川橋《おおかわばし》」と呼ばれた。吾妻橋の名の由来には、江戸の「あずま」の橋説や、吾嬬権現《あづまごんげん》社《しゃ》への道筋にある橋説などがある。日本武尊命《やまとたけるのみこと》が東征中、海が荒れて船で渡るのが困難な時、妻の弟橘《おとたちばな》がそれを鎮めるため身を投じた。日本武尊は「吾嬬はや（吾が妻よ）！」と嘆いたという。流れ着いた妻の遺品を納めたのが吾嬬権現社（吾嬬神社）と言い伝えられている。

吾嬬権現社は、吾妻橋付近から北十間川（画像手前）に沿って東に約3km進んだ所にある。境内の「連理の楠」（一つの根から二つの幹が出た神木）は、数々の浮世絵の題となった。

現代の姿

アサヒビール
本社ビル
東京スカイツリー
水上バス
の乗り場
墨田区役所
高速道路
吾妻橋
聖火台の炎 アサヒビール本社の隣にあるこの金色のオブジェは、「新世紀に向かって飛躍するアサヒビールの燃える心」を表わしている。

現在の吾妻橋は、1931年（昭和6）に新たに建設されたもの。近年になり、都の「隅田川著名橋の整備」事業により、橋の欄干や橋灯の色は、赤で統一された。浅草寺や雷門のイメージを思わせる。画像中央には黄金色のアサヒビール本社ビル、その左には墨田区役所。その間から東京スカイツリーの姿が見える。

吾妻橋 明治後期～大正初期

（帝都俯瞰）五大鐵橋ノ一（吾妻橋）
AZUMA BASHI

雷門前（雷門再建前）1907年（明治40）

Entrance of Asakusa Temple, Tokyo.
東京浅草仲見世通り

江戸時代には建っていた雷門《かみなりもん》は、1865年（慶応元）の火事で焼失した後、実に95年間も再建されなかった。つまり、江戸末期は地名の雷門はあっても、建物の雷門は存在しなかった。

PICTURE EXHIBITION
AT
GO-NI-KAN
Near Hibiya Park
千人畫伯繪画展覧會

看板の**千人画伯絵画展覧会**の開催地の**帝国五二館**は、1907年9月に火災で焼失。写真の年代算出の鍵となる。

THE
UYENO PARK
-1907-
東京勧業博覧會
東京府

東京勧業博覧会の告知板→p.94。1907年（明治40）3～7月開催。

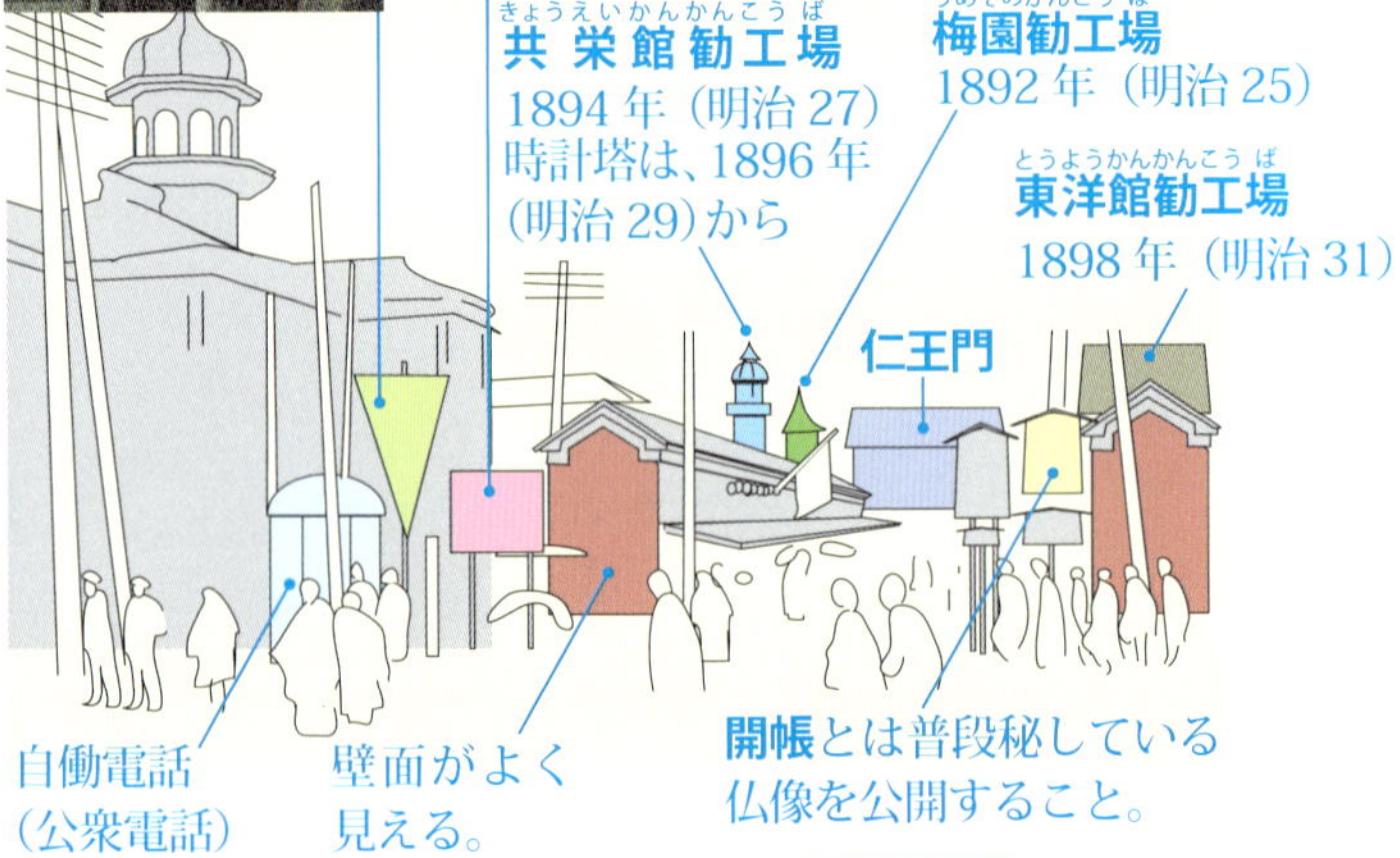
共栄館勧工場《きょうえいかんかんこうば》
1894年（明治27）
時計塔は、1896年（明治29）から
梅園勧工場《うめぞのかんこうば》
1892年（明治25）
東洋館勧工場《とうようかんかんこうば》
1898年（明治31）
仁王門
自働電話（公衆電話）
壁面がよく見える。
開帳とは普段秘している仏像を公開すること。

雷門前 現代の姿

雷神像
金龍山は浅草寺の山号
風神像
雷門

浅草のシンボル**雷門** 正式名、**風雷神門**（仲見世の方から大提灯を見ると正式名が書かれている）。

松下電器

大提灯 表に「松下電器」、裏に「松下幸之助」とある。

明治維新後、浅草の寺有地は明治政府に取り上げられ、公園地になる。廃仏毀釈《はいぶつきしゃく》の時代ゆえ、政府は寺社の再建に消極的。雷門は、ようやく1960年（昭和35）に、松下電器産業の松下幸之助《まつしたこうのすけ》氏の寄進で再建を果たす。

雷門前 明治中期

共栄館勧工場の時計台は、1896年（明治29）に建てられた頃は上の絵はがきのように尖った形だったが、明治30年代末頃に右の絵はがきのように丸い型に変わった。

浅草仲見世　大正後期

江戸時代から続く仲見世《なかみせ》は、1885年（明治18）、いち早く煉瓦造《れんがづく》りの洋風2階建となる。昔ながらの菓子・土産物に加え、最新流行の服飾品、舶来品《はくらいひん》や新登場の玩具、また絵双紙《えぞうし》や絵はがきが人気商品だった。

もう少し先に進むと、現在の新仲見世と交差する付近。左から「教育玩具」、「雷おさし（おこし）」、「旅人宿」といった看板が見える。左上の時計塔のところには、「ビヤホール 梅園軒」とある。

勧工場《かんこうば》とは、デパートの前身。上野で開かれた1877年（明治10）第一回内国勧業博覧会《ないこくかんぎょうはくらんかい》の売れ残りを処分するため、丸の内・辰《たつ》の口《ぐち》評定所《ひょうじょうしょ》で陳列販売したのに由来する。浅草には、1892年（明治25）に**梅園勧工場**《うめぞのかんこうば》、続いて1898年（明治27）に**共栄館勧工場**《きょうえいかんかんこうば》が開業。正札販売と玩具・文具・小間物・瀬戸物・舶来品と何でも揃っているため大繁盛した。

東洋館勧工場《とうようかんかんこうば》
1898年創業
浅草寺仁王門
（現在の宝蔵門）
照明のガス灯
共栄館勧工場
Entrance of Asakusa Temple, Tokio.
東京浅草仲見世通り

共栄館勧工場の時計塔は、1896年（明治29）に建造。しかし、時計台は増築のため1921年（大正10）に取り壊された。

東京勧業博覧会の広告の旗。下の絵はがきは、56ページのものと同時期の撮影である。

共栄館
勧工場
B-12 ASAKUSA PARK, TOKYO
梅園勧工場
仁王門
電灯

西日のため、日除け幕が東側（画面右）の店先に並ぶ。

仲見世 昭和初期

(Greater Tokyo) Souvenir-eporiums at Asakusa
淺草仲見世 (新大東京名所)

関東大震災以前は、ガス灯が設置されていたが、震災からの再建時（大正 14 年以降）は、屋根とひさしに電灯が取り付けられた。明治時代は男女共に和服が多いが、昭和初期も今も、歩行者はなぜか左側通行しているようだ。

現代の姿

仲見世
酒井好古堂
山藤
浮世絵
UKIYO-E

現在、テント生地の電動開閉式の屋根となっている。浅草の仲見世は、老若男女を問わず、また外国からの観光客にも人気が高い。

浅草六区

1919年（大正8）北からの眺め

A Part of Asakusa Park, Tokyo
District of Photoplay Theatre
淺草公園六區（東京）
佐倉宗五郎

『琵琶歌』（びわうた） 白黒無声映画
日活（向島撮影所）　1919年（大正8）
日露戦争の時代の悲恋を描く。

『佐倉宗五郎』 白黒無声映画
日活（京都撮影所）1919年（大正8）
佐倉惣五郎（宗吾）は江戸初期に実在した下総 国《しもうさのくに》公津《きみつ》村（現、千葉県成田市）の名主。四代家綱に直訴し本人は磔《はりつけ》になったが、租税は軽減された。

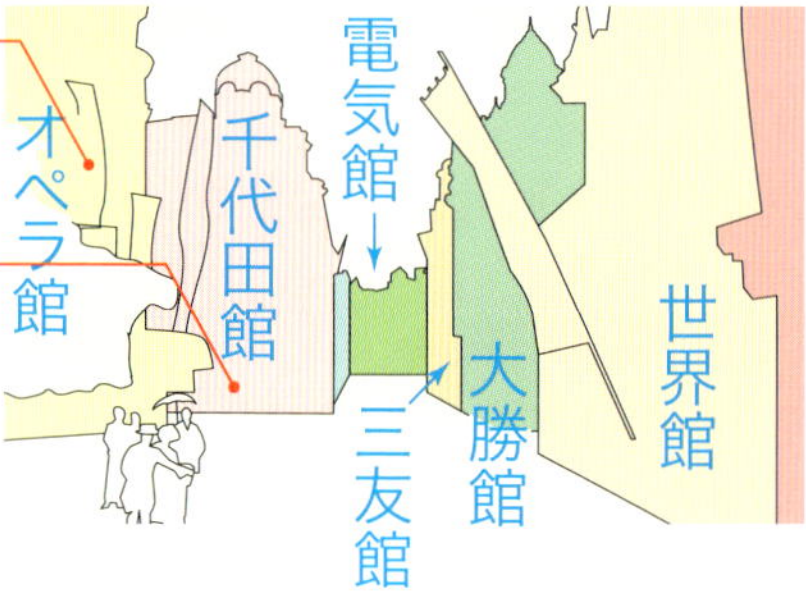
オペラ館
千代田館
電気館↓
三友館
大勝館
世界館

大正時代、浅草六区では浅草オペラが一世を風靡《ふうび》した。1920年（大正9）結成の「**根岸大歌劇団**《ねぎしだいかげきだん》」は、日本の喜劇王・榎本健一《えのもとけんいち》（**エノケン**）も所属していた。浅草オペラの熱心なファンには、宮沢賢治《みやざわけんじ》や、サトウ・ハチロー、川端康成《かわばたやすなり》など多くの文化人がいた。

日本で最初の映画（活動写真）専用の映画館は、1903年（明治36）開業の**電気館**《でんきかん》。下駄履きのまま入れる気軽さと、入場料が安いことが相まって活動写真は一挙に大衆化した。この六区には次々と映画館が建てられ、最盛期の昭和30年代には、映画館が30館近く軒を連ねた。

浅草六区 1930年（昭和5）南からの眺め

A view of Rokku of Asakusa park.
（大東京）淺草活動街六區の賑ひ

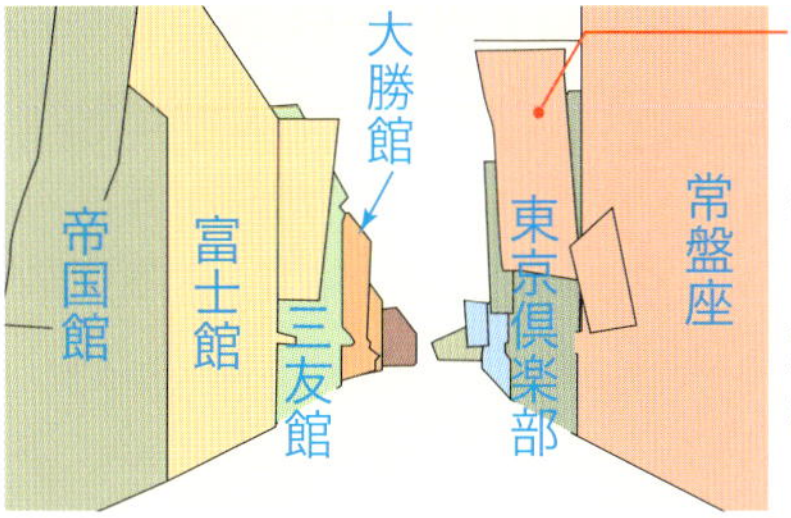
大勝館
帝国館
富士館
三友館
東京倶楽部
常盤座

『何が彼女をそうさせたか』白黒無声映画

帝国キネマ 1930 年（昭和 5） 監督：鈴木重吉

薄幸の美少女が、世間の荒波に弄《もてあそ》ばれ虐《しいた》げられ、ついには、助けられた教会の偽善を告発するため火を放つ。最後、彼女の怒りの顔がアップになり「何が彼女をそうさせたか」という弁士のナレーションに「資本家だ！」と観衆は叫んで応じたという。

1930年（昭和5）頃 西からの眺め

（大東京）淺草六區の賑ひ（胃病良藥太田胃散本舗特製）

人情劇『フランダースノ少年』は、イギリスの作家ウィーダの『フランダースの犬』を原作としているのは同じだが、アメリカ人好みのハッピーエンドの違う結末になっている。

浅草六区　1937年（昭和12）南からの眺め

Asakusa Amusement Park (Greater Tokyo)
ひ賑の區六園公草淺境樂歡　（京東大）

絵はがき中央の「新しき土」という看板は大勝館。左手前の「映画は日活」の看板が三友館。右は千代田館。

『新しき土』日独防共協定締結《ていけつ》の翌年の1937年（昭和12）に、日独共同製作。
監督：アーノルド・ファンク／伊丹万作
主演：早川雪洲、原節子　撮影協力：円谷英二
音楽：山田耕筰　作詞：北原白秋、西條八十
ドイツ留学していたエリート青年が、ドイツ人の恋人と共に帰国をする。しかし、日本には許婚《いいなずけ》の女性が待っていた…。

万盛館
→ロック座
大勝館
ひょうたん池
p.65下
オペラ館
三友館
→フランス座
→浅草演芸ホール
千代田館
p.64
富士館
電気館
帝国館
p.63下
松竹館
東京クラブ
常盤座
大東京
金龍館
p.66

1930年代の浅草六区

三友館《さんゆうかん》の場所に、演芸場の**フランス座**が建った。この劇場の文芸部で幕間のコントの台本を書いた一人が作家の**井上ひさし**。この劇場は、俳優の**渥美**《あつみ》**清**《きよし》やコメディアンの**萩本**《はぎもと》**欽一**《きんいち》、映画監督**北野**《きたの》**武**《たけし》といった面々を輩出している。今この場所は、**浅草演芸ホール**となっている。

DON.QUIJOTE
ASAKUSA
DON.QUIJOTE

浅草演芸ホール 現代の姿 南からの眺め

三友館
保険ぎらい
Famous Place of Tokyo.
淺草公園の雜沓
(東京名所)

三友館 1916年(大正5)頃 北からの眺め

右端の『保険ぎらい』の幟《のぼり》があるのが三友館。左には『奥山《おくやま》狸《たぬき》御殿《ごてん》』の看板が目立つ。絵はがき中の男性は、大正時代に大流行したカンカン帽ばかりだ。叩くと「カンカン」と音がするほど固い帽子という語源説があるが、定かでない。

浅草六区の賑い　昭和8年

この手彩色絵はがきは、浅草が映画館で賑わっていた頃の画像。中央右の『戦場よさらば』は、アーネスト・ヘミングウェイ原作の『武器よさらば』。1932年制作。翌年日本公開。監督・フランク・ボーセージ、出演はヘレン・ヘイス、ゲイリー・クーパー。
左ページの『片岡千恵蔵得意の明朗篇 金忠輔大会』の幟《のぼり》が立っているのは、日活直営の映画館「大東京」（現在、浅草ROXの敷地の一部）。この通りの突き当りには、かつては浅草十二階（凌雲閣）がそびえていたが、関東大震災後なのでもはやその姿はない。

CINEMA STREET OF ASAKUSA, TOKYO.
（東京名所）淺草六區

(T188) Hanayashiki of Asakusa, Tokyo.
(東京百景)淺草花屋敷

花屋敷 明治後期

花屋敷《はなやしき》は、1853年（嘉永6）に植木商の森田六三郎がその名の通り花を植えた庭園として開業した。明治時代は珍獣が集められて、植物園ではなく、動物園として人気を博した。

1890年（明治23）に完成した**浅草十二階**（凌雲閣）。

奥山閣《おうざんかく》（鳳凰閣《ほうほうかく》）元は深川の材木商・信濃屋《しなのや》丸山伝右衛門《でんえもん》（通称シナ伝）の邸内に建てられた五階建ての楼閣。1888年（明治21）にここに移築。

隣にあった写真館
花屋敷入口　看板にはトラやゾウ、ワニが描かれている。

活動写真も上映された。

花屋敷 昭和初期

Greater Tokyo, Hanayashiki Show at Asakusa.
(大東京) 淺草公園花屋敷

1923年（大正12）関東大震災で浅草十二階や奥山閣は損壊。昭和初期のこの絵はがきにはもはや見られない。1953年(昭和28)には日本初のローラーコースターが登場。日本最古の遊園地である。

花やしき 現代の姿

Bee タワー
スペースショット
おかげさまで 開園160周年
花やしき
浅草門
茶店
芳野屋

凌雲閣　明治末期

【手彩色絵はがき】

凌雲閣と懐中薬の「仁丹」とは関わりが深い。1905年（明治38）に森下仁丹が発売された後に、凌雲閣に極めて大きい仁丹の看板が設置され、衆目を集めた。関東大震災で凌雲閣が取り壊された後の1932年（昭和7）、雷門一丁目の交差点に凌雲閣を小さくしたような「仁丹塔」という広告塔が建てられた。

凌雲閣 大正時代

A Part of Asakusa Park, Tokyo
Shows Twelve Story "Ryounkaku"
淺草公園十二階(東京)

凌雲閣（浅草十二階）とは、1890年（明治23）に完成した、当時日本一の高さ（約52m）を誇る「雲を凌《しの》ぐほど」の塔。8階まで上がるエレベーターも日本初だった。1階から10階まではレンガ造、11～12階は木造。

サラセン風ドームがある**浅草国技館**《あさくさこくぎかん》は、1912年（明治45）開業。設計は辰野《たつの》・葛西《かさい》事務所。その後、1914年（大正3）には、活動写真館の**遊楽館**《ゆうらくかん》に、さらに、1917年には芝居小屋**吾妻座**《あづまざ》となる。1920年（大正9）に火災で焼失した。

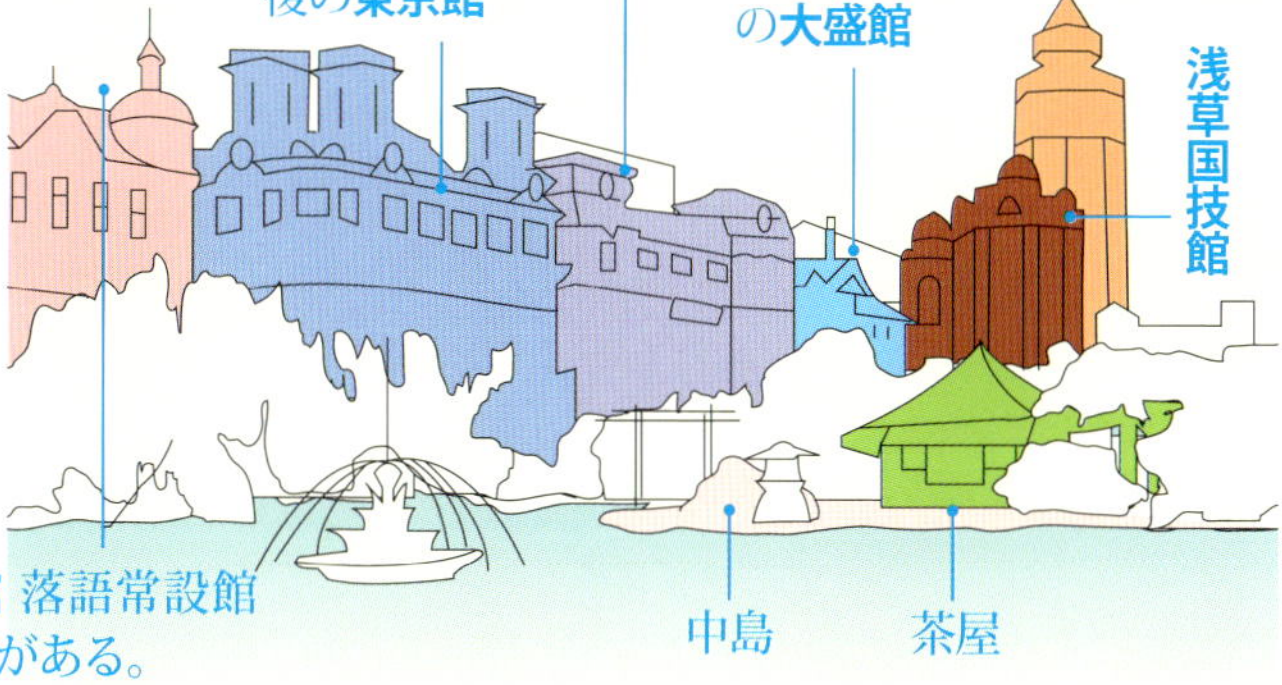
1916年（大正5）開業のキネマ倶楽部。元は、浪花節の清遊館。1913年（大正2）に浅草館。
凌雲閣は大震災で損壊したため、取り壊された。
フレー館、後の東京館
元祖玉乗りの大盛館
浅草国技館
万盛館 落語常設館の看板がある。
中島
茶屋
人造の池は、俗称ひょうたん池。1951年に埋め立てられた。

戦後の浅草　昭和28年頃

アメリカ服
パチンコ
君の名は
魔剣
THEATRE STREET OF ASAKUSA, TOKYO

映画『**君の名は（第二部）**』（1953年公開）は、菊田一夫のラジオドラマの映画化（三部作）。映画の監督は大庭秀雄。氏家真知子役は岸惠子、後宮春樹役は佐田啓二。「真知子巻き」の流行は、この映画版で、ヒロイン役の真知子が身に付けた、頭から首にかけて巻く白いストールのスタイルに由来する。

浅草公園跡　現代の姿

TOBU PARK

現在、凌雲閣はなく、ひょうたん池も埋め立てられた。かろうじて、**「ひさご通り」**（ひさごとは「ひょうたん」の意）という地名に名残をとどめている。右のタワーは花やしきのBeeタワー（地上45m）。浅草十二階（52m）よりもやや低い。

両国百本杭 明治後期 【手彩色絵はがき】

第5章

橋の展覧会 隅田川

江戸時代、幕府は防御上の理由で隅田川の橋の建設をわずか五カ所しか許可しなかった。明治時代に次々と鉄橋に架け替えられたが、関東大震災で新大橋以外が損壊。震災復興で架け直された橋には、それぞれ独自の設計がなされた。隅田川の川下りの船から眺めれば、様々な構造・デザイン・色の橋が並ぶ「橋の展覧会」を楽しむことができる。

東京の景観を変えた震災・戦災・五輪

東京の景観を変える大きな出来事が歴史上5つあった。**家康の江戸幕府開闢**《かいびゃく》**、明治維新、関東大震災、東京大空襲、東京オリンピック**（1964年）である。

左の図表は、橋の歴史を一覧したものだが、いかに関東大震災で橋が一新したか、東京大空襲でもちこたえたかがよく分かる。

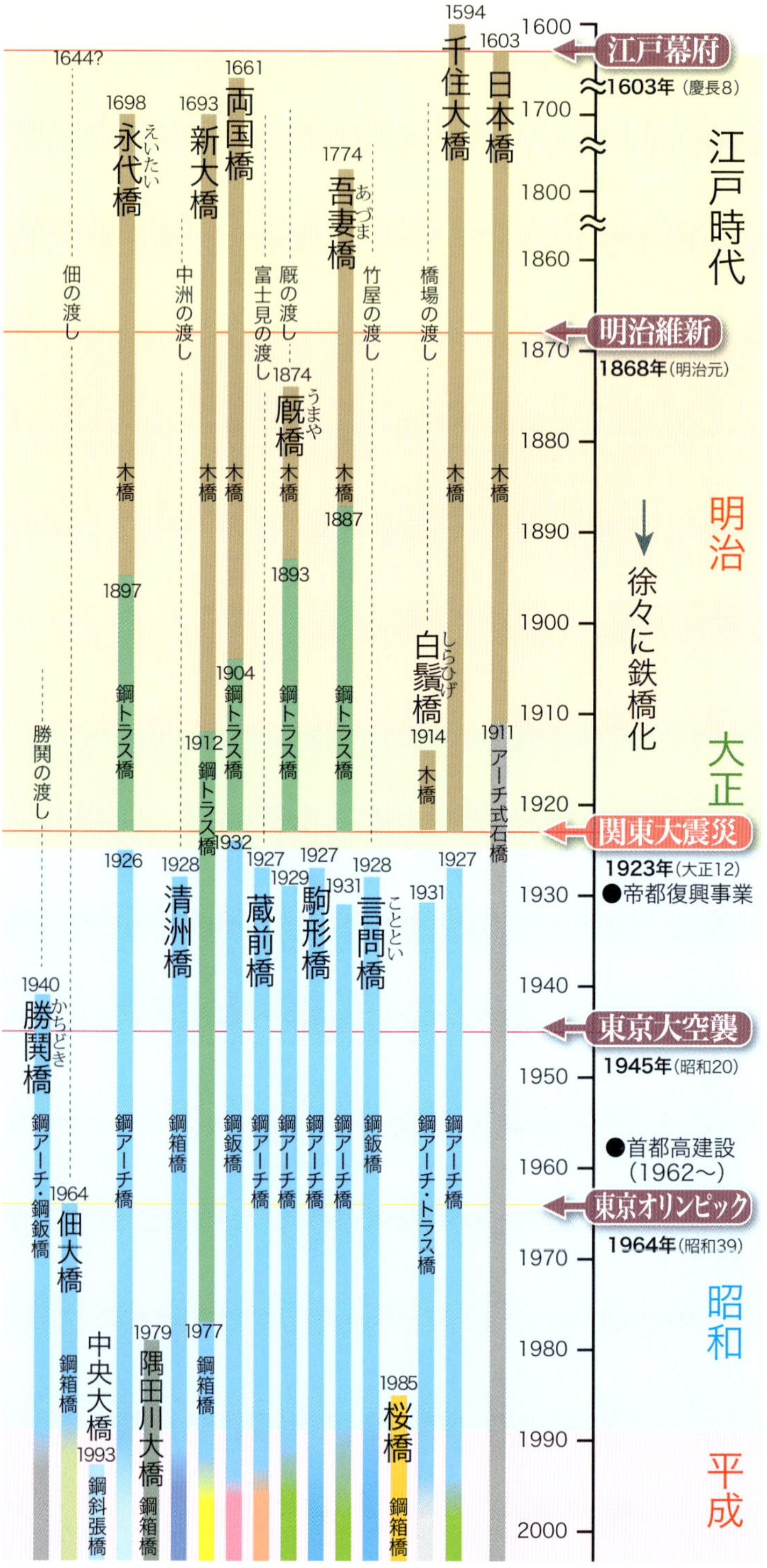

江戸幕府
1603年（慶長8）
江戸時代
明治維新
1868年（明治元）
明治
徐々に鉄橋化
大正
関東大震災
1923年（大正12）
●帝都復興事業
東京大空襲
1945年（昭和20）
●首都高建設（1962〜）
東京オリンピック
1964年（昭和39）
昭和
平成
1600
1700
1800
1860
1870
1880
1890
1900
1910
1920
1930
1940
1950
1960
1970
1980
1990
2000
1603 日本橋 木橋 1911 アーチ式石橋
1594 千住大橋 木橋 1927 鋼アーチ橋
橋場の渡し 1914 白鬚橋《しらひげ》 木橋 1931 鋼アーチ・トラス橋
竹屋の渡し 1774 吾妻橋《あづま》 木橋 1887 鋼トラス橋 1931 鋼アーチ橋
1928 言問橋《こととい》 鋼鈑橋
厩の渡し 1874 厩橋《うまや》 木橋 1893 鋼トラス橋 1929 鋼アーチ橋
1927 駒形橋 鋼アーチ橋
富士見の渡し 1927 蔵前橋 鋼アーチ橋
1661 両国橋 木橋 1904 鋼トラス橋 1932 鋼鈑橋
1693 新大橋 木橋 1912 鋼トラス橋 1977 鋼箱桁
中洲の渡し 1928 清洲橋 鋼箱桁
1979 隅田川大橋 鋼箱桁
1698 永代橋《えいたい》 木橋 1897 鋼トラス橋 1926 鋼アーチ橋
1644? 佃の渡し 1964 佃大橋 鋼箱桁
1993 中央大橋 鋼斜張橋
勝鬨の渡し 1940 勝鬨橋《かちどき》 鋼アーチ・鋼鈑桁
1985 桜橋 鋼箱桁

※茶色は木橋を、水色は鉄橋を表わす。江戸時代[illegible]「隅田川著名橋の整備」によって橋の塗装がカラフルなものになった。

クイズ:これはどの橋の装飾でしょう?

隅田川の橋は、構造だけでなく、装飾も個性的

隅田川の橋は欄干やバルコニーの装飾も独特なデザインのものが多い。我こそは隅田川の橋通と思われる方は、どの橋のものかを当ててみよう(答えは、76ページ)。※隅田川の支流の橋も含む。

ヒント: 桁裏がライトアップされる橋

ヒント: 橋の西詰にチェスの駒?

ヒント: 馬のステンドグラス

ヒント: 近くの建物を模している

ヒント: 丸の真ん中に2本線あり

ヒント: かんざし

ヒント: フランス製の女神像

ヒント: なぜか橋に信号機

浅草寺
隅田公園
浅草駅
墨田区役所
水上バス乗り場
吾妻橋
→p.55
アサヒビール
本社
浅草駅
駒形橋
駒形
隅田川
東駒形
前駅
厩橋
蔵前
本所
蔵前駅
蔵前橋
蔵前
旧安田庭園
両国駅
両国国技館
江戸東京
博物館
.6
両国駅
橋 →p.115
両国橋
→p.85
両国
本橋
中央区
本橋浜町
新大橋
→p.87
浜町駅
浜町公園
0 scale 1:25,000 500m

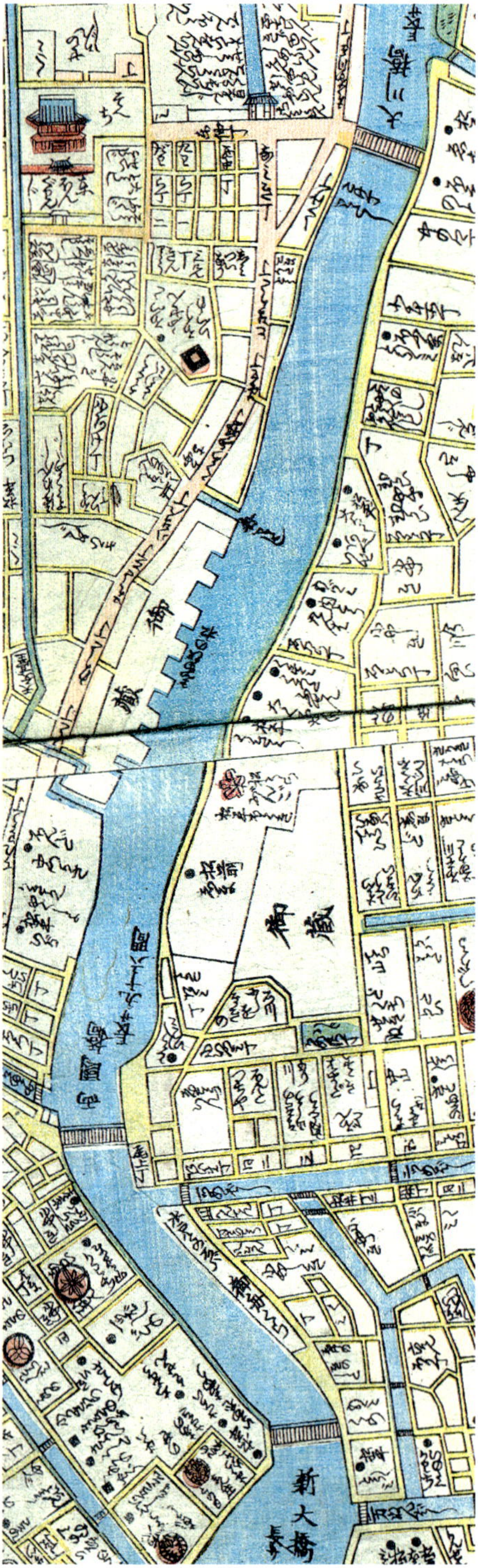

クイズ
橋の装飾
解答

A.1 吾妻橋《あづまばし》

A.2 駒形橋《こまがたばし》（駒＝馬）

A.3 厩橋《うまやばし》（厩＝馬屋）

A.4 蔵前橋《くらまえばし》（二代目両国国技館）

A.5 両国橋《りょうごくばし》（土俵の形）

A.6 柳橋《やなぎばし》（柳橋芸者の簪《かんざし》）

A.7 中央大橋（パリ市から寄贈された女神の像）

A.8 勝鬨橋《かちどきばし》（跳ね上がる時の信号）

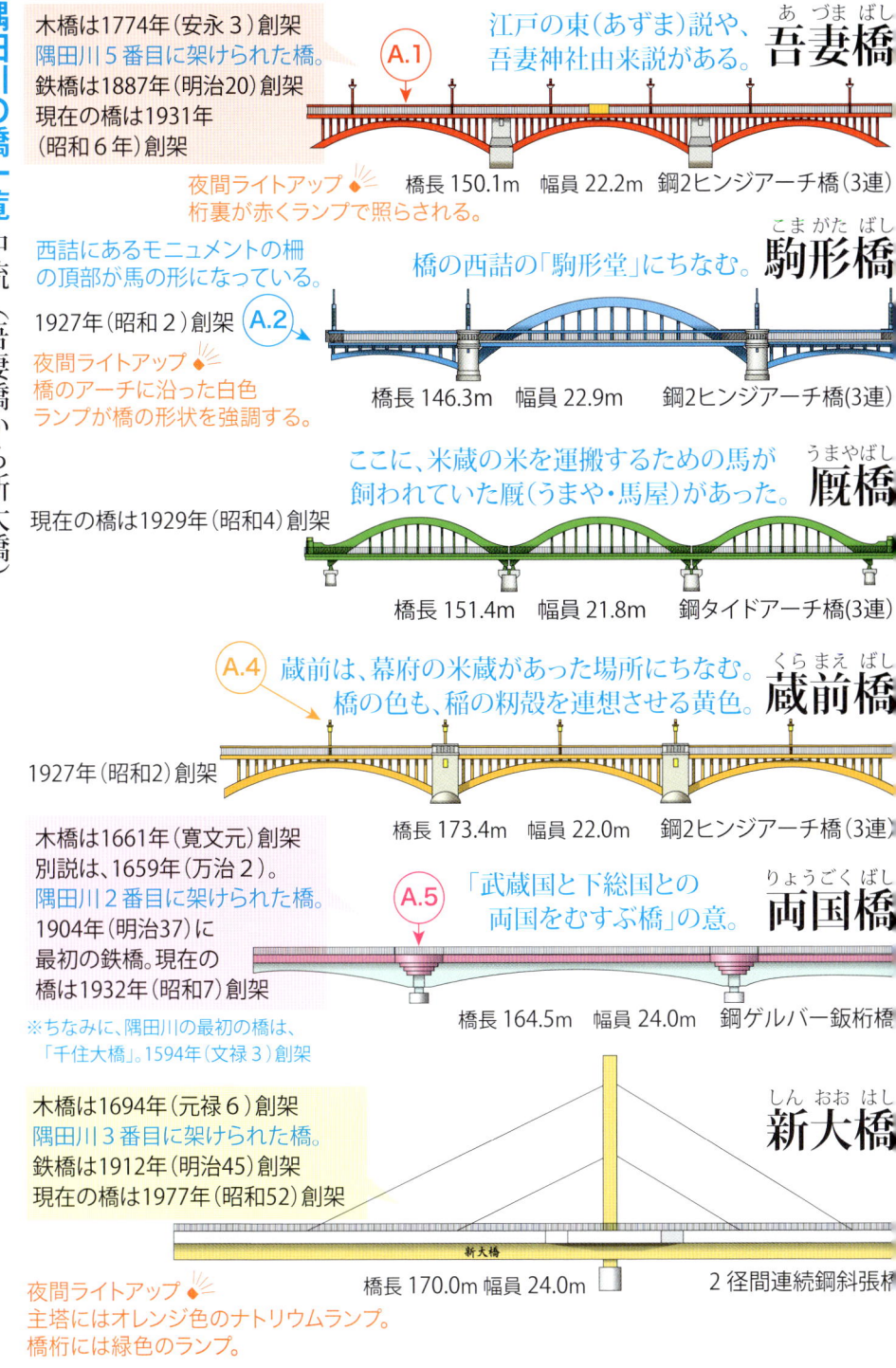

隅田川の橋一覧 中流（吾妻橋から新大橋）

吾妻橋《あづまばし》

江戸の東（あずま）説や、吾妻神社由来説がある。

木橋は1774年（安永３）創架
隅田川５番目に架けられた橋。
鉄橋は1887年（明治20）創架
現在の橋は1931年（昭和６年）創架

A.1

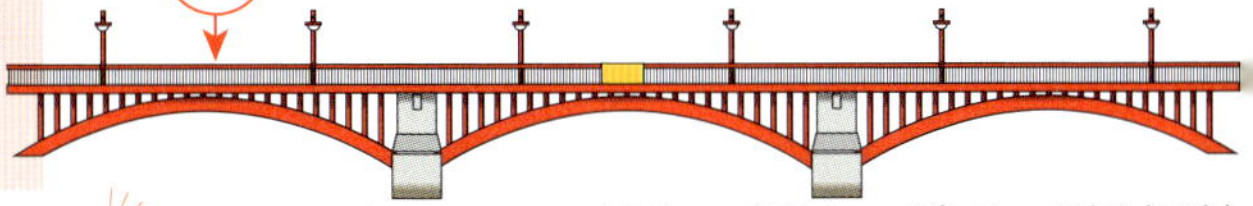

夜間ライトアップ
桁裏が赤くランプで照らされる。

橋長 150.1m　幅員 22.2m　鋼2ヒンジアーチ橋（3連）

駒形橋《こまがたばし》

橋の西詰の「駒形堂」にちなむ。

西詰にあるモニュメントの柵の頂部が馬の形になっている。

1927年（昭和２）創架

A.2

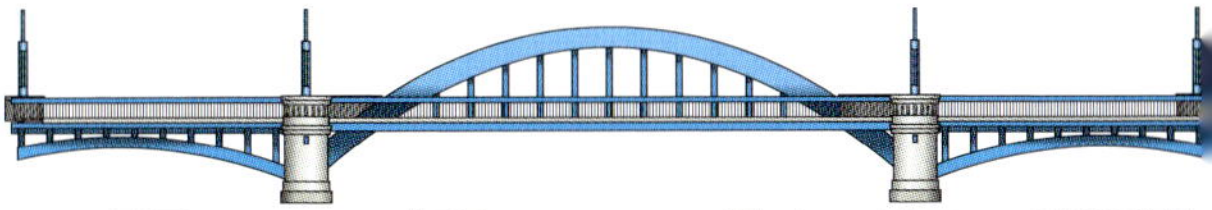

夜間ライトアップ
橋のアーチに沿った白色ランプが橋の形状を強調する。

橋長 146.3m　幅員 22.9m　鋼2ヒンジアーチ橋(3連)

厩橋《うまやばし》

ここに、米蔵の米を運搬するための馬が飼われていた厩（うまや・馬屋）があった。

現在の橋は1929年（昭和4）創架

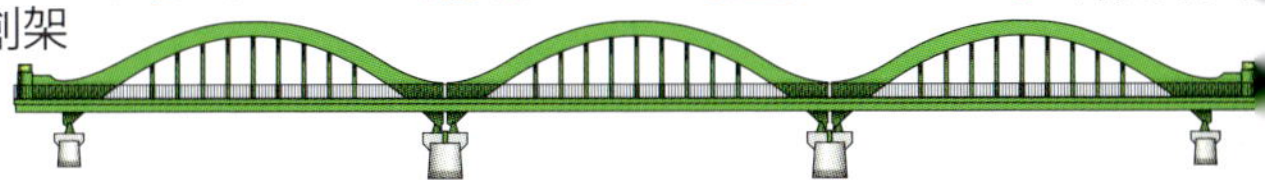

橋長 151.4m　幅員 21.8m　鋼タイドアーチ橋(3連)

蔵前橋《くらまえばし》

A.4

蔵前は、幕府の米蔵があった場所にちなむ。
橋の色も、稲の籾殻を連想させる黄色。

1927年（昭和2）創架

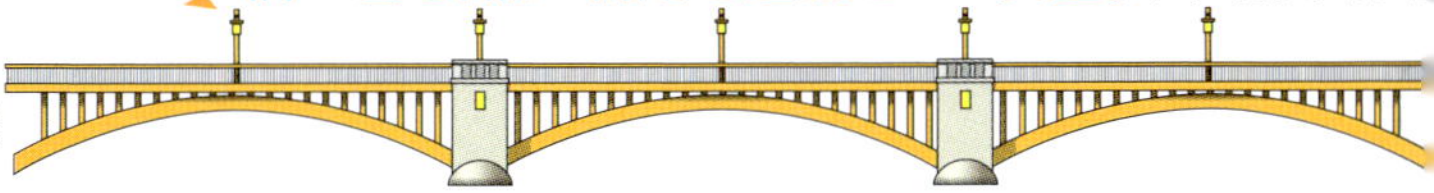

橋長 173.4m　幅員 22.0m　鋼2ヒンジアーチ橋（3連）

両国橋《りょうごくばし》

「武蔵国と下総国との両国をむすぶ橋」の意。

木橋は1661年（寛文元）創架
別説は、1659年（万治２）。
隅田川２番目に架けられた橋。
1904年（明治37）に最初の鉄橋。現在の橋は1932年（昭和7）創架

※ちなみに、隅田川の最初の橋は、「千住大橋」。1594年（文禄３）創架

A.5

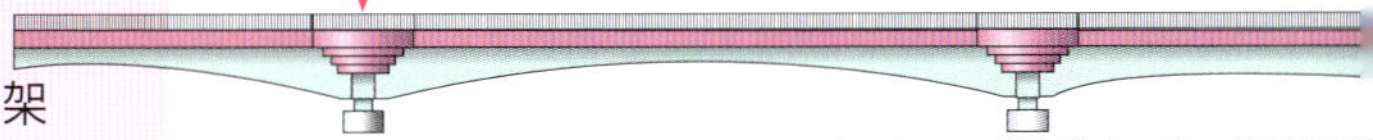

橋長 164.5m　幅員 24.0m　鋼ゲルバー鈑桁橋

新大橋《しんおおはし》

木橋は1694年（元禄６）創架
隅田川３番目に架けられた橋。
鉄橋は1912年（明治45）創架
現在の橋は1977年（昭和52）創架

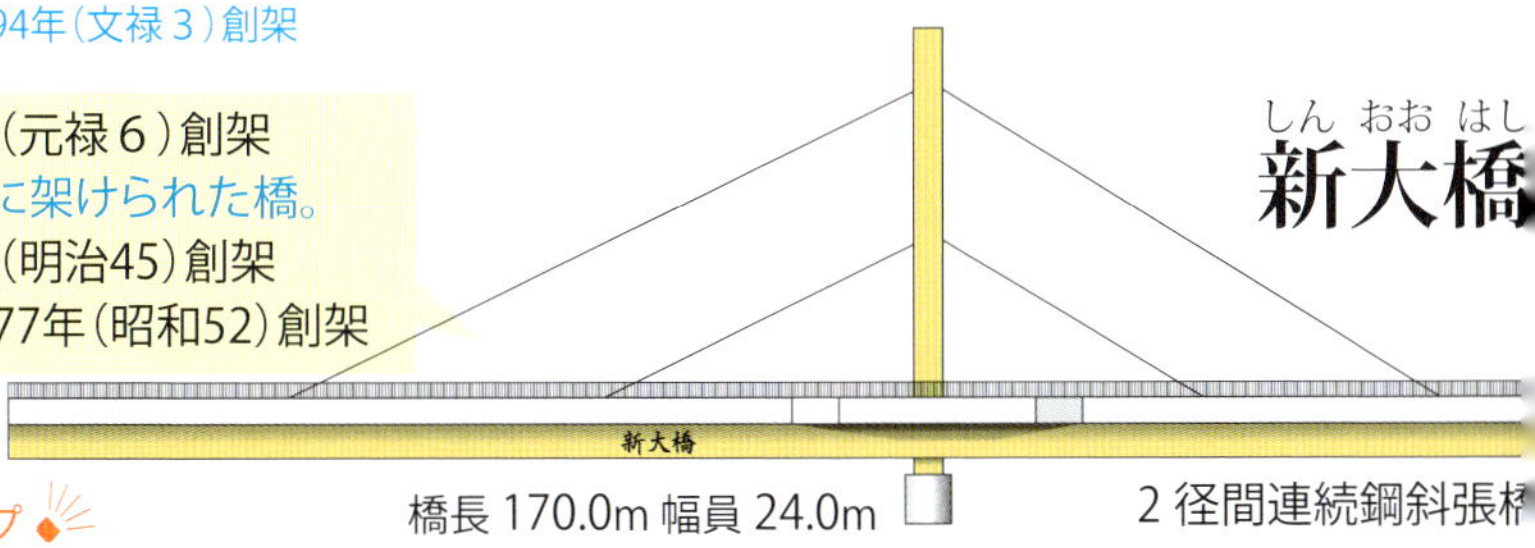

橋長 170.0m 幅員 24.0m　2径間連続鋼斜張橋

夜間ライトアップ
主塔にはオレンジ色のナトリウムランプ。
橋桁には緑色のランプ。

大橋
p.86
芭蕉記念館
芭蕉庵碑
浜町公園
清洲橋
→p.88
清澄公園
リバーサイド
読売
江東区
隅田川大橋
日本IBM
永代橋
→p.90
越中島公園
東京住友ツインビル
中央大橋
南高橋
→p.83
佃公園
八丁堀駅
佃大橋
中央区
中央区役所
隅田川
築地本願寺
晴海通り
勝鬨橋
→p.92
N
築地市場
0 scale 1:21,000 500m
→p.152
浜離宮恩賜庭園

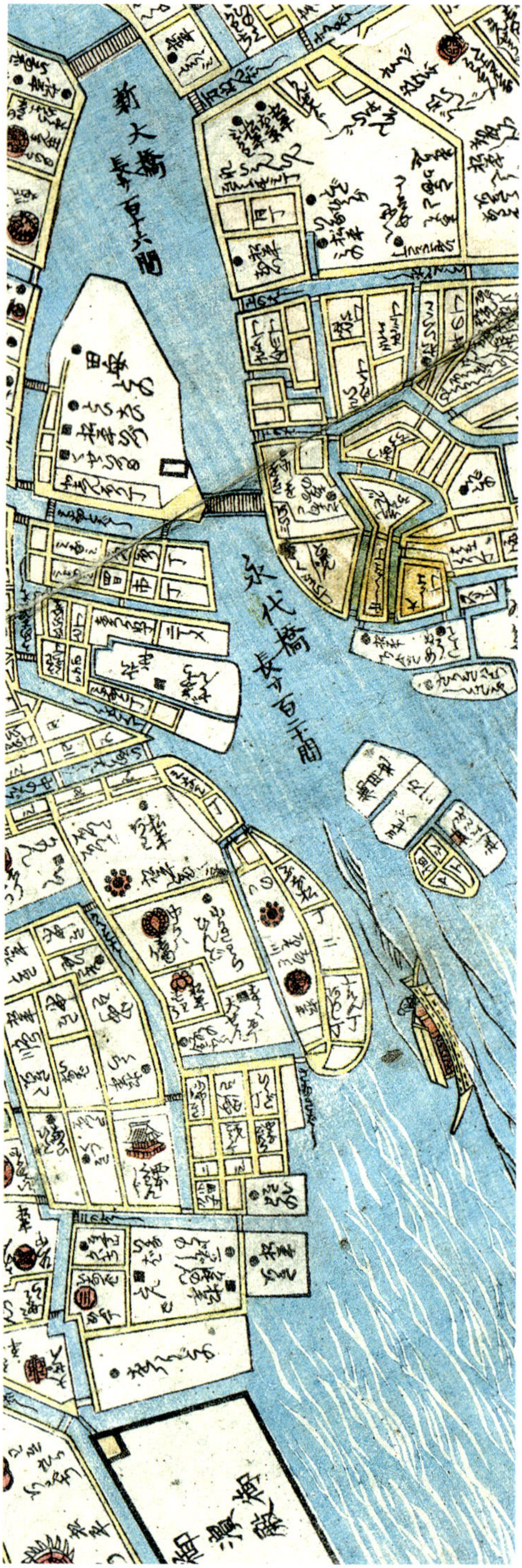
新大橋
長百十六間
永代橋

隅田川下流 右図は「改刻大江戸御絵圖」（年代不詳）より、左図は現代

隅田川の橋一覧 下流（清洲橋から勝鬨橋）

清洲橋《きよすばし》

隅田川の橋の中で最も美しい橋としばしば言われている。

モデルは、ドイツのケルン市にあった大吊り橋。

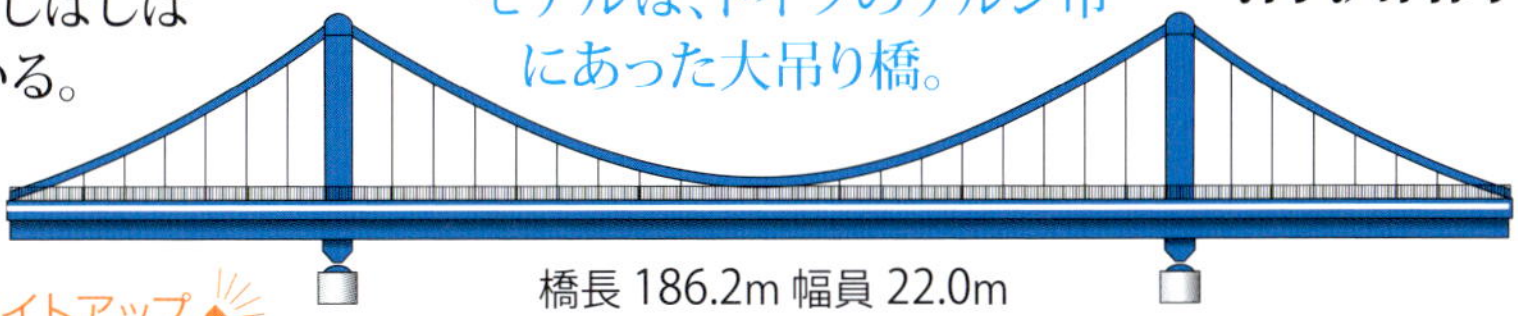

夜間ライトアップ
赤い光が印象的

橋長 186.2m 幅員 22.0m
1928年（昭和３）創架 鋼自碇吊橋

隅田川大橋《すみだがわおおはし》

二重構造の独特の橋

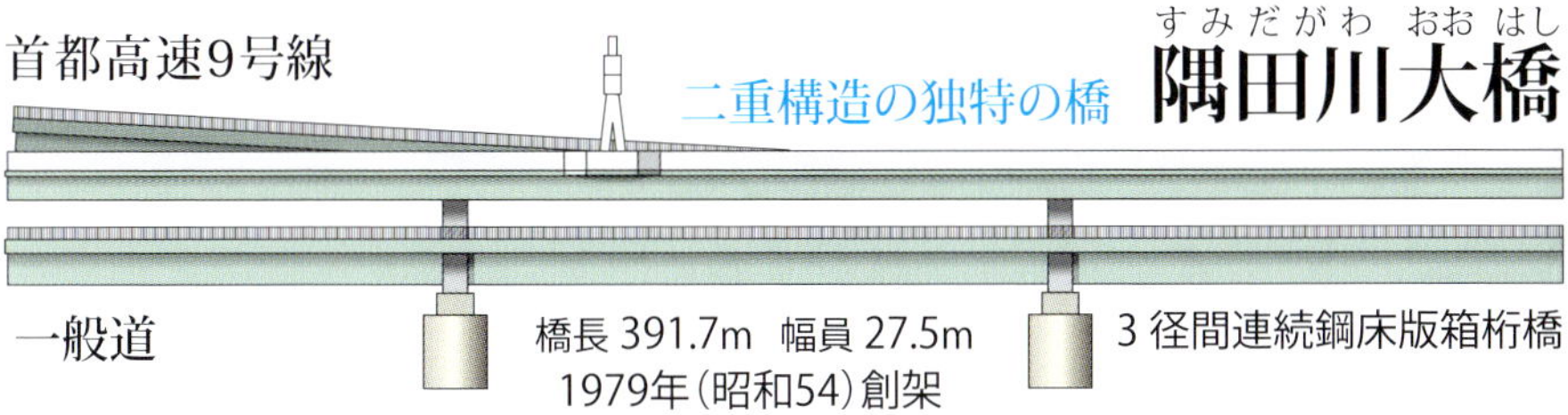

橋長 391.7m 幅員 27.5m
1979年（昭和54）創架
３径間連続鋼床版箱桁橋

永代橋《えいたいばし》

木橋は1698年（元禄11）創架
隅田川４番目に架けられた橋。
現在の橋は1926年（大正15）創架

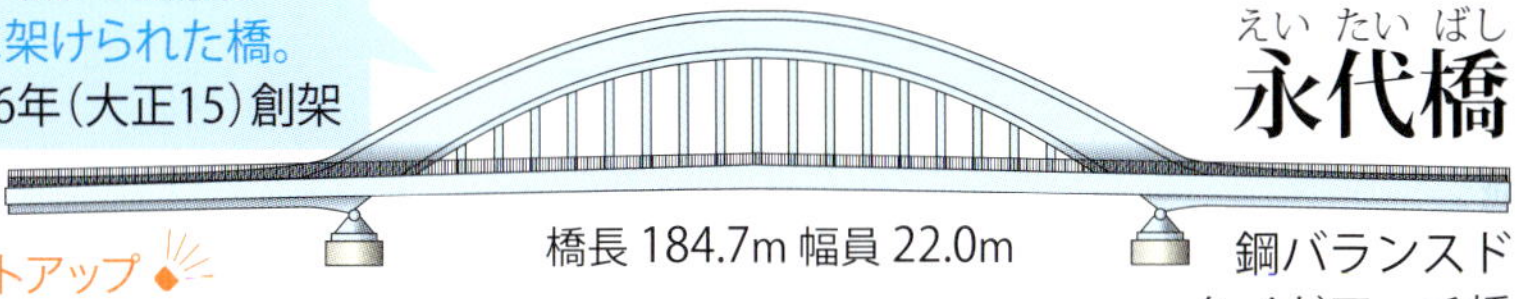

橋長 184.7m 幅員 22.0m
鋼バランスドタイドアーチ橋

夜間ライトアップ
青い光が美しい

中央大橋《ちゅうおうおおはし》

1994年（平成6年）創架
2径間連続
鋼斜張橋

←兜をイメージした主塔

隅田川とセーヌ河が「姉妹川」の提携を結んだ記念として、パリ市から寄贈されたブロンズの女神像。

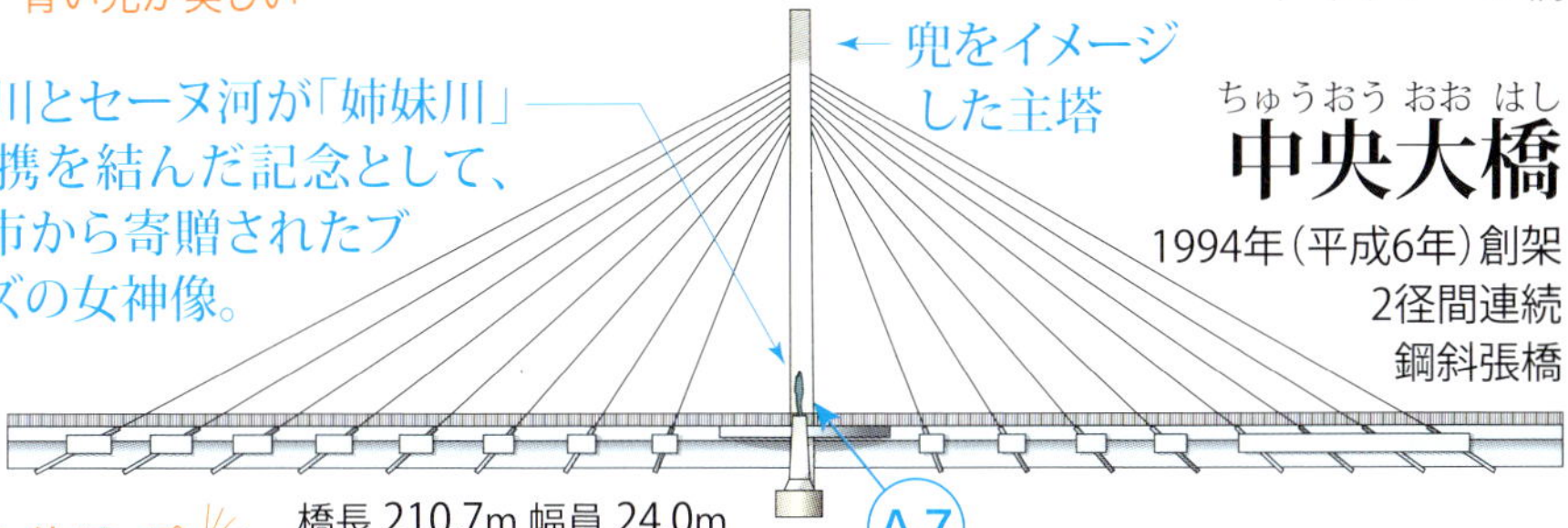

橋長 210.7m 幅員 24.0m

夜間ライトアップ
上部は白色、下部はオレンジのランプ。

佃大橋《つくだおおはし》

1964年（昭和39）創架

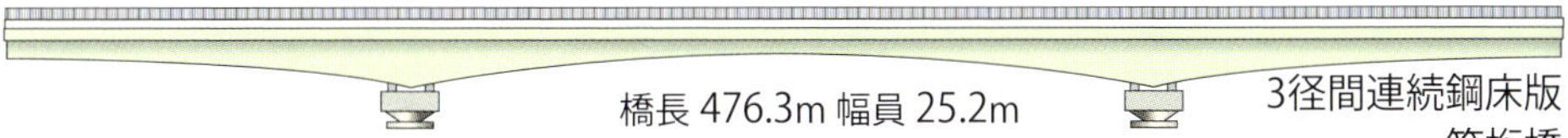

橋長 476.3m 幅員 25.2m
3径間連続鋼床版
箱桁橋

勝鬨橋《かちどきばし》

可動式の跳開橋。1970年を最後に、開けられていない。

シカゴ型
双葉跳開橋

鋼タイド
アーチ橋

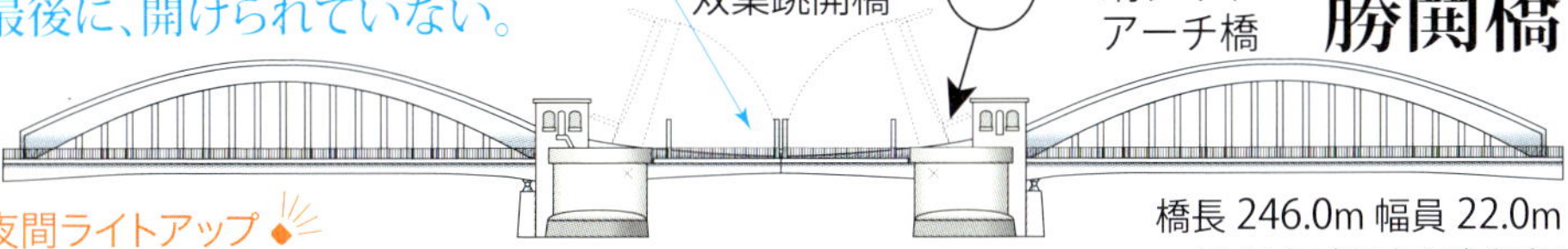

橋長 246.0m 幅員 22.0m
1940年（昭和15）創架

夜間ライトアップ
アーチ沿いに緑のランプ、橋桁には青いランプ。

両国

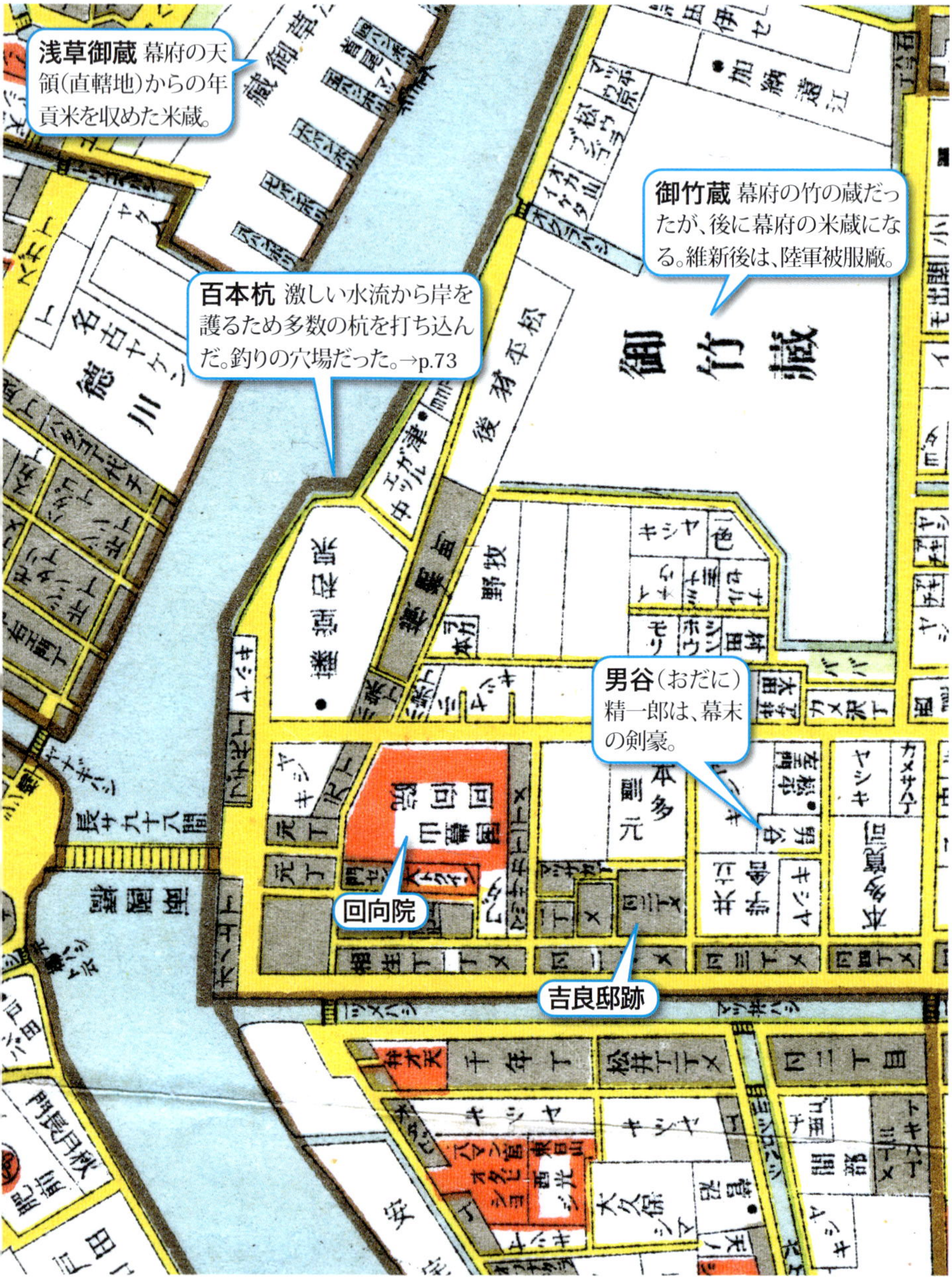
浅草御蔵 幕府の天領(直轄地)からの年貢米を収めた米蔵。
御竹蔵 幕府の竹の蔵だったが、後に幕府の米蔵になる。維新後は、陸軍被服廠。
百本杭 激しい水流から岸を護るため多数の杭を打ち込んだ。釣りの穴場だった。→p.73
御竹蔵
男谷(おだに)精一郎は、幕末の剣豪。
回向院
吉良邸跡

「東京大絵図」1871年(明治4)より

男谷精一郎《おだにせいいちろう》は、初代講武所頭取の直心影流《じきしんかげりゅう》の使い手で勝海舟の従兄。屋敷跡に「勝海舟生誕の地」碑がある。**回向院**は、明暦の大火の死者を葬った万人塚に由来。また、吉田松陰や鼠小僧次郎吉の墓もある。回向院の勧進相撲が大相撲の起源。最初の国技館は境内に建てられた。

両国 現代

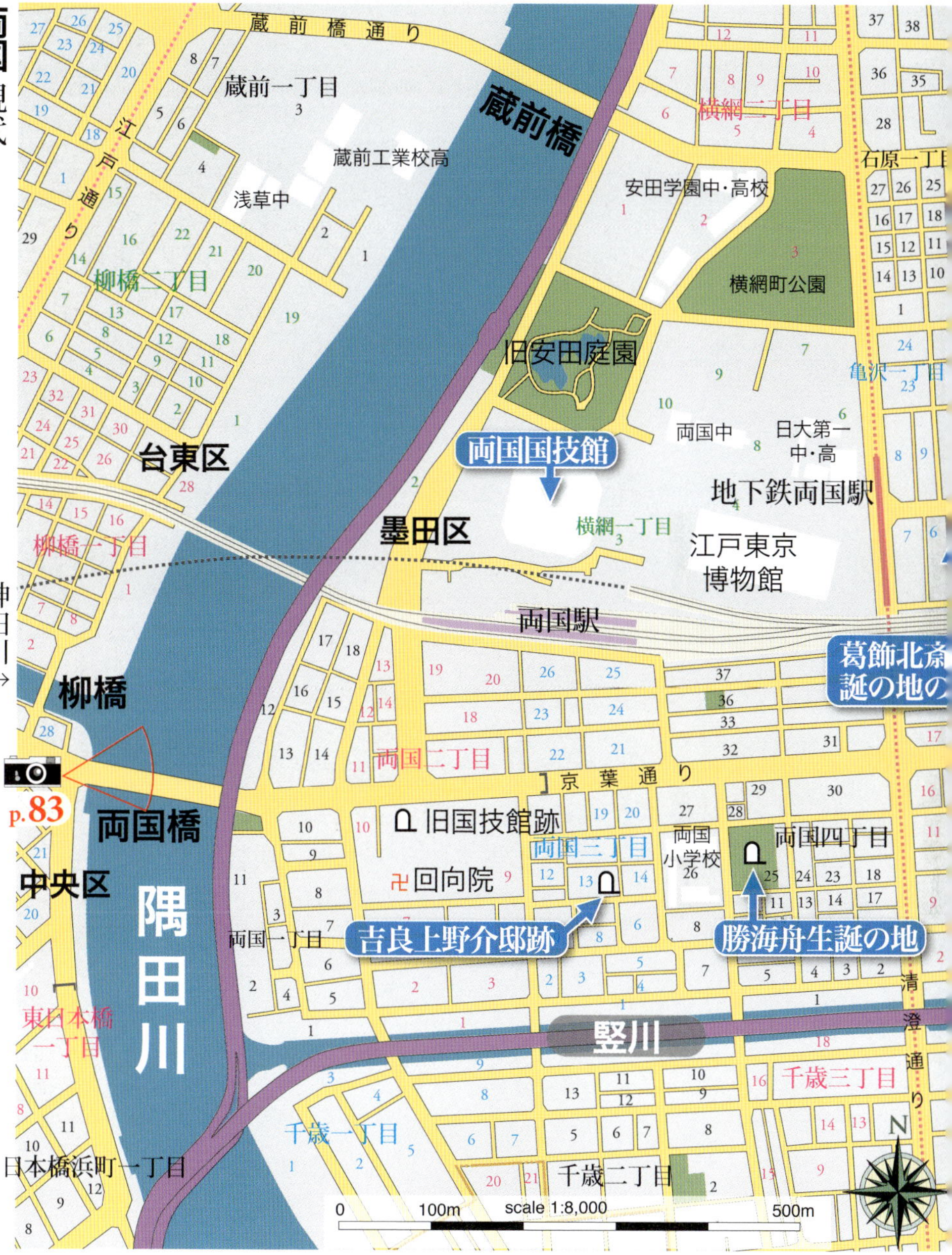

赤穂浪士が討ち入りをした**吉良上野介義央**《きらこうずけのすけよしなか》の屋敷は、現在、松坂町公園となっている。**葛飾北斎**は、1760年（宝暦10）、本所割下水に生まれた。生涯のうちに、**北斎**以外に、「春朗、宗理、戴斗、為一、画狂老人」など30回も改号し、90回以上も引越をし、90歳の長寿を全うした。

両国橋

大正初期　東から西を眺める

RYOGOKU BRIDGE, TOKYO.
橋國兩

大正時代〜昭和初期は、旗をもった警察官の合図で交通整理が行なわれた。

両国橋《りょうごくばし》は江戸時代以来、何度も流出・火災のため架け替えられた。1897年（明治30）の花火大会では木製の欄干《らんかん》が崩落し犠牲者を出す。そこで、1904年（明治37）、3連のトラス鉄橋が架かる。

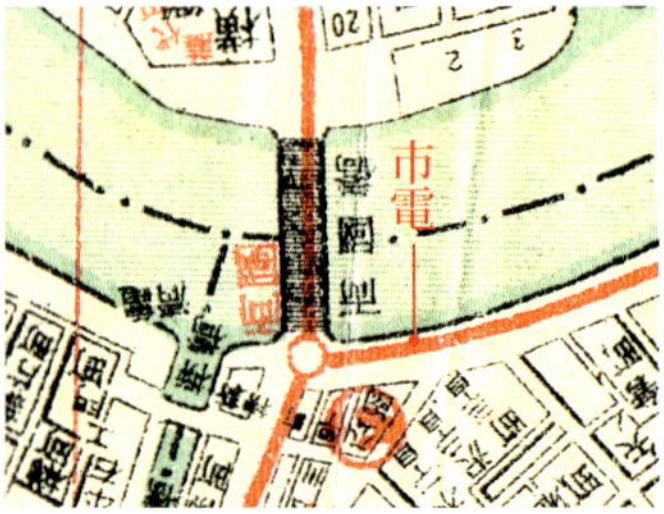
市電

橋は大抵、形が対称なので、写真によっては、どちら側から見ているのか分かりにくい時がある。この写真の場合、路面電車の線路が右にカーブしていることから、西詰からの撮影であると判明した。

親柱の飾りが、直径 1.5m の球状のモチーフに変わっている。

両国橋 大正末期

南高橋になった部分
Ryogokubashi. (Great Tokyo)
（大東京）兩國橋

南高橋 現代の姿 南から眺める

1904年（明治37）架橋の3連トラス鉄橋は、関東大震災で損壊。そこで東京市は、3連トラスのうち破損の少ない中央部の橋幅を縮め、1932年（昭和7）、**南高橋**として復活させた。

両国橋の中央部分を再利用した橋。亀島川の最下流の橋（p.78の地図参照）。名の由来は高橋《たかばし》の南にある橋の意。

両国国技館（初代）明治後期

No.66 Kokugikwan Wrestling House.
國技館 (東京名所)

両国国技館（常設館）は１９０９年（明治42）に竣工。現在の新国技館より南にある回向院の敷地に建設された。しかし、１９１７年（大正6）に、火災で全焼した。１９２０年には、二代目国技館が完成する。１９５４年（昭和29）に、国技館は蔵前の地に移った。

二代目（下）は初代の国技館（上）よりドームのデザインが簡素になっている。戦後、占領軍に接収され**メモリアルホール**と呼ばれた。1952年（昭和27）、接収解除後、**日大講堂**として使用されていた。1983年（昭和58）解体。

The Ryogoku Wrestting-holl.
兩國國技館 (大東京)

両国橋より国技館を望む
昭和初期

ユニオンビールの広告塔
出羽海部屋
両国会館
橋脚
Kokugi-kan Wrestling Hall from Ryogoku Bridge (Greater Tokyo)
隅田川の名橋両國橋より國技館を望む

両国国技館

東詰
本所側

西詰
日本橋側
両国広小路

この頃の両国橋には、バルコニーはない。後に、橋脚上に、土俵をデザインしたバルコニーが設けられた。

バルコニー

両国広小路
明治後期　東からの眺め

Hirokoji Riogoku, Tokyo
東京両國廣小路
843

両国橋の西詰には、火除け地として「両国広小路」が設けられた。江戸時代、ここに見世物小屋や芝居小屋、茶店が立ち並び、江戸有数の盛り場となった。

新大橋　明治後期

Shin-ohashi (Bridge) Nihonbashiku, Tokyo.
東京日本橋區新大橋

新大橋は、1694年（元禄《げんろく》6）架橋。1661年（寛文元《かんぶん》）架橋の大橋《おおはし》（両国橋《りょうごくばし》）の次にできた橋のため「新大橋」と呼ばれた。1912年（明治45）に鉄橋化。1923年（大正12）の関東大震災では吾妻橋《あづまばし》、両国橋、永代橋《えいたいばし》等ほとんどの隅田川の橋が焼けてしまったが、新大橋は、ある巡査部長が機転を利《き》かせて、人々から燃えやすい荷物を奪って川に次々投げ捨てることによって延焼を防ぎ、焼け落ちるのを防いだ。かくして、新大橋は多くの人命を救い、**お助け橋**と呼ばれた。

対岸は、幕府の大型軍船「安宅丸《あたけまる》」が繋留された安宅町《あたけちょう》

明治村に移築された新大橋

撮影協力：博物館 明治村

全長 (Length) 193.5m 幅員 (Width) 16.5m
工費 (Cost) ¥ 860.000円
橋　大　新
SHIN OHASHI
(橋六十大京東)
The 16 Bridges of Tokyo

1977年（昭和52）に、現在の鉄橋が架けられた際、以前の鉄橋の一部は、愛知県犬山市の「博物館明治村」に移築された。

1912年（明治45）架橋のピントラスの優美な鉄橋は、関東大震災にも持ちこたえた。

新大橋 隅田川にかかる現代の橋

現在の新大橋（1977年竣工）は、鮮やかな黄色の主塔をもつ、シンプルなデザインの斜張橋。橋桁の緑のライティングが美しい。

清洲橋 昭和初期

Kiyosu Bridge (Greater Tokyo)　(大東京) モダン清洲橋の麗姿

1928年（昭和３）創架の鋼自碇式吊橋。ケルンの吊橋をモデルにした美しい橋。美しい曲線美をもつその姿から、「震災復興の華」と呼ばれた。

ノイエ・ハンゲブリュッケ（新しい吊橋）戦前

Köln a. Rh. Neue Hängebrücke.
Länge (Stromspannung) . 368.92 m
„ einschliesslich der Rampen . . 423.92 „
Spannung zwischen den beiden Wasserpfeilern 184.46 „
Bauzeit: Mai 1913 bis Mai 1915
Ungefähre Baukosten 12 Millionen Mark.

清洲橋のモデルとなったケルンの吊り橋。第二次大戦の爆撃で破壊され、戦後は桁橋が架けられたため、現在はこの吊り橋の姿を見ることができない。

昭和初期

東岸（写真右）の清澄《きよすみ》町と、西岸の日本橋中洲（昔は実際、中洲だった）を結ぶ橋。それぞれから一文字ずつとって清洲橋となった。下の写真のように、夕陽に照らされて、東京スカイツリーが「赤いツリー」になるのは、日没前のほんの数分間。

現代の姿

永代橋 昭和初期

The veiw neighbouhood Eitai.　景光の面方橋洲清・川深び及近附橋代永 （所名新京東大）

永代橋は 1698 年（元禄 11）創架。五代将軍綱吉の 50 歳を祝して「永代」の名が付されたという説や、東詰の佐賀町付近が永代島と呼ばれたのが由来とする説がある。

ルーデンドルフ橋（レマーゲン鉄橋）戦前

永代橋のモデルとなったドイツのルーデンドルフ橋（レマーゲン鉄橋）。第二次大戦末期、ライン川に破壊されずに残っていた唯一の橋。渡らせまいとする独軍と進攻する米軍間で壮絶な戦いが繰り広げられた。橋は、独軍の度重なる爆破や爆撃、V2 ロケット等の影響で 1945 年 3 月に崩落。後に再建されることはなかった。

青くライトアップされた永代橋　現代の姿

永代橋は現存する最古のタイドアーチ橋。北原白秋は、永代橋を「**鋼鉄橋の王**」と呼び、その形を**兜**に譬《たと》えた。別の意見では、この橋は恐竜の背のようだと言われる。

永代橋 昭和初期

The Eitai Bashi.
（大東京）永代橋

勝鬨橋

昭和30年代頃

勝鬨橋《かちどきばし》は、１９４０年（昭和15）に架橋した隅田川の最下流の橋。橋の中央部分が「ハ」の字形に開き、完成当時「東洋一の可動橋《かどうきょう》」と呼ばれた。勝鬨《かちどき》とは、勝ったときにあげる「かちどき」のことで、ここにはかつて、日露戦争の旅順陥落《りょじゅんかんらく》を記念して１９０５年（明治38）運行開始した「勝鬨《かちどき》の渡《わた》し」があったことに由来する。

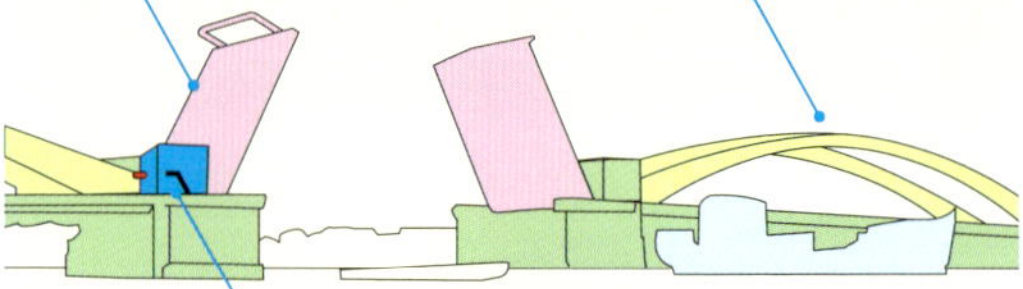

中央部の両側22mが跳ね上がった。

橋の左右の動かない部分は、永代橋のようなアーチ橋。

橋を開閉させるための運転室。外に階段が付いているのは、下流側のみ。

ここに歩行者用信号が残されている。

隅田川の河岸には、かつては倉庫や工場が林立し、マストの高い貨物船も多数航行していた。

勝鬨橋 現代の姿

1953年頃まで、およそ1日に5回、1回に20分ほど開いていた。しかし、船舶の通航量が減り、道路の交通量が増えるに従って回数は減っていった。1970年11月29日を最後に跳開されていない。

勝鬨橋の橋脚内には、橋を開閉させるための巨大なモーターやギアがある（申し込みによって見学可能）。築地市場勝どき門の隣りにある、橋を開くために使用していた変電所が、現在、「かちどき橋の資料館」となっている。
右の写真は、橋の開閉の仕組みを示すために展示されている模型。

博覧会と博物館

湯島聖堂博覧会の様子　博覧会といっても、動植物の標本や、骨董品の展示会のようであったが、大勢の人でにぎわった。一番注目を集めたのは、名古屋城の金の鯱。

『幕末明治文化變遷史』（昭和５年）収載の写真。

1867年の第2回**パリ万国博覧会**（パリ万博）には、日本がはじめて参加。明治時代となり、産業の育成を目指した新政府もこの「博覧会」に着目。政府主導の博覧会が京都や東京で次々開催された。例えば、1872年（明治5）、江戸時代の学問の中心地だった湯島聖堂で文部省による最初の博覧会が開かれた。その後、さらに大規模な博覧会が企画され、開催地に選ばれたのが、戊辰戦争で焼け野原と化していた徳川家菩提寺跡の「上野」である。

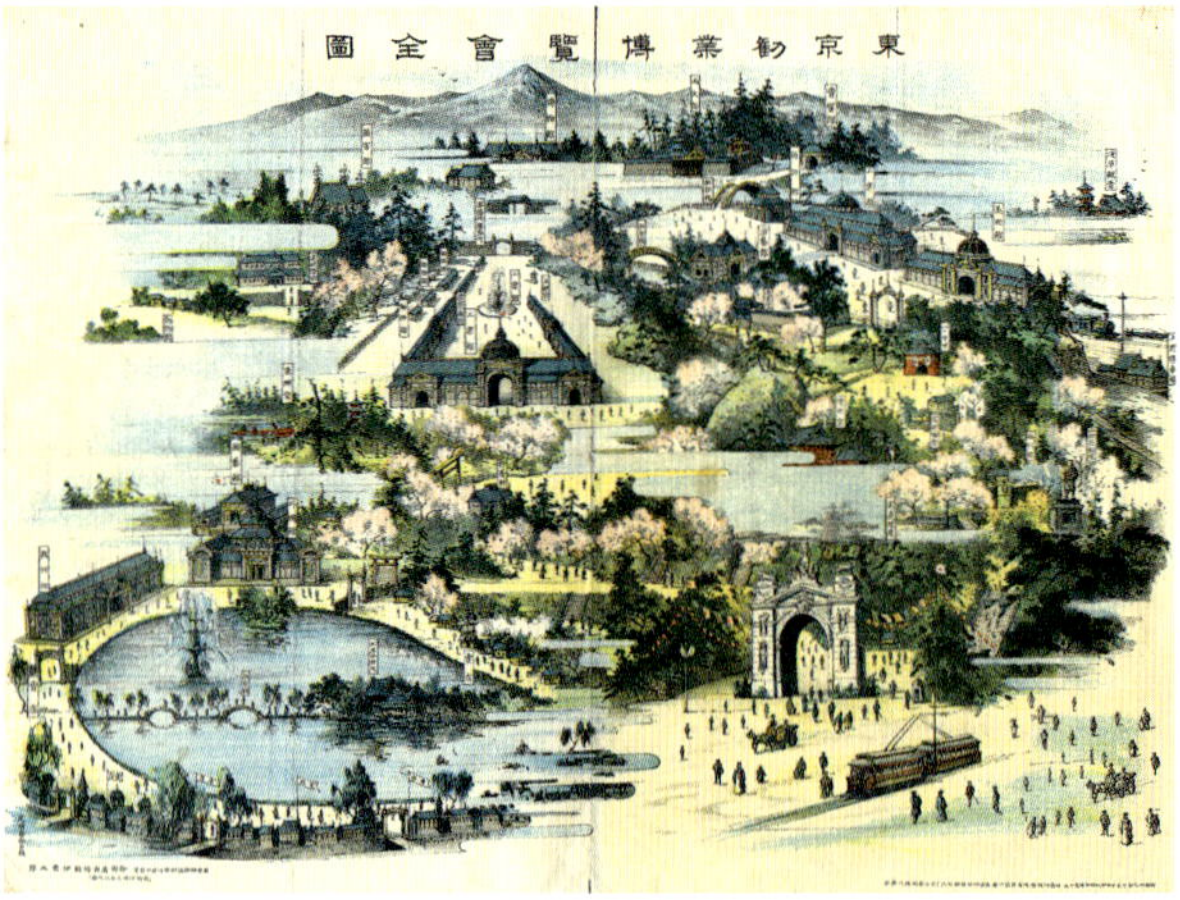

1907年（明治40）の**東京勧業博覧会**　一番の目玉は、「空中回転車」という高さ30mの観覧車だった。この博覧会は、夏目漱石の小説『虞美人草（ぐびじんそう）』の舞台にもなっている。

上野東照宮入口 明治後期 【手彩色絵はがき】

第6章 芸術と文化の中心地 上野

上野寛永寺《かんえいじ》は、江戸城の鬼門《きもん》、つまり丑寅《うしとら》（北東）を守る祈願所として天海僧正《てんかいそうじょう》の推挙で創建。将軍家墓所となり、芝の増上寺《ぞうじょうじ》と共に絶大な権勢を誇った。１８６８年（慶応４）、彰義隊《しょうぎたい》と官軍間の上野戦争の舞台となり、多くの歴史的建築物を焼失。その広大な跡地の一部は、上野恩賜《おんし》公園となる。周辺は博物館、動物園、美術館、東京藝術《げいじゅつ》大学といった芸術・文化施設が集中する場所となる。

上野

唯識院は、後の**大慈院**（十五代慶喜が大政奉還後に謹慎した所）となる。現在の寛永寺はここにある。
御霊屋（みたまや）とは徳川将軍家の墓所。
寛永寺本坊
上野東照宮
大仏殿
時の鐘
上野清水堂
山王社
御成門
黒門
広小路
東都下谷繪圖

江戸時代末期 文久元年改正の尾張屋江戸切絵図「東都下谷繪圖」（1861年）

下谷広小路（上野広小路）は、幕府が火災の類焼を防ぐために道幅を拡げた場所のこと。かつては、不忍池から出た「忍川（しのぶがわ）」に三つの橋が架けられていたため「三橋（みはし）」と呼ばれた。現在、甘味屋の「みはし」がこのあたりにある。

上野 現代

紛らわしいことに上野には「**黒門**」と呼ばれる門が三つある（否、一つは「あった」）。①江戸時代、上野公園入口にあった黒門。南千住の円通寺に移築。②両大師堂輪王殿の黒門、旧寛永寺本坊表門。③丸の内→高輪御殿→上野と移築された旧因洲池田屋敷表門。どの門も確かに色は黒い。

上野駅

明治後期〜大正初期 南からの眺め

絵はがきのタイトルにあるように、初期の頃は「上野駅」ではなく、「上野ステーション」や「上野停車場（ていしゃじょう・ていしゃば）」と呼ばれた。

上野停車場《うえのていしゃじょう》は、日本で最初の私鉄である「日本鉄道株式会社」の上野・熊谷《くまがや》間の汽車の始発駅として1883年（明治16）に仮駅舎で開業。政府の官有地となっていた寛永寺《かんえいじ》の僧坊跡《そうぼうあと》が用いられた。

レンガ造・瓦葺きの2階建て洋館駅舎は、1885年（明治18）完成。正門は東口だが、南口の方が利用客が多かった。

開業時には
このひさしは
なかった。

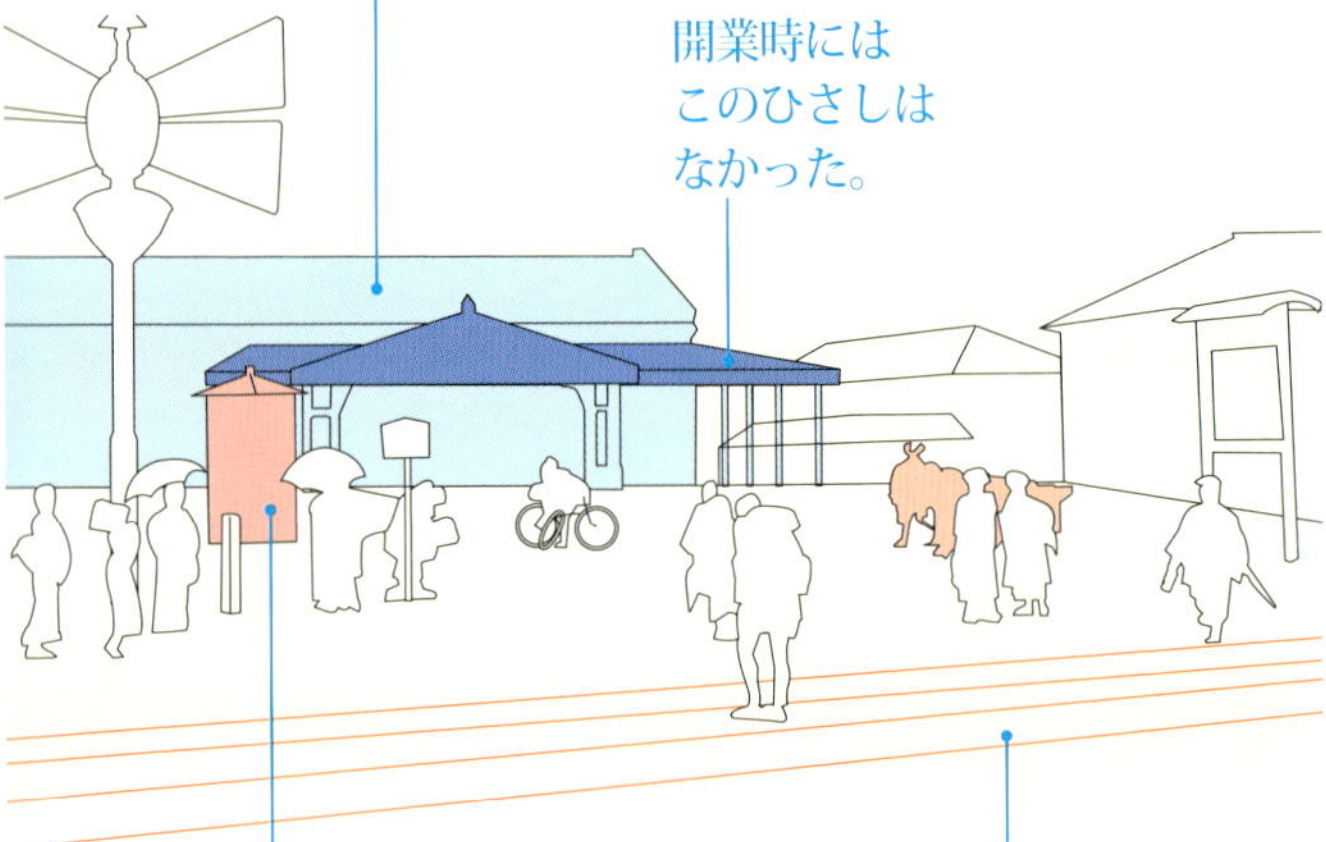

1900年（明治33）、日本初の公衆電話（当時は自働電話と呼ばれた）が、上野・新橋の駅構内に設置。後に、屋外用公衆電話ボックスが設置された。

馬車鉄道の線路
1882年(明治15)に、
上野・新橋間が開業。

上野駅（南口）現代の姿

関東大震災で焼失した旧駅舎に代わり、1932年（昭和7）新駅舎完成。上野駅は、「北の玄関口」の役を果たしてきた。

上野駅（南口）明治時代

右ページ上の絵はがきよりも古いため、駅前はまだ閑散としている。

上野公園入口

大正時代　南から石段を仰ぐ

N0,44 Uyeno Park Tokyo
上野公園入口
（東京名所）

上野広小路から**上野の山**に登る石段を登った丘に、かつては山王社《さんのうしゃ》があり、この辺りは**山王台**と呼ばれた（桜の名所なので「桜ケ丘」とも呼ばれた）。山王社は維新後に撤廃。西郷像はここに建てられた。

1630年（寛永7）、林羅山は孔子廟の先聖殿《せんせいでん》（忍岡聖堂《しのぶがおかせいどう》）を上野に建設した（後に湯島に移転、湯島聖堂となる）。

この石段の坂は、袴の腰の部分に似るとされ、「袴腰（はかまごし）」とも呼ばれた。
上野清水堂

比叡《ひえい》山延暦寺になぞらえて、東叡《とうえい》山寛永寺を建立した天海《てんかい》僧正《そうじょう》は、1631年（寛永8）京都清水寺になぞらえて、**上野清水堂《きよみずどう》**を建立した。

上野公園入口 現代の姿

広小路 大正時代

黒門口「女坂」と呼ばれた。
急な石段の「男坂」
Uyeno-park.
廣小路上空ヨリ俯瞰セル上野公園石段及黒門口

黒門口は、上野戦争のときは激戦地となった。寛永寺への参道で、左の黒門口の緩い坂道を「女坂」、右の急な「袴腰」を「男坂」といった。「男坂と女坂」という対比は、湯島天神や愛宕神社、駿河台など各地にある。

西郷隆盛銅像　明治後期　南から眺める

SAIGO STHTUE
像銅郷西

上の絵はがきは、誤って左右反転して焼き付けられている。このように、左右反転してしまう間違いは、昔の絵はがきには時折見られる。

愛犬ツンは、後藤貞行(→ p.17)作。狩りの得意な雌の薩摩犬だったが、銅像では雄で造られてしまった。
1898年(明治31)、高村光雲作。「犬を連れて兎狩り」の姿。晩年は肥満の治療も兼ねて、頻繁に狩りに出ていた。
西郷像の裏手に、彰義隊の墓がある。
※絵はがきの画像を左右反転してトレースしている。
銅像の由来が書かれた説明文中の「敬天愛人《けいてんあいじん》」(天を敬い、人を愛する)は、西郷隆盛の座右の銘。

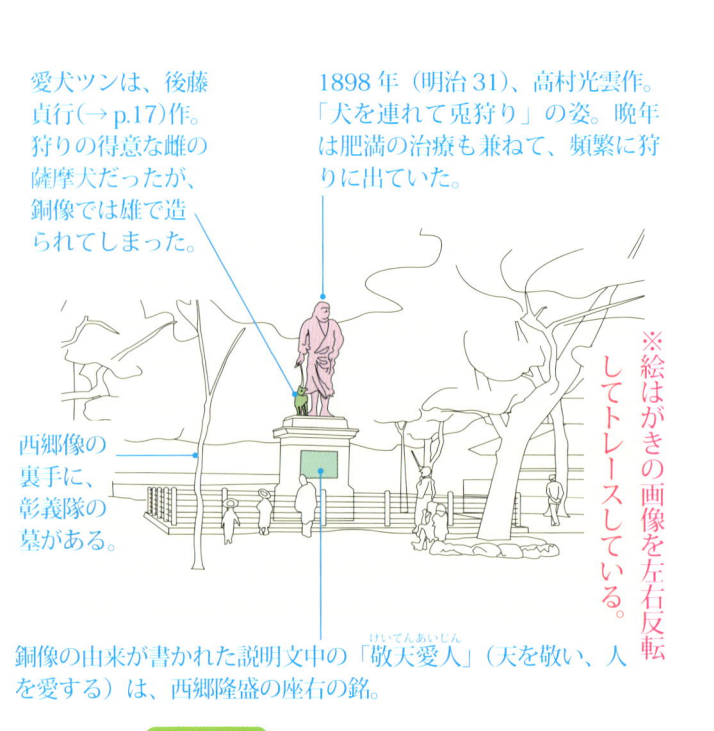

西郷隆盛《さいごうたかもり》は、勝海舟《かつかいしゅう》との会談で江戸《えど》無血開城《むけつかいじょう》を成し遂げ、後に明治政府の初代陸軍大将となるも、大久保らと対立し下野《げや》。1877年(明治10)の**西南戦争**(西南《せいなん》の役《えき》)で官軍に敗れ、自刃《じじん》した。

西郷隆盛像 現代の姿

西郷は憲法発布の年の 1889 年（明治 22）、恩赦により名誉を回復。政府からの下賜金と有志の募金によって像が建てられた。像がある山王台は、上野戦争で彰義隊が砲台を築いた場所。黒門口から攻めて来た西郷隆盛率いる官軍に対し上から砲撃を加えた、その地点である。

寛永寺黒門 円通寺に移築

黒門《くろもん》付近は上野戦争の激戦地。黒門そのものは、1871年（明治4）上野東照宮《とうしょうぐう》脇に、次いで1907年（明治40）、南千住《みなみせんじゅ》の円通寺《えんつうじ》に移築された。銃弾の跡が戦闘の激しさを物語る。

帝室《ていしつ》博物館

明治後期〜大正初期 南から眺める

1872年（明治5）の「湯島聖堂博覧会《ゆしませいどうはくらんかい》」（↓94ページ）の展示物は、内山下町（現、内幸町）の教育博物館の時代を経て、1882年（明治15）上野公園へ移転し、博物館がスタートした。

帝室博物館
THE MUSEUM AT UYENO-PARK, TOKYO.
【東京名所】上野公園博物館

当初、寛永寺本坊跡の正門が、そのまま帝室博物館の門として使われた。帝室博物館の本館がのぞいている。名称は、1889年（明治22）に**帝国博物館**、1900年（明治33）に**帝室博物館**、1947年（昭和22）に**国立博物館**、1952年（昭和27）に**東京国立博物館**と度々変わった。

THE UENO MUSEUM, TOKYO
（東京百景）上野博物館

帝室博物館本館 1881年（明治14）、寛永寺本坊跡に第2回内国勧業博覧会の展示館がジョサイア・コンドルの設計によって建設され、後に博物館の本館となる。煉瓦造り2階建て。

東京国立博物館 現代の姿

震災で損壊したコンドル設計の本館に代わり、渡辺仁設計の帝冠様式の本館が1937年（昭和12）竣工。東京国立博物館には、数々の文化財が集められ、国内最大のコレクションを有する博物館である。

上野動物園入り口 明治後期〜大正初期

上野動物園は、1882年（明治15）、博物館の付属施設として開園。1924年（大正13）に、東京市（当時）に下賜され市立動物園となった。

不忍池のウォーターシュート 明治40年

不忍池 現代の姿

戦前の上野は、様々な博覧会の会場となった。1907年（明治40）に開催された**東京勧業博覧会**では、不忍池が第二会場となり、船滑り（ウォーターシュート）が人気を呼んだ。また、観覧車もこの博覧会で登場した。ちなみに、この絵はがきには、まるで現代のデコレーション携帯のように、各所に接着剤でラメの飾りが貼られている。このような絵はがきの豪華バージョンは、明治・大正期の手彩色絵はがきに時折見られる。

107
ユート(船滑)

寛永寺 徳川家霊廟　明治後期

寛永寺《かんえいじ》には、歴代の徳川将軍の墓所である**徳川家霊廟**《とくがわけれいびょう》があった。四代家綱《いえつな》（厳《げん》有院《ゆういん》）と五代綱吉《つなよし》（常憲院《じょうけんいん》）の墓所には大きな霊廟があり、他の四人の将軍の墓所は、二人の墓所に付設する形で造られた。将軍家の壮大な霊廟も東京大空襲でその多くが焼失した。残った門や宝塔は重要文化財に指定されている。

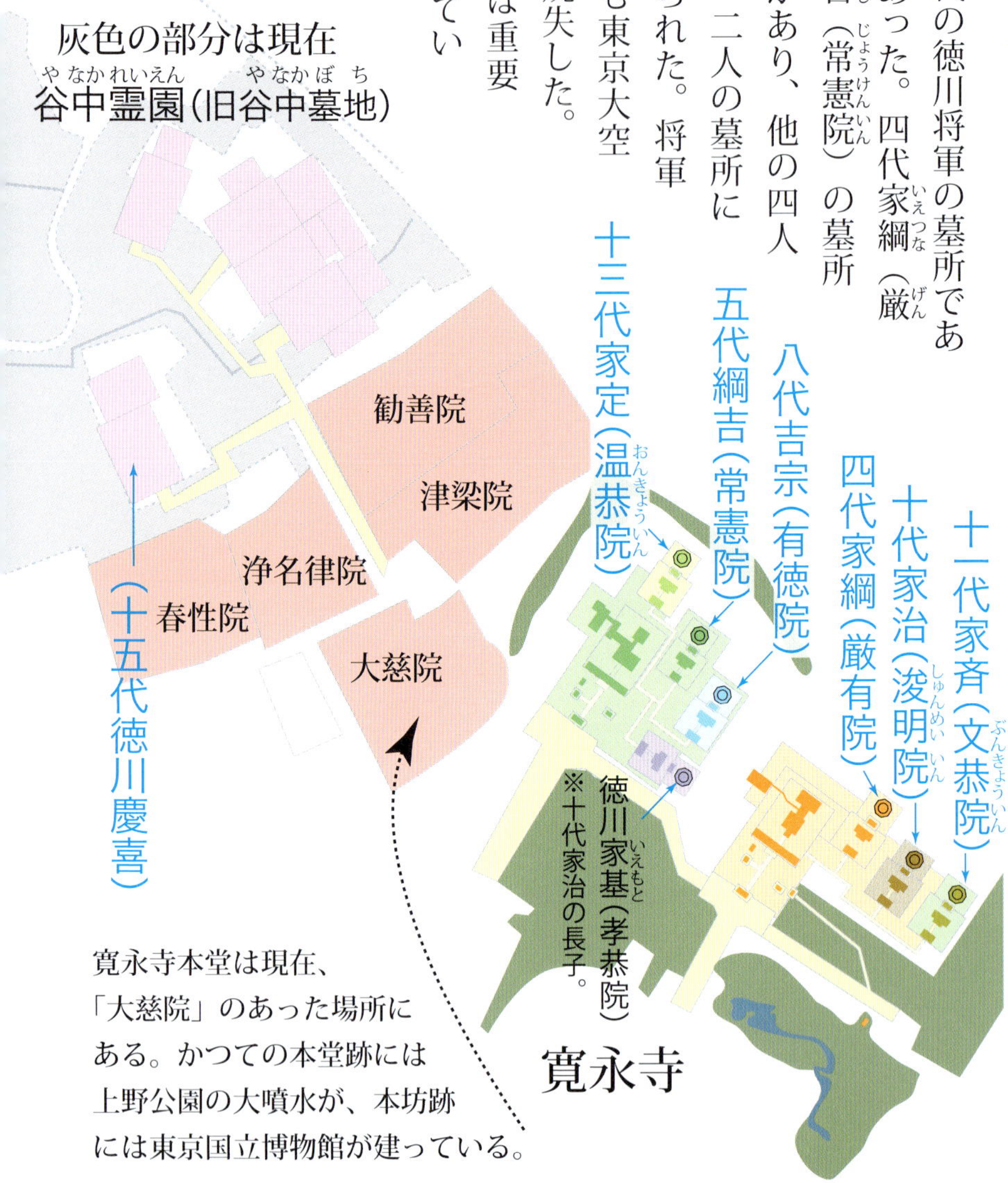
灰色の部分は現在
谷中霊園《やなかれいえん》(旧谷中墓地《やなかぼち》)
十三代家定（温恭院《おんきょういん》）
五代綱吉（常憲院）
八代吉宗（有徳院）
四代家綱（厳有院）
十代家治（浚明院《しゅんめいいん》）
十一代家斉（文恭院《ぶんきょういん》）
勧善院
津梁院
浄名律院
春性院
大慈院
（十五代徳川慶喜）
徳川家基《いえもと》（孝恭院）
※十代家治の長子。
寛永寺
寛永寺本堂は現在、
「大慈院」のあった場所に
ある。かつての本堂跡には
上野公園の大噴水が、本坊跡
には東京国立博物館が建っている。

徳川家系図と墓地の所在

■…日光
■…芝 増上寺
■…上野 寛永寺
■…谷中霊園

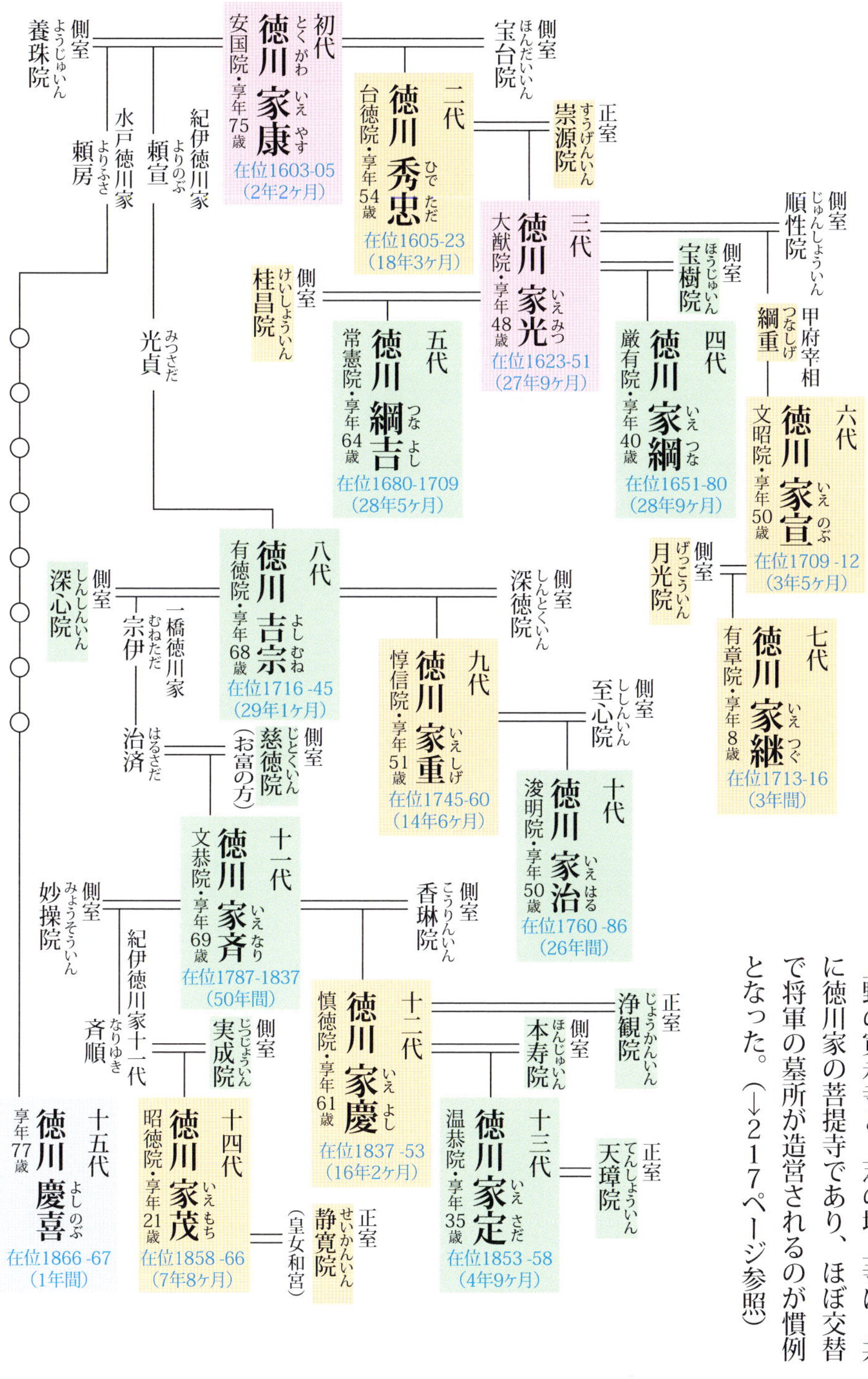
初代 徳川《とくがわ》家康《いえやす》 安国院・享年75歳 在位1603-05（2年2ヶ月）
側室 宝台院《ほんだいいん》
側室 養珠院《ようじゅいん》
紀伊徳川家 頼宣《よりのぶ》
水戸徳川家 頼房《よりふさ》
光貞《みつさだ》
二代 徳川秀忠《ひでただ》 台徳院・享年54歳 在位1605-23（18年3ヶ月）
正室 崇源院《すうげんいん》
三代 徳川家光《いえみつ》 大猷院・享年48歳 在位1623-51（27年9ヶ月）
側室 順性院《じゅんしょういん》
側室 宝樹院《ほうじゅいん》
側室 桂昌院《けいしょういん》
甲府宰相 綱重《つなしげ》
四代 徳川家綱《いえつな》 厳有院・享年40歳 在位1651-80（28年9ヶ月）
五代 徳川綱吉《つなよし》 常憲院・享年64歳 在位1680-1709（28年5ヶ月）
六代 徳川家宣《いえのぶ》 文昭院・享年50歳 在位1709-12（3年5ヶ月）
側室 月光院《げっこういん》
七代 徳川家継《いえつぐ》 有章院・享年8歳 在位1713-16（3年間）
八代 徳川吉宗《よしむね》 有徳院・享年68歳 在位1716-45（29年1ヶ月）
側室 深心院《しんしんいん》
側室 深徳院《しんとくいん》
一橋徳川家 宗伊《むねただ》
治済《はるさだ》
側室 慈徳院《じとくいん》（お富の方）
九代 徳川家重《いえしげ》 惇信院・享年51歳 在位1745-60（14年6ヶ月）
側室 至心院《ししんいん》
十代 徳川家治《いえはる》 浚明院・享年50歳 在位1760-86（26年間）
十一代 徳川家斉《いえなり》 文恭院・享年69歳 在位1787-1837（50年間）
側室 妙操院《みょうそういん》
側室 香琳院《こうりんいん》
紀伊徳川家十一代 斉順《なりゆき》
側室 実成院《じつじょういん》
十二代 徳川家慶《いえよし》 慎徳院・享年61歳 在位1837-53（16年2ヶ月）
正室 浄観院《じょうかんいん》
側室 本寿院《ほんじゅいん》
十三代 徳川家定《いえさだ》 温恭院・享年35歳 在位1853-58（4年9ヶ月）
正室 天璋院《てんしょういん》
十四代 徳川家茂《いえもち》 昭徳院・享年21歳 在位1858-66（7年8ヶ月）
正室 静寛院《せいかんいん》（皇女和宮）
十五代 徳川慶喜《よしのぶ》 享年77歳 在位1866-67（1年間）

上野の寛永寺と、芝の増上寺は、共に徳川家の菩提寺であり、ほぼ交替で将軍の墓所が造営されるのが慣例となった。（→217ページ参照）

江戸時代の治水工事・上水道工事

徳川家康が江戸に居を定めると、①洪水対策、②水運の促進、③江戸城の防御、④急増する住民のための飲料水の確保といった理由のため、大規模な治水工事・水道工事が相次いで行なわれた。江戸の埋め立て地は、井戸を掘っても塩分が多いため、1590年（天正18）、家康は江戸初の上水である**小石川《こいしかわ》上水**（後の**神田上水**）を開通させた。

神田川の開通（1620年）

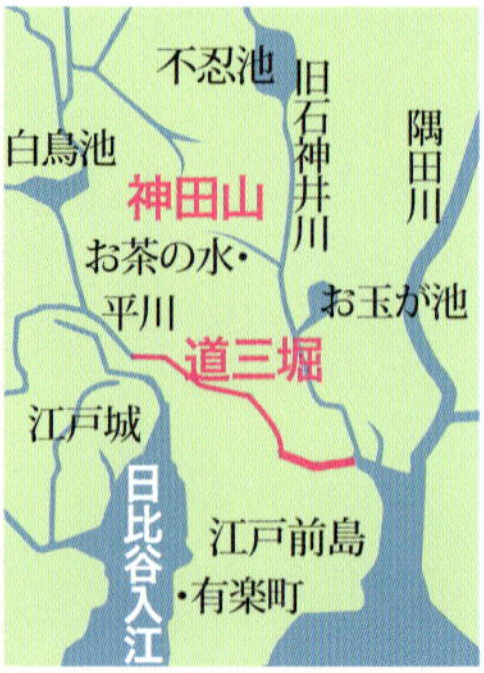

道三堀の開通（1590年）

1590年（天正18）、船運のため**道三堀《どうさんぼり》**を開削。1603年（慶長8）、洪水対策等のため、平川（現、神田川）を隅田川に通すため、諸大名に命じて**神田山を切り崩させ、**残土で**日比谷入江**を**埋め立て**させた。神田山は、南の**駿河台**と、北の**湯島台**（本郷台）に分かれた。

慶長年間駿河台開拓の図
※着色は筆者による

小石川上水は関口《せきぐち》の大洗《おおあらい》堰《ぜき》（今の大滝橋）から取水して、小石川や水戸藩上屋敷まで水を引いた。後に神田上水懸樋によって神田川を越え、神田や日本橋に水を供するようになると**神田上水**と呼ばれた。ちなみに、俳人の**松尾芭蕉**は神田上水改修工事の従事者（水番屋）だった。

お茶の水橋 昭和初期【手彩色絵はがき】 その奥にはニコライ堂が見える。

第7章

江戸からの学問の中心地 神田川界隈

神田川周辺は、古くより日本の学問の最先端の地となってきた。また、**御茶ノ水渓谷**は、ホタルとホトトギスの名所として知られた。

山水画にしばしば描かれる中国の絶景「赤壁《せきへき》」にも譬《たと》えられ、当時の風流人から**茗渓《めいけい》**と呼ばれた。

ちなみに、茗渓の「茗」は「茶」の意である。

神田川 「東京大絵図」1871年（明治4）より

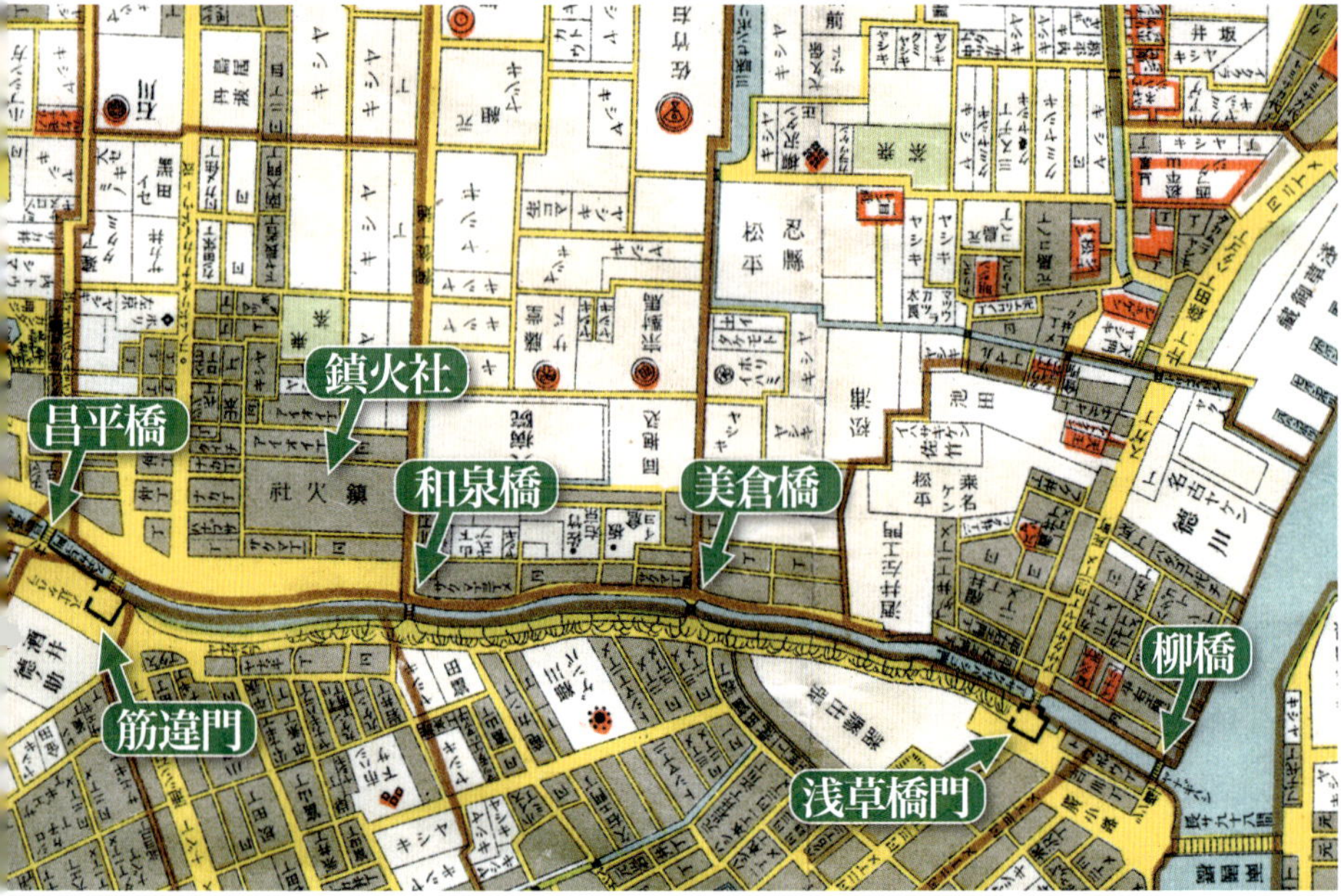

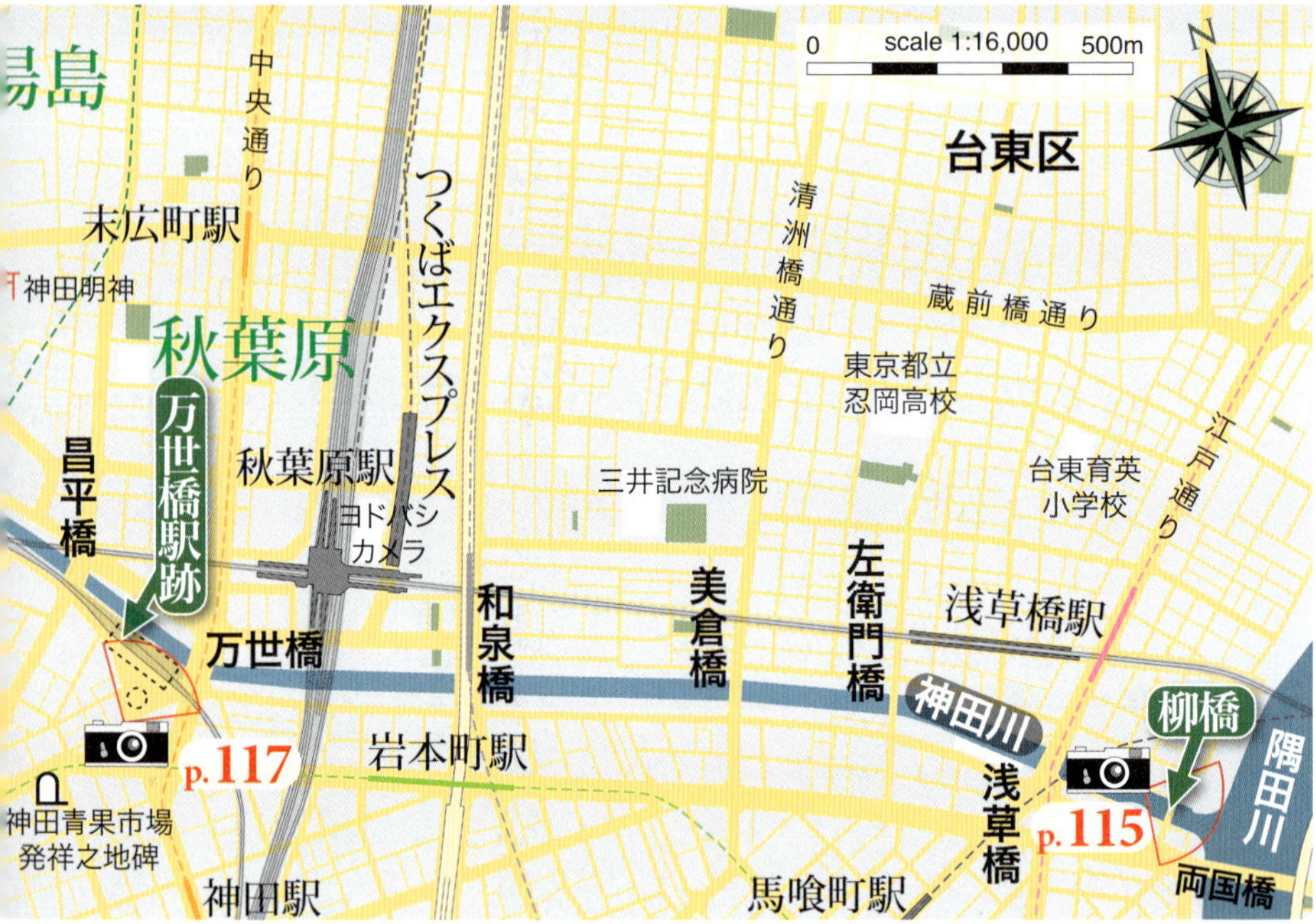

昌平橋／鎮火社／和泉橋／美倉橋／柳橋／筋違門／浅草橋門

明治2年、神田で大火事があり、焼け跡に火除け地と、防火祈願の**鎮火社**が造られた。後に鎮火社が火除けの秋葉大権現の神社と勘違いされ、本当に**秋葉神社**となる。火除けの空き地を**秋葉っ原**（あきばっぱら）と呼んだのが、地名の**秋葉原**、**アキバ**の由来である。

| 神田川 | 上野 | 隅田川・両国 | 浅草・仲見世 | 向島 | 亀戸 | 江戸城・皇居 | 112 |

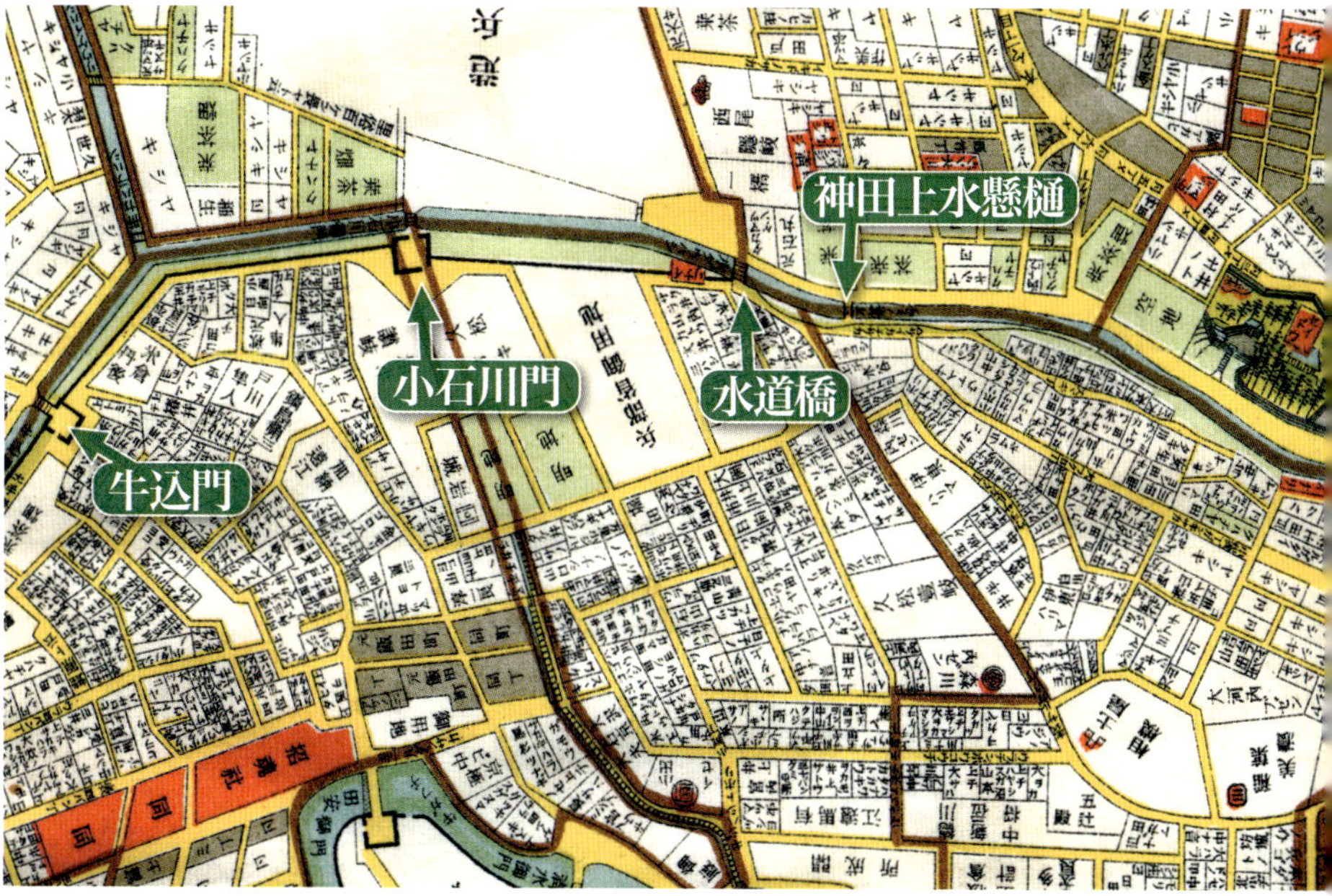

神田川 現代

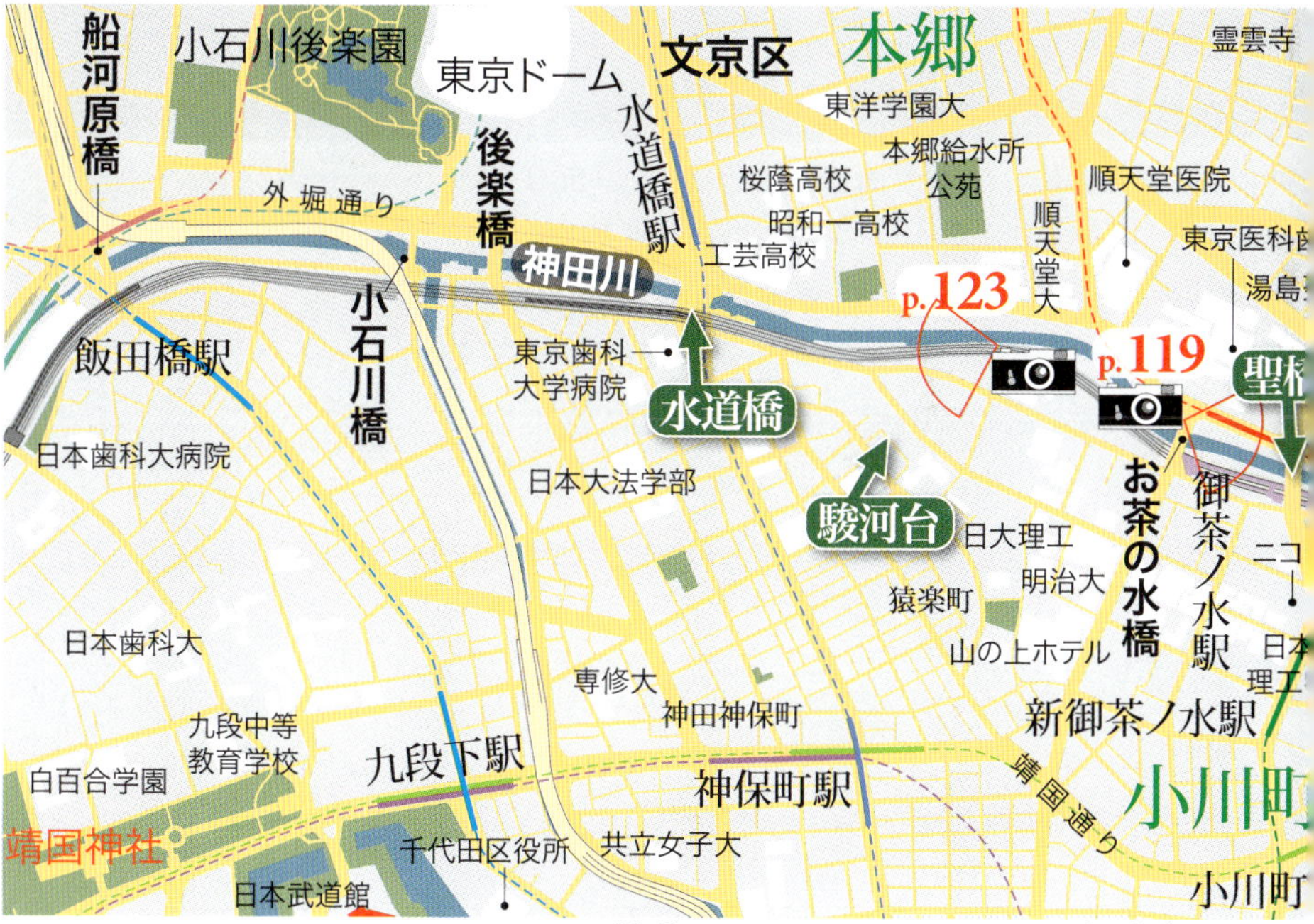

神田川南の高台に、家康の家臣たちが**駿河《するが》**の国から多数移り住み、**駿河台《するがだい》**と呼ばれるようになる。江戸時代、付近には武家屋敷がずらりと立ち並んだ。明治時代、武家屋敷跡に学校が相次いで造られ、本の需要が増えたことが、**神田神保町《じんぼうちょう》**の古書店街の成立を促した。

柳橋

明治10年代 撮影は日下部金兵衛

柳橋は、神田川の一番下流に架かる橋、つまり神田川の第一橋梁。1698年（元禄11）に木橋が架橋。1887年（明治20）に鉄橋化されたが、震災で損壊。現在の橋は、1929年（昭和4）に架けられた。写真奥に見えるのは木造の両国橋。1904年（明治37）、上の写真の位置より20mほど下流に鉄橋が架けられた。

柳橋《やなぎばし》界隈は、当時江戸随一の遊興地であった両国・吉原方面への渡船場《とせんば》として発展。花街《はなまち》として名を馳《は》せる。昭和初期まで、料亭や船宿などが立ち並んでいた。屋形船の「小松屋」や、料亭「亀清楼《かめせいろう》」から、かつての面影をうかがい知ることができる。

柳橋 現代の夜景

名所江戸百景「両国花火」歌川広重

柳橋はヤナギを連想させる緑色に塗られているが、夜も緑色にライトアップされて風情がある。

両国の花火は、1733年（享保18）に始まる。上流は**「玉屋《たまや》」**、下流は**「鍵屋《かぎや》」**という花火屋が受け持ち、技を競い合った。それで、上流の柳橋付近から花火が上がると「たまや〜」と、下流の浜町辺りから上がると「かぎや〜」と掛け声が掛かった。現在の隅田川花火大会では、当時よりも上流で打ち上げられている。

万世橋駅

明治末期〜大正初期

Sudacho Street Tokyo. — 東京名所）須田町通万世橋ステーション前廣瀬中佐銅像

広瀬中佐像 日露戦争開戦直後の旅順港閉塞作戦で、行方不明の部下の杉野兵曹長を捜索中、砲弾を受け戦死（1904年／明治37）。後に「軍神」として神格化され、1910年（明治43）に銅像が建立された。戦後、この銅像は撤去された。

万世橋駅《まんせいばし》は、1912年（明治45）に、私鉄甲武《こうぶ》鉄道のターミナル駅として開業した。駅舎の設計は、東京駅と同じく辰野金吾《たつのきんご》による。東京駅開業までは、東京で最も乗降者数の多い駅だった。

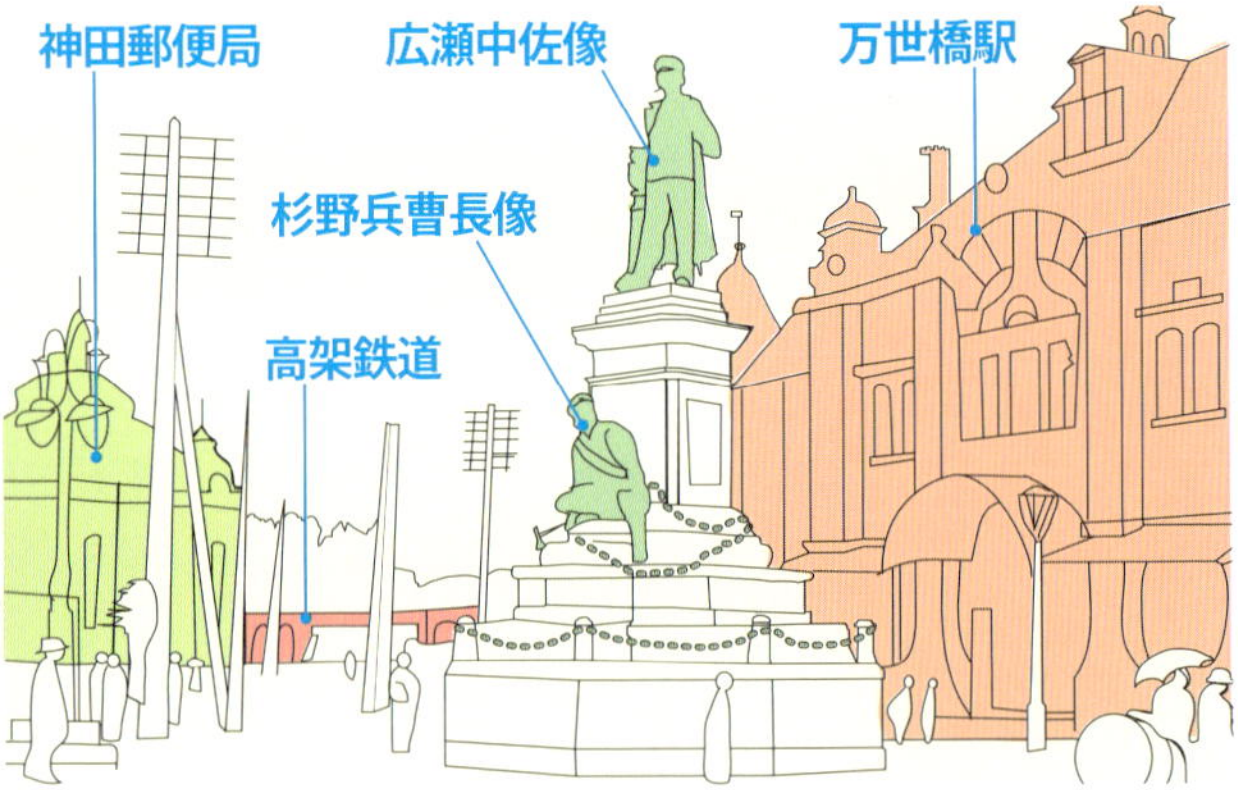
神田郵便局
広瀬中佐像
万世橋駅
杉野兵曹長像
高架鉄道

万世橋駅のあたりには、昔、江戸の三十六見附（p.194）の一つ、「筋違（すじかい）橋門」があり、その前は火除地のため筋違橋広小路となっていた。

万世橋駅 大正時代末ないしは昭和初期

The bronze statue of late commander Hirose, Kanda. (Great Tokyo) 神田須田町廣瀬中佐銅像 （大東京）

1923年（大正12）関東大震災で万世橋駅の駅舎は焼失。再建されたが規模が小さくなった。1943年（昭和18）に、駅は営業休止となる。

万世橋駅跡 現代の姿

BIG APPLE
SLOT & PACHINKO
BIG APPLE
万世橋

万世橋駅の場所には「交通博物館」が建てられたが、2006年（平成18）に閉館。2007年、さいたま市に「鉄道博物館」が開館。ここには旧万世橋駅駅舎模型がある。現在、跡地にはJR神田万世橋ビルというオフィスビルが建設された。

聖橋

昭和初期 御茶の水橋から眺める

聖橋
御茶ノ水駅
ニコライ堂
明治大学
The Russian Cathedral and Hijiri-bashi Bridge (Greater Tokyo)
（大東京）聖橋よりニコライ堂を望む

聖橋《ひじりばし》 1927年（昭和2）竣工。当時斬新なデザインの橋として名所となった。神田川の河岸はコンクリート工事され、芝生も整備されている。

ニコライ堂は、ハリストス正教会・復活大聖堂の通称。1891年（明治24）竣工。上の絵はがきでは手前に高い建物がないため尖塔が見えているが、現在では御茶の水橋からは見えない。

御茶ノ水駅《おちゃのみず》は、1904年（明治37）、甲武《こうぶ》鉄道の駅として開業。1932年（昭和7）、お茶の水橋側にあった駅舎が聖橋《ひじりばし》側に移転した。この絵はがきは、聖橋側に移転しているので、昭和7年以降。

聖橋 現代の姿

「アキバ」の電
街が見える。
至 柳橋
至 お茶の水橋
レモン

JR御茶ノ水駅では現在、バリアフリー化工事や駅前広場機能整備が進められている。

聖橋は、湯島聖堂とニコライ大聖堂の間の橋の意。

将軍徳川綱吉は、上野の林家の私塾と孔子廟を湯島に移して湯島聖堂《ゆしませいどう》を創建。幕府の学問所とした（昌平坂《しょうへいざか》学問所、昌平黌《しょうへいこう》とも呼ばれた）。八代将軍吉宗《よしむね》が洋書の輸入規制を緩和すると蘭学が栄え、早くに西洋化した幕府《ばくふ》天文方《てんもんかた》は、蕃書調所《ばんしょしらべしょ》、次いで開成所《かいせいじょ》となる。開成所は、神田お玉ケ《たまが》池《いけ》の種痘所《しゅとうじょ》（後の医学校）と共に東京大学の前身となる。

聖橋とニコライ堂 昭和初期

東京女子師範学校仮校舎。
後の東京医科歯科大学が建つ。

湯島聖堂
聖橋
神田川
ニコライ堂

東大赤門

大正後期〜昭和初期

赤門《あかもん》は、1827年（文政10）、十一代将軍家斉《いえなり》の娘・**溶姫**（やすひめ／ようひめ）が、加賀《かが》百万石の藩主前田《まえだ》斉泰《なりやす》に輿入《こしい》れした際、姫の屋敷（御守殿《ごしゅでん》）用に造られた丹塗《にぬ》りの**御守殿門**《ごしゅでんもん》。1876年（明治9）、東京医学校が下谷から移転してからも引き続きここに置かれていた。

Famous Place of Tokyo.
帝國大學赤門
(東京名所)

赤門の様式は、薬医門《やくいもん》。4本柱（主柱2本、控柱2本）の上に切妻屋根が組まれる。右奥の建物は旧**東京医学校本館**（1876年竣工）。1911年（明治44）に赤門脇に移築され史料編纂所、後に営繕課として使用された。1969年（昭和44）、小石川植物園・日本庭園内に移され、現存する。

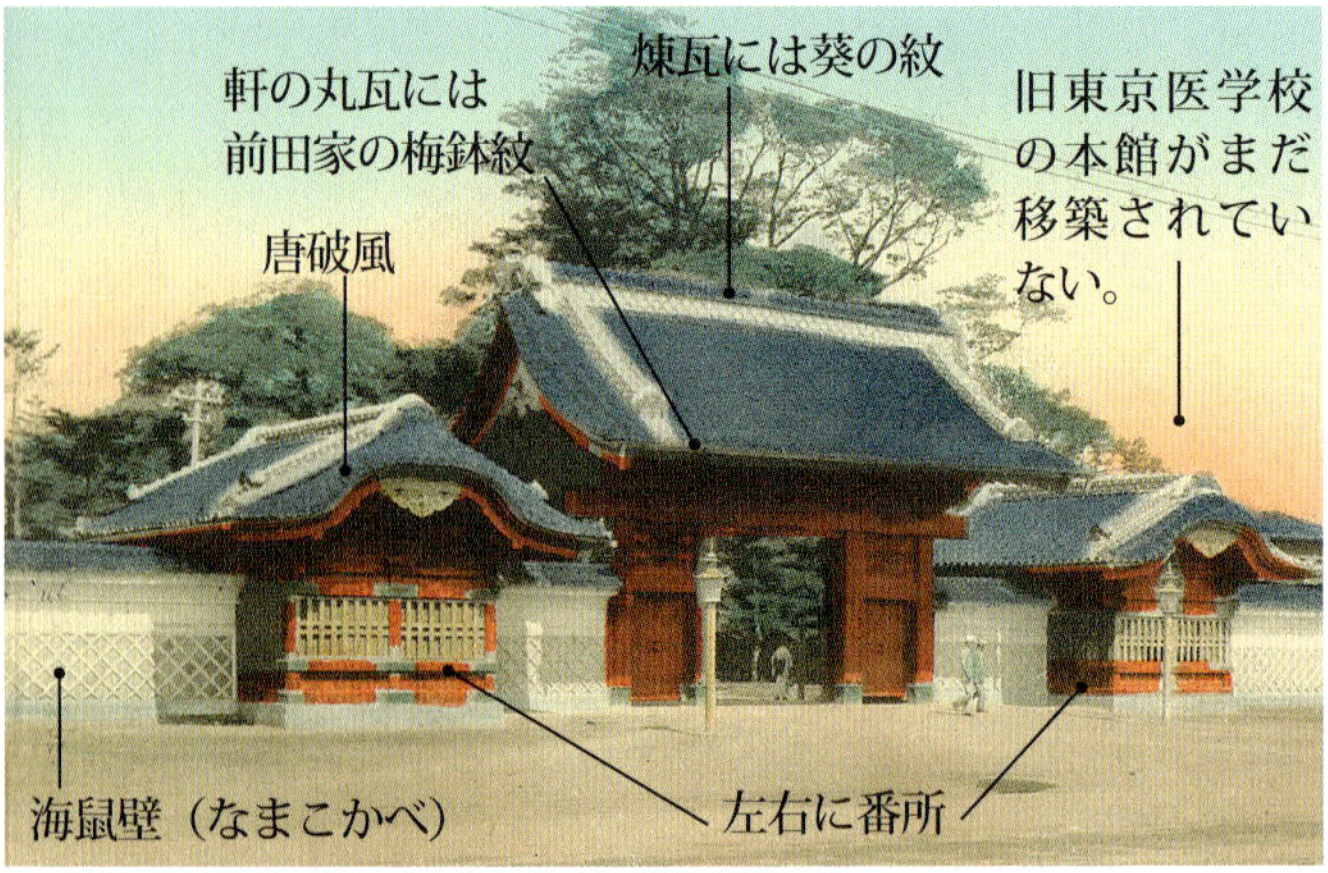
軒の丸瓦には
前田家の梅鉢紋
煉瓦には葵の紋
旧東京医学校
の本館がまだ
移築されてい
ない。
唐破風
海鼠壁（なまこかべ）
左右に番所

御守殿とは、三位以上の大名に嫁いだ将軍家の娘を指す。「御守殿門」（通称「赤門」）は火災で焼失すると再建が許されないため数は減り、現存するのは東大赤門のみ。

東大赤門 現代の姿

50

1877年（明治10）、東京開成学校と東京医学校が合併し**「東京大学」**が誕生。1886年（明治19）**「帝國大学」**に改称、次いで1897年（明治30）**「東京帝國大学」**、1947年（昭和22）に**「東京大学」**と名称が変わった。**赤門**は、国の重要文化財であり、東京大学の代名詞といえる存在。戦前、赤門が国宝に指定されていた頃は、眺めるだけで通過できなかった。

本郷 昭和初期

常設博覧会会場
寛永寺五重塔
大学病院
清水観音堂
不忍池
三四郎池
(Greater Tokyo) Tokyo Imperial University and Shinobazu Pond
（新大東京名所）樓上ヨリ見タル帝國大學全景及ビ不忍池方面
安田講堂 1925年（大正14）竣工
東京帝國大学
赤門

「三四郎池」は、加賀藩上屋敷の大名庭園「育徳園」の名残り。元の名は心字池《しんじいけ》だが、夏目漱石の小説『三四郎』に出てきたことから「三四郎池」と呼ばれるようになった。

砲兵工廠

大正後期 神田川下流（東側）から

砲兵工廠《ほうへいこうしょう》付近は、元は徳川御三家の一つ、常陸国《ひたちのくに》水戸《みと》藩上屋敷《かみやしき》。二代目藩主・徳川光圀《とくがわみつくに》（水戸黄門《みとこうもん》）は、ここで「大日本史」編纂《へんさん》事業を始めた。現在、小石川後楽園《こいしかわこうらくえん》、後楽《こうらく》園《えん》ゆうえんち、東京ドームになっている。

（帝都名所）小石川水道橋附近
FROM SURUGADAI TO NIER SUIDOBASHI

小銃や弾丸を製造した**東京砲兵工廠**は1871年（明治4）に操業開始。関東大震災後、砲兵工廠は小倉に移転。東京砲兵工廠は明治期から震災前までは東京市内最大の工場だった。1937年（昭和12）**後楽園スタヂアム**が建設。1988年（昭和63）には、**東京ドーム**となる。

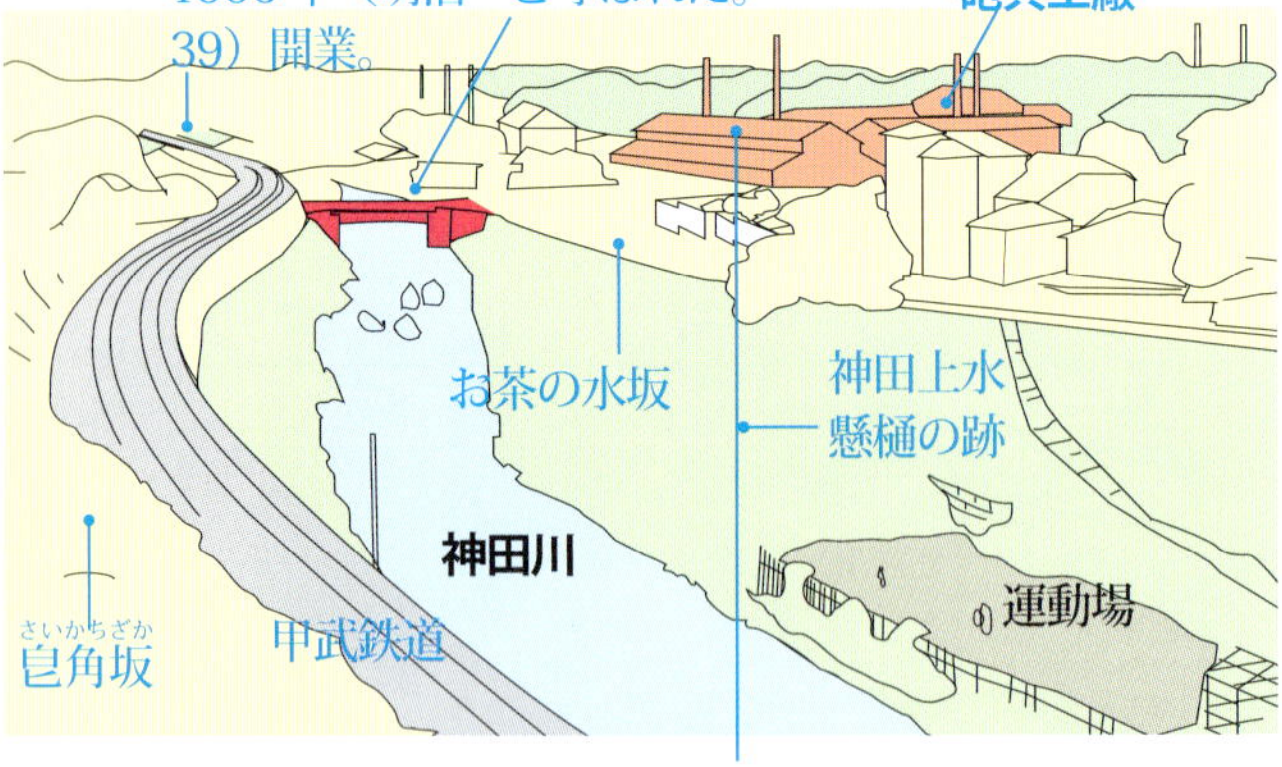
水道橋駅
1906年（明治39）開業。
水道橋は昔、吉祥寺橋と呼ばれた。
砲兵工廠
お茶の水坂
神田上水懸樋の跡
神田川
運動場
皀角坂《さいかちざか》
甲武鉄道

明暦の火事以前には、吉祥寺がここにあった。火事で家を失った門前の人々が移住してできた町が今の吉祥寺（武蔵野市）。寺の方は駒込に移転した。

水道橋と後楽園 現代の姿

奥に見える青い橋が水道橋。神田上水懸樋はその手前あたりにあった。

神田上水懸樋 江戸時代

南
北
番人小屋
神田上水懸樋
駿河台
本郷台
神田川
下流

神田上水懸樋（かんだじょうすいかけひ / かけい / かけとい）は、屋根が掛かった水道橋。この中を、井の頭が水源の**神田上水**が通っている。1901 年（明治 34）に廃止・撤去される。駿河台側には、1904 年に甲武鉄道が敷設される。

都内各地の不思議な「不」印

赤坂《あかさか》見附《みつけ》は撤去されたが、石垣の一部が残っている。石垣の西端の最下段をよく見ると、「不」の字に読める不思議なマークが刻まれている。これは、**几号水準点**《きごうすいじゅんてん》（もしくは形が似ているので**不号水準点**）といい、明治初期に大々的に行なわれた水準測量（高度の測量）の際のマークであって、不合格という意味ではない。内務省地理寮は、英国人測量技師の指導で測量を行なったため、英国で使用されている「不」に似た記号が使われた。ちなみに、英語で「水準点」を意味するbench mark（ベンチマーク）は、不の横棒がベンチに似ているため。後に陸軍参謀本部が標石を導入するまで、灯籠や鳥居、橋といった堅牢な構造物に直接刻んでいた。その結果、数多くの几号が日本各地、特に東京に残っている。

赤坂見附の石垣の几号

都内の几号のその他の例：皇居東御苑・天守台跡（石垣北東角）／桜田門（渡櫓門北東面）／高輪大木戸／湯島・湯島神社・華表石礎／南千住・円通寺・百観音石／南青山 7-13-29 ポスト右横／芝公園・東照宮／一石橋南詰迷子石、他多数。

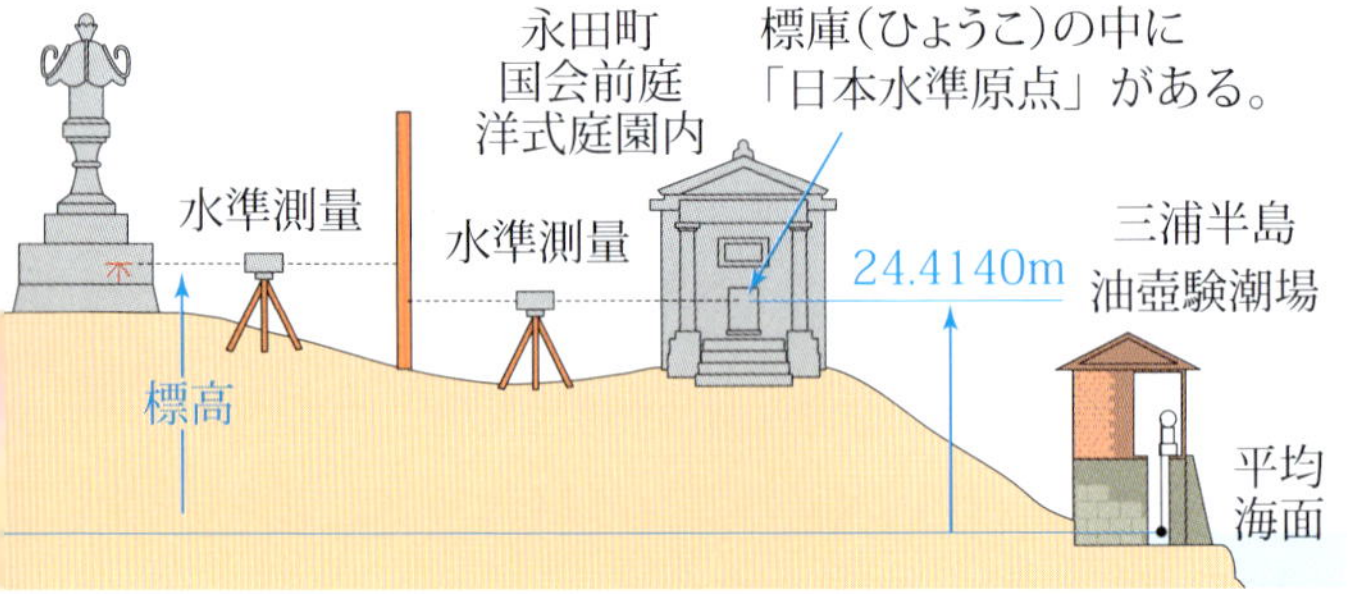

水準測量
水準測量
永田町
国会前庭
洋式庭園内
標庫(ひょうこ)の中に
「日本水準原点」がある。
24.4140m
三浦半島
油壺験潮場
標高
平均
海面

水平測量の模式図

几号の横棒を高さの基準に使う。ちなみに、1891年（明治24）、国会前庭に作られた日本水準原点が、国内の標高の基準となっている。

SPOUT OF YARUKUNI SHRINE, TOKYO
靖國神社境内噴水
（東京名所）

靖国神社の神池庭園 大正時代　中央には、納富介次郎作の、大きな鯉を抱く「金太郎」の銅像。鯉の口が噴水になっていたが、戦時中の金属供出のため失われ、今はない。

第8章
月見の名所 九段坂

江戸時代、九段坂《くだんざか》はその名の通り九段の石段状だった。眺望は素晴らしく、江戸湾や千葉の山々も一望できた。また、**月見の名所**として知られていた。

1869年（明治2）、**招魂社《しょうこんしゃ》**（現在の**靖国《やすくに》神社**）の建立《こんりゅう》時、石段は普通の坂に変えられた。明治期には、一回1銭で大八車の後押しをする「立《た》ちん坊《ぼう》」（または「鮟鱇《あんこう》」）と呼ばれる商売まで流《は》行《や》った。震災復興時、坂はなだらかに変えられた。

番町絵図には名がないが、ここに幕府天文方渋川景佑《かげすけ》の天文台があった。
後の招魂社、**靖国神社**。
九段坂
斎藤弥九郎の**練兵館**(幕末三大道場の一つ)がここにできる。
塙次郎邸
蘭学医**村田蔵六**が篠山邸を買い受け私塾**鳩居堂**を開く。後の日本陸軍の父、**大村益次郎**。

九段
安政4年改正尾張屋板「御江戸番町絵図」(1857年)

塙次郎は、幕末の国学者。老中安藤信正（→ p.18）の命で廃帝の前例を調査していると勘違いされ、1862 年（文久２年）暗殺された。犯人のひとりは伊藤俊輔で、後の総理大臣・伊藤博文。その伊藤も通っていたのが、**斎藤弥九郎**の道場「**練兵館**」。門下生には桂小五郎、高杉晋作、井上馨らがいる。

九段
現代

江戸時代防火用の空き地であったところが、弓馬稽古場、さらに歩兵屯所（とんじょ、屯とは、「たむろする」の意）となる。1870 年（明治 3）、兵部省（ひょうぶしょう）は軍人が軍馬を駆ってレースをする「招魂社競馬」を始めた。後に、ここが靖国神社参道となる。

九段坂

明治時代

九段坂上《くだんざかうえ》は見晴らしが良く、月見の名所として有名。天体観測に向いており、1842年（天保《てんぽう》13年）に、幕府天文方《てんもんかた》の**渋川景佑**《しぶかわかげすけ》（助左衛門《すけざえもん》）の屋敷に天文台が置かれた。ちなみに景佑の兄、天文方筆頭の**高橋景保**《たかはしかげやす》はシーボルト事件のため獄死した。

ニコライ堂の
鐘楼とドーム
Tokyo-the upper part of Kudan hill.
上阪段九

左の塔は、招魂社に祀られた戦没者慰霊のため、また東京湾の漁船の目印のため、1871 年（明治4）に渋川邸跡に建造された**高灯籠**。通称、**常燈明台**（また灯明台）。その明かりは、品川や遠い房総からさえ、見ることができた。

大村益次郎像
神池庭園
大正通り
（現、靖国通り）
靖国神社 本殿
拝殿
仏英和高等女学校
（現、白百合学園）
Yasukuni Shrine
景全社神國靖ルタ見リヨ上機
（所名京東大新）
高灯籠は
画面の外
第一鳥居
（大鳥居）
高さ25m
琉球王朝の最後の国王・尚泰王《しょうたいおう》の邸宅跡。
当時は市立一中。後に都立九段高校となり、
現、区立九段中等教育学校。

九段坂 現代の姿

近くの歩道橋に登れば、東京スカイツリーの上部を見ることができる。

1930年（昭和5）の靖国通りの拡幅工事の際、**常燈明台**は道路の反対側に移設されたため、上の現代写真では写っていない。左端の建物は、東京理科大学九段校舎。

靖国神社参道に建つ大村益次郎（村田蔵六）の像は、1893年（明治26）に制作された日本初の西洋式銅像である。大村益次郎は、長州藩の蘭方医、兵学者。上野戦争の総司令官であり、日本陸軍の父と呼ばれる。1869年（明治2）に、暗殺された。

お濠側の田安門近くに移設された常燈明台。高さは16.8mある。

大村益次郎像 大正初期

九段坂

昭和初期

（帝都名所）九段坂及び神田方面遠望
THE VIEW CF KANCAKU AS SEEN FROM KUDAN SLOPE (TOKYO SIGHT)
ニコライ堂の鐘楼とドーム
蕃書調所跡《ばんしょしらべしょ》

1907年（明治40）、東京電気鉄道の**外濠線**《そとぼりせん》の九段下《くだんした》～九段上《くだんうえ》間が開通。九段坂が急坂のため、坂の南側を削り、少し勾配をゆるくしている。4年後に、東京市に買収され「東京市電」となる。

右下の堀は、**牛ヶ淵**《うしがふち》。ここでかつて牛車が落ちた事故があったのが名の由来だという。

（帝都名所）神田區神保町通 9
THE STREET OF JIMBOCHO

市電が通るため、靖国通りが拡張されると、削られた北側の書店は、南側に移転。主に南側に**神田神保町**（じんぼうちょう）の古書店が立ち並ぶこととなる。店頭の本の焼けを防ぐのにも南側、つまり店構えは北向きの方が適していた。

九段坂 現代の姿

写真中央の蕃書調所跡には、**昭和館**が 1999 年（平成 11）開館。右の隣りには九段会館（旧「軍人会館」）が建っている。

九段坂下からの眺め 明治後期

常燈明台
偕行社
View of Kudan, Tokyo.
東京九段坂

常燈明台の右には、かつて天文台のあった渋川邸跡に建てられた 1890 年（明治 23）竣工のレンガ造りの偕行社（陸軍将校の倶楽部）が見える。

日本橋・銀座周辺の町名にみる職業

日本橋・銀座周辺は、商業・金融の中心地で、同じ職種の人々が同じ町内に集まっていたため、興味深い名前が目白押しである。ここではその一部を紹介する。※黒字は江戸時代の地名。青字は現在なお残る地名。

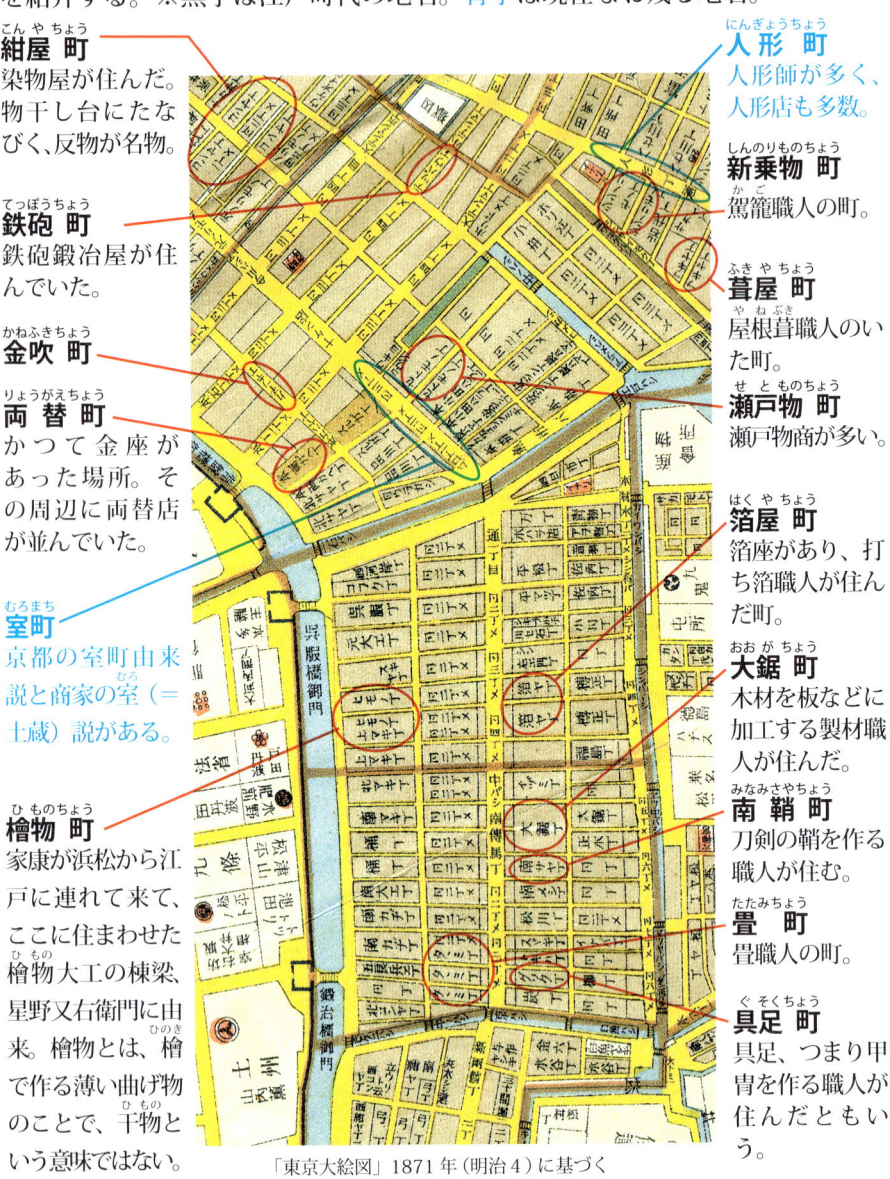

紺屋《こんや》 町《ちょう》
染物屋が住んだ。物干し台にたなびく、反物が名物。

鉄砲《てっぽう》 町《ちょう》
鉄砲鍛冶屋が住んでいた。

金吹《かねふき》 町《ちょう》
かつて金座があった場所。

両 替《りょうがえ》 町《ちょう》
かつて金座があった場所。その周辺に両替店が並んでいた。

室町《むろまち》
京都の室町由来説と商家の室《むろ》（＝土蔵）説がある。

檜物《ひもの》 町《ちょう》
家康が浜松から江戸に連れて来て、ここに住まわせた檜物《ひもの》大工の棟梁、星野又右衛門に由来。檜物とは、檜《ひのき》で作る薄い曲げ物のことで、干物《ひもの》という意味ではない。

人形《にんぎょう》 町《ちょう》
人形師が多く、人形店も多数。

新乗物《しんのりもの》 町《ちょう》
駕籠《かご》職人の町。

葺屋《ふきや》 町《ちょう》
屋根葺《やねぶき》職人のいた町。

瀬戸物《せともの》 町《ちょう》
瀬戸物商が多い。

箔屋《はくや》 町《ちょう》
箔座があり、打ち箔職人が住んだ町。

大鋸《おおが》 町《ちょう》
木材を板などに加工する製材職人が住んだ。

南 鞘《みなみさや》 町《ちょう》
刀剣の鞘を作る職人が住む。

畳《たたみ》 町《ちょう》
畳職人の町。

具足《ぐそく》 町《ちょう》
具足、つまり甲冑を作る職人が住んだともいう。

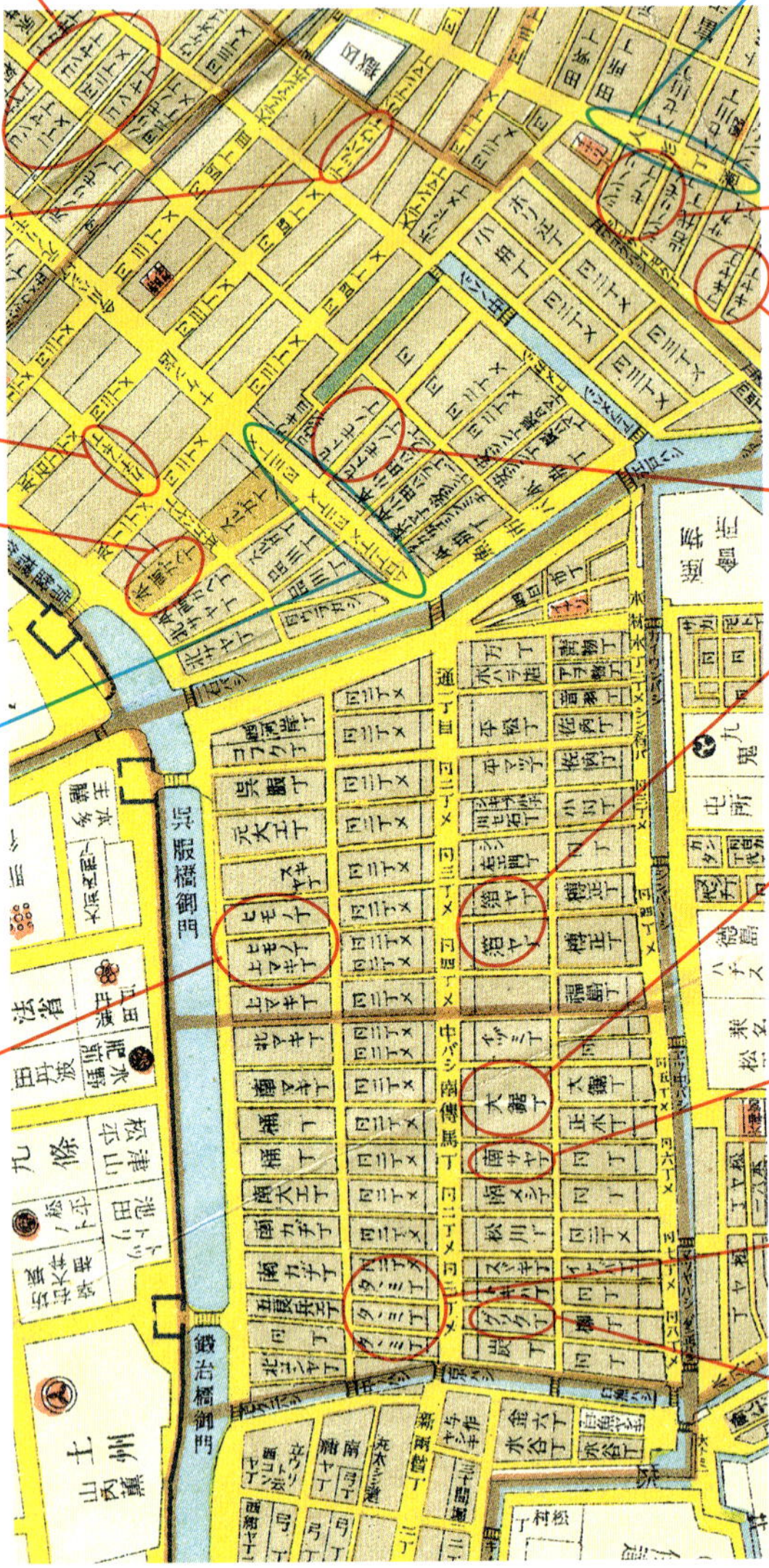

「東京大絵図」1871年（明治4）に基づく

（帝都名所）日本橋魚河岸及び人形町馬喰町方面の遠望
THE FAR PROSPECT OF UOGASHI THE FISH MARKET) AND THE VICINITY
日本橋の魚河岸 大正時代 右端に日本橋が見える。

第9章
金融・商業の中心地
日本橋界隈

日本橋《にほんばし》の界隈《かいわい》は、江戸の水運の拠点。日本橋北《きた》詰《づめ》には**魚河岸**《うおがし》が、伊勢町《いせちょう》には**米河岸**《こめがし》があり、「江戸の台所」として活況を呈していた。魚河岸に倉庫がずらりと並ぶ姿は、関東大震災後に魚市場が築地に移るまで見ることができた。

江戸時代、日本橋本町《にほんばしほんちょう》の薬問屋、呉服橋《ごふくばし》の呉服問屋、大伝馬町《おおでんまちょう》の木綿問屋《もめんどんや》など、各種問屋や小売商が並んだ。また、伊勢町《いせちょう》、難波町《なんばちょう》（後の浪《なに》花町《わちょう》）の名は関西商人の進出を物語っていた。

日本橋

平野屋板「日本橋南北濱町八丁堀邉圖」1852年（嘉永5）

「**町御組**」は、南北町奉行所の与力、同心の屋敷。この地図では見えないが、もう少し南に「八丁堀（はっちょうぼり）」という名の約8町（約873m）の長さの堀があったため、町奉行の与力、同心は「八丁堀の旦那」と呼ばれた。

日本橋・兜町界隈 現代

明治後半に丸の内オフィス街ができる前は、水運の便の良いこの兜町に経済の中心があった。「日本近代経済の父」渋沢栄一は、ここを「日本のベニス」にすることを試みた。1873年（明治6）、日本最初の銀行・第一国立銀行（現:みずほ銀行）が開業。初代頭取は渋沢栄一だった。

日本橋

昭和初期　南から北を見る

Nihonbashi Bridge and Mitsukoshi Department Store. (Greater Tokyo)
帝都の中心日本橋と三越百貨店附近
（大東京）

橋の麒麟や獅子の像は、渡辺長男作。獅子の脚が捕まえているのは、東京都の紋章。

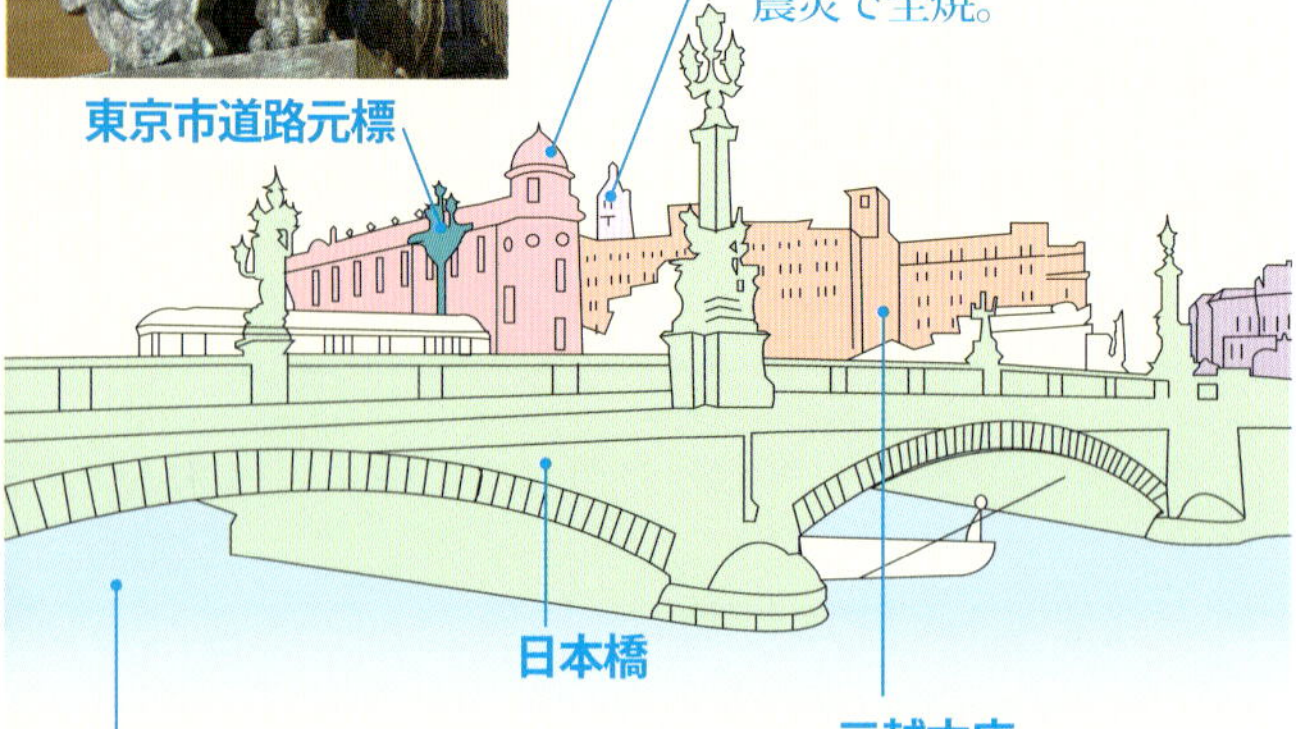
帝国製麻ビル（現、帝国繊維）
1912年（大正元）竣工。
辰野金吾設計。
三越西店
1921年(大正10)竣工。
震災で全焼。
東京市道路元標
日本橋
三越本店
完成時は東洋一と謳われた。1914年（大正3）竣工。
日本橋川
「橋」の名から川の名が付いていて普通と逆。

日本橋《にほんばし》が石橋となったのは、1911年（明治44）。設計は、東京府庁などを手がけた**妻**《つま》**木**《き》**頼黄**《よりなか》による。道路上の中央には、1972年（昭和47）に設置された日本国道路元標《げんぴょう》が置かれている。文字は当時の首相である佐《さ》藤《とう》栄《えい》作《さく》による。

日本橋 現代の姿

日本国道路元標 現代の姿

親柱の銘板と高速道路の橋名板の「日本橋」の文字は徳川慶喜の筆。1964年の東京オリンピック前に、急きょ建設された高速道路が日本橋の上を覆う。

◀かつての「東京市道路元標」を模した「道路元標地点」碑が、日本国道路元標の真上に設置されており、首都高速を通る車両から見える。

◀日本橋北西詰の「元標の広場」に置かれている日本道路原票のレプリカ。佐藤栄作の筆による。

日本銀行

明治後期 西の②常盤橋から北東を眺める

1882年（明治15）に、日本銀行条例に基づいて**日本銀行**《にほんぎんこう》が業務を開始した。江戸時代に金貨の鋳造《ちゅうぞう》所《しょ》・**金座**《きんざ》が置かれていた場所に、1896年（明治29）日本銀行の本店が建てられた。設計は、明治を代表する建築家・辰野金吾《たつのきんご》による。

(NO.16)
THE JAPAN BANK, TOKYO.
（東京名所）日本銀行

装飾的で重厚なバロック様式と端正なルネサンス様式を併せ持つ「ネオ・バロック様式」。ベルギーの中央銀行を参考にしたとされる。画像左には日本橋前を通る市電。1903年（明治36）に開通している。

日本銀行
THE NIHON GINKAO TOKYO

事実上、日本人建築家の設計による最初の国家的建造物となった。1階分の高さをもつ障壁や、中庭に囲まれた玄関は、銀行ゆえの防御性も考慮されている。

日本銀行 現代の姿 西から東を眺める

日本銀行は、明治時代と全く変わらない姿で眺めることができる。

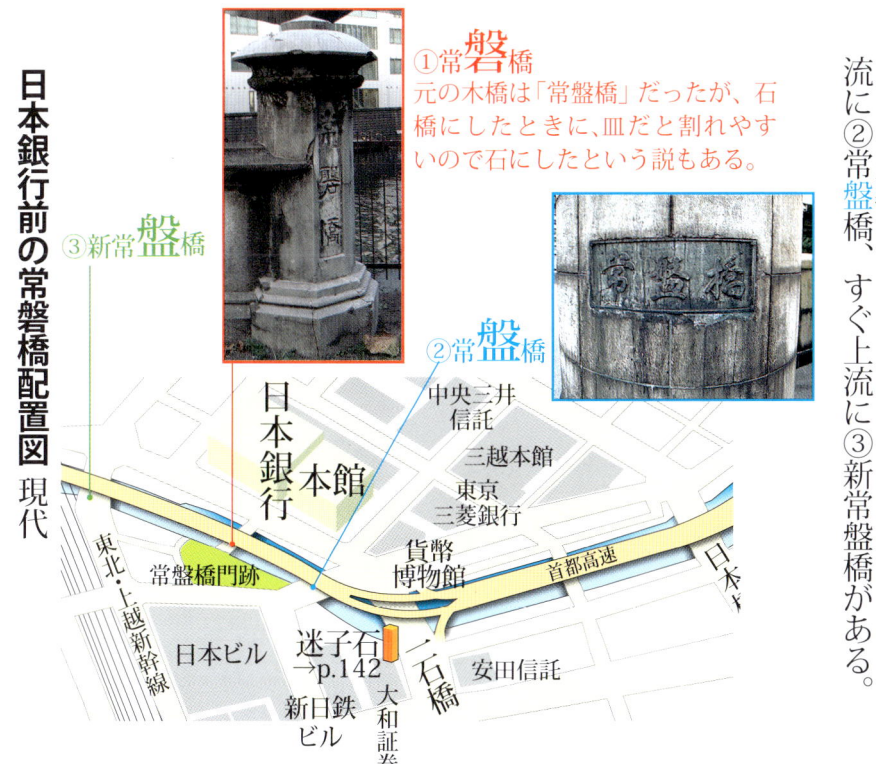

日本銀行前の常盤橋配置図 現代

①常磐橋は、1877年（明治10）架橋の都内に現存する最古の洋式石橋。紛らわしいが、少し下流に②常盤《ときわ》橋、すぐ上流に③新常盤橋がある。

①常磐橋
元の木橋は「常盤橋」だったが、石橋にしたときに、皿だと割れやすいので石にしたという説もある。

②常盤橋

鎧橋（拡幅工事後）大正後期　南からの眺め

鎧橋
THE YOROIBASHI TOKYO

平安時代、八幡《はちまん》太郎《たろう》　源《みなもとの》　義家《よしいえ》の奥州討伐（前九年の合戦）の際、兜神社の兜石に兜を掛けて戦勝祈願をしたのが兜町の由来（いくつか別説あり）。

【石版刷古写真】

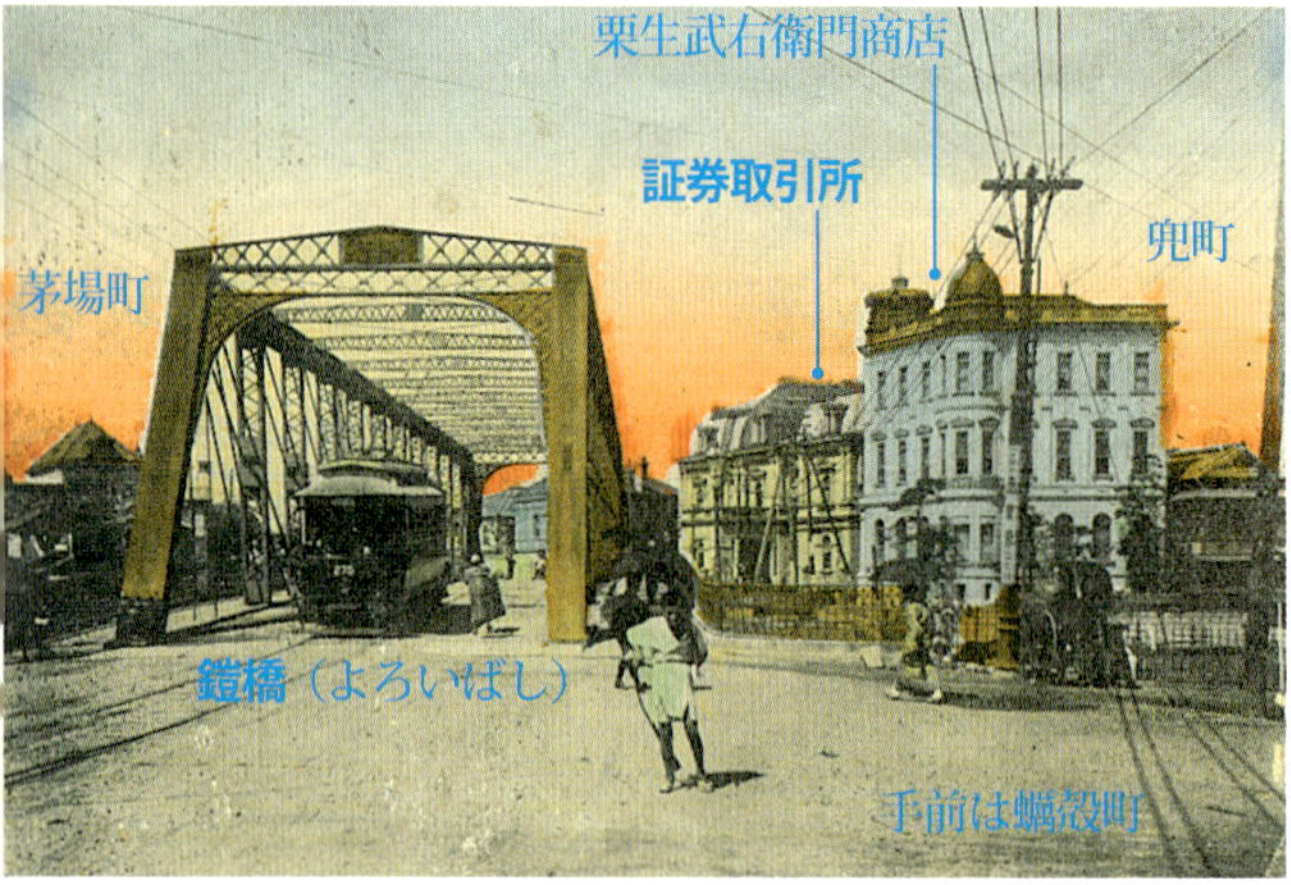
栗生武右衛門商店
証券取引所
兜町
茅場町
鎧橋（よろいばし）
手前は蠣殻町

源義家が荒れる海を鎮めるため、自らの鎧を海に投げ入れた場所が「鎧の渡し」。1872 年（明治 5）木橋が、1888 年（明治 21）鉄橋が架橋。1915 年（大正 4）、拡幅されて市電が通る。

1873年（明治6）、日本初の銀行・第一国立銀行が兜町《かぶとちょう》に設立。1878年（明治11）に、東京株式取引所（現、東京証券取引所）設立。周囲に企業が集まり、兜町に近代日本初の金融街が誕生した。しかし、後にビジネスの中心は丸の内に移行する。

現代の姿

画面の左側の外に東京証券取引所がある。

第一国立銀行 明治初期

第一国立銀行設立は、1882 年（明治 15）の日本銀行設立よりも早い。明治初期によく見られた和洋折衷の建築。国立といっても国営ではなくアメリカのナショナルバンクを模した民間銀行。この場所は現在、みずほ銀行兜町支店。

江戸時代の迷子

日本橋界隈は、人出も多く、当然迷子になる子供もいた。もしも、江戸時代に子供が迷子になったならば、親はどのように子供を見つけ出せただろうか？　金座《きんざ》（現在の日本銀行あたり）の南には、**一石橋**《いっこくばし》という橋があるが、その南側の袂《たもと》に、**迷子石**《まいごいし》という迷子告知板が、1857年（安政《あんせい》4）に設置されていた。正面に**満**《ま》**よい子**《ご》**の志**《し》**るへ**《べ》、右側は**志**《し》**らする方**《かた》、左側は**たづぬる方**《かた》とあり、迷子になった子供の年格好、特徴を書いた紙をそこに貼った。親が見つかるまでは、町内が責任をもって保護することになっていた。江戸には他にも、湯島天神内の「奇縁氷人石《きえんひょうじんせき》」や、浅草寺の「迷い子知らせ」石標がこれと同じ役目をしていた。

探している子の特徴を書いた紙を貼るスペース。小さいひさしもある。

ここにも几号《きごう》水準点がある！
→ p.124

日本銀行（左）と、東京火災保険会社（右）
赤丸が迷子石。明治後期～大正初期

銀座 四丁目交差点 明治後期

第10章 日本最初のレンガ街 銀座

江戸の町は火災によって何度も焼失を繰り返した。そこで明治政府は、東京の不燃建築化を図る。まず、１８７２年（明治5）の火災で一帯が灰の山と化した銀座をレンガ建築の洋風街区にすることを計画。１８７７年（明治10）に日本初のレンガ街が完成した。ところが、火災に強いレンガ街も、後に関東大震災で倒壊した。また、日本最初の街路樹（桜《さくら》・松《まつ》・楓《かえで》）が歩道の境に植えられた。桜や松は枯れたが、代わりに植えられた柳は根付き、銀座の名物となる。

京橋 p.146
京橋川
外濠
築地川
歌舞伎座 p.156
銀座四丁目 p.148
三十間堀川
新橋停車場 p.154
鹿鳴館 p.178
汐留川
新橋 p.152
浜離宮 p.158
浜離宮

銀座　「區畫改正實測東京明細全圖」1893年（明治26）

江戸初期には、神田山を切り崩して、残土でこの周辺を埋め立てるという大工事が行なわれた（→ p.110）。銀座５・６丁目の旧名、尾張町や、銀座７丁目の加賀町等、銀座８丁目の出雲町といった町名は工事を受け持った大名の国名から付けられた。築地も元来「埋立地」の意。

銀座 現代

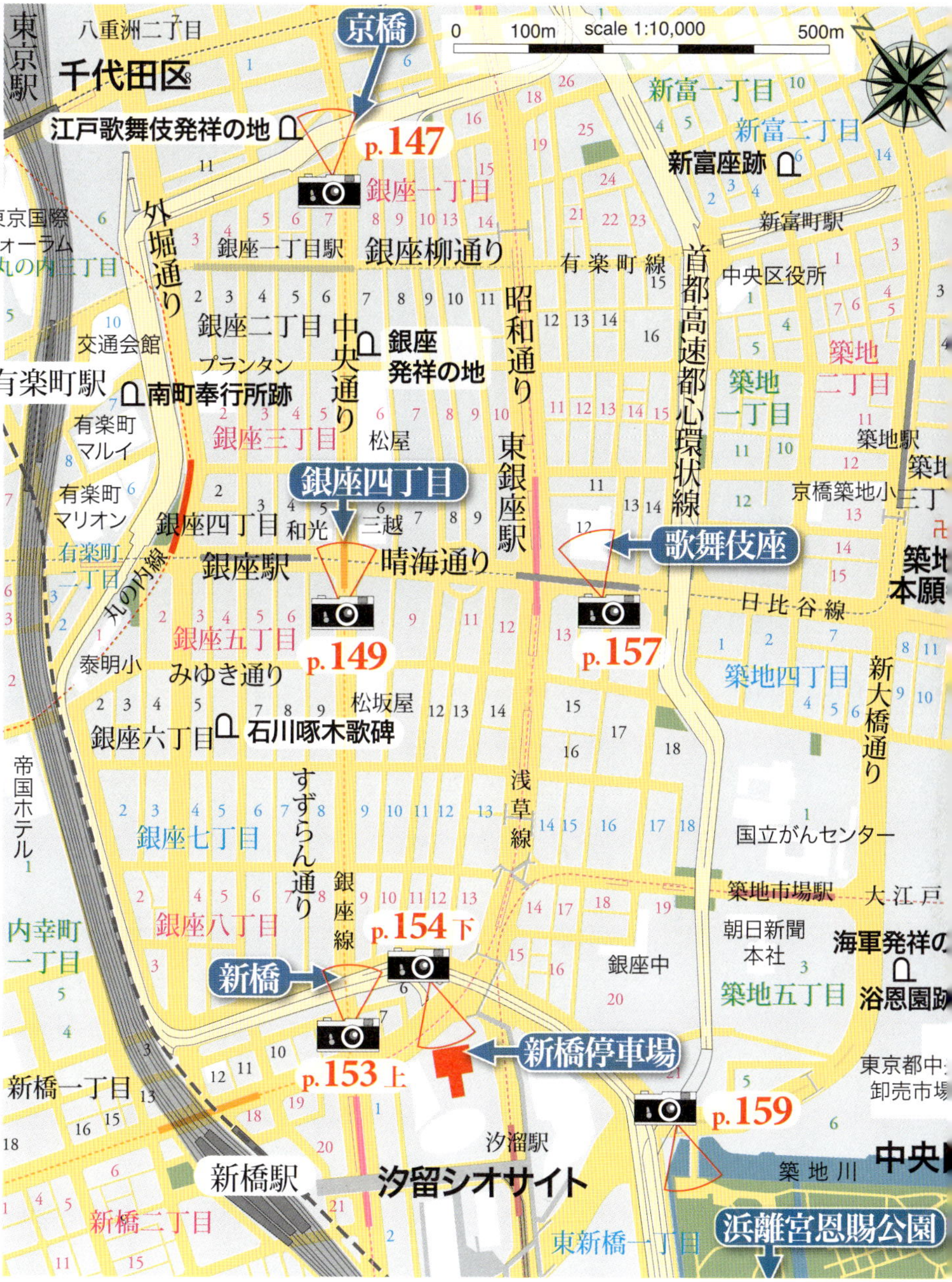

かつてこの地域は、外堀や京橋川、汐留川、築地川、三十間堀川などが水運を担っていた。戦後の復興で、がれきの処理や道路建設のため外濠や他の川も埋め立てられた。それゆえ、京橋、新橋、鍛冶橋、数寄屋橋、山下橋など、橋とは名ばかりで、川も橋も見当たらない。

京橋　昭和初期　日本橋方向（南からの眺め）

京橋は、江戸初期に、日本橋とほぼ同時期に架けられた橋。東海道の起点、日本橋から京都に向けて出発したとき、最初に渡る橋であることから名付けられたという（他説あり）。

THE DAIICHI SOGO APARTMENT HOUSE, THE SEVEN STORIED BUILDING ON THE KYOBASHI STREET, TOKYO.
（大東京）七層の高楼巍然たる、京橋通第一相互ビルデイング
Great Tokyo.

1916年（大正5）竣工の**大同生命東京支店**

1922年（大正11）に、照明付きの親柱が設置された。

第一相互館　1921年（大正10）竣工。辰野葛西建築事務所の設計。8階建て高さ約40m、1936年（昭和11）の国会議事堂竣工まで、東京で最も高い建物だった。

Kyo-bashi at Tokyo
京橋
（東京名所）
きやうはし

小林時計店ないしは吉沼時計店

橋の奥の時計台は、小林時計店京橋支店のもの。1903年（明治36）頃、吉沼時計店がこの店を引き継ぎ営業した。1908年（明治41）、さらに高い時計塔のある「日就社」の新社屋が完成。1917年（大正6）、同社は、「讀賣新聞社」と改名した。

京橋 現代の姿 南からの眺め

京橋川が 1959 年（昭和 34）に埋め立てられ、京橋も撤去された。左端に見えるレンガ張りの交番は、京橋の照明付き親柱をモチーフとして作られている。

京橋記念碑 南詰西側のもの・京橋交番の隣

南詰西側のものは平仮名で「きやうはし」と書かれている。

石橋の頃の親柱を用いた「京橋記念碑」（北詰東側の親柱は漢字で「京橋」と書かれている）。揮毫は明治時代の詩人で儒学者の佐々木支陰《しいん》。左奥に見えるのは、警視庁の歴史を展示する「警察博物館」。

第10章　日本最初のレンガ街　銀座

銀座四丁目交差点（旧、尾張町交差点）

明治時代　南から北を眺める

銀座四丁目交差点の現在の和光の所に**日新真事誌**、後に**朝野新聞**、三愛の場所に**東京曙新聞**、三越の所は**中央新聞**、日産の所に**毎日新聞**が建つ。銀座には新聞社、通信社、出版社が集まり、ジャーナリズムの中心地となる。

朝野新聞は、1876年（明治9）ここに移転。明治を代表する新聞の一つ。明治政府を辛辣に批判し、何度も発行停止処分を受けた。江戸東京博物館では、「朝野新聞社」の実寸模型を見学することができる。

(Greater Tokyo) The main street of Ginza　銀座大通り（所名京東新大）

1932年（昭和7）、渡辺仁設計によるネオルネサンス様式の**服部時計店**が竣工。右の山崎高等洋服店跡に、1930年（昭和5）、**三越銀座店**が開店。

| 神田川 | 上野 | 隅田川・両国 | 浅草・仲見世 | 向島 | 亀戸 | 江戸城・皇居 | 148 |

明治後期～大正初期

THE MAIN STREET OF GINZA TOKYO.
東京銀座通り

1894年（明治27）、銀座に進出した**服部時計店**は、旧朝野新聞社の屋根に時計台を建てた。以降、時計台は代替わりした後も、銀座四丁目のシンボルとなる。右は1905年（明治38）に開店した、木造3階建ての**山崎高等洋服店**。

現代の姿

時計台のある**和光**の前身は、服部時計店。銀座通りは土・日・祝日には歩行者天国が実施されている。

銀座四丁目交差点　明治中期

1882年(明治15)、レール上を馬車が走る**「鉄道馬車」**が、銀座通りで営業を始めた。馬車の奥の時計台は、1876年（明治9）竣工の京屋時計店（現、三菱東京UFJ銀行）。銀座の柳の下には**「人力車」**が見えるが、実は画面左端には、人力車製造の開拓者にして当時の最大手**「秋葉大助商店」**がある。看板に車輪を模した丸い輪が2つ並んでいる。この会社は人力車に改良を重ねて広く海外にも輸出した。しかし自動車、自転車の登場で需要が減り、関東大震災後に廃業。この場所には、あんぱんを考案した「木村屋」が入った。

『幕末明治文化變遷史』（昭和5年）より　※彩色は著者

明治時代の日本製の人力車は世界中に輸出され、活躍し、Rikisha（力車）という語が生まれた。写真は南アフリカ・ケープタウンに輸出された日本の人力車。

新橋

明治末頃　南から北を眺める

新橋の地は、現在の銀座の南端にあり、日本初の鉄道が開通した場所。新橋周辺は繁華街、料亭街、花街として名を馳せた。橋の「新橋」は、１８９９年（明治32）鉄橋に、１９２５年（大正14）コンクリート橋に架け替えられた。１９６４年（昭和39）、汐留川の埋め立てに伴い橋は撤去された。

帝国博品館勧工場は1899年（明治32）創業。珈琲店や理髪店、写真館を備え、人気を博す。1921年（大正10）に4階建てのビルに改築された。
日本初の**ビヤホール**は、1899年（明治32）創業。**ヱビスビール**の看板がある。
汐留川

汐留川（新橋川）は、現在は埋め立てられて、もはや新橋の「橋」とは名ばかりである。

新橋 現代の姿

帝国博品館勧工場は、現在の「博品館」。震災で失われたが、1978年（昭和53）に現在の10階建てのビルに新築。1986年（昭和61）には、日本一大きなおもちゃ屋さんとして、ギネスブックに載った。

新橋 大正時代 北から南を眺める

東京駅開業により、右奥の烏森駅が「新橋駅」に改称。右手の塔が博品館。

新橋停車場

明治後期

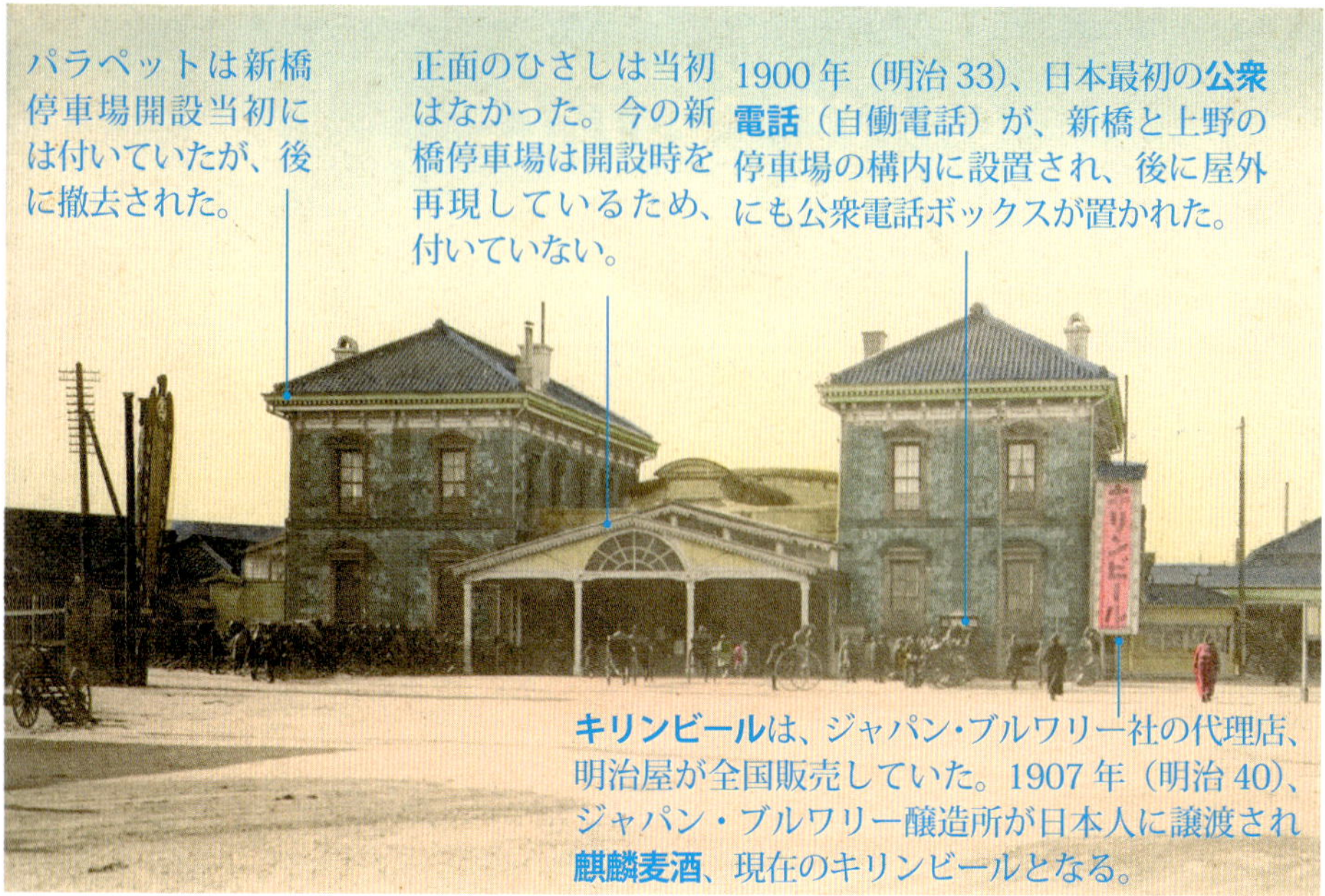
パラペットは新橋停車場開設当初には付いていたが、後に撤去された。
正面のひさしは当初はなかった。今の新橋停車場は開設時を再現しているため、付いていない。
1900年（明治33）、日本最初の**公衆電話**（自働電話）が、新橋と上野の停車場の構内に設置され、後に屋外にも公衆電話ボックスが置かれた。
キリンビールは、ジャパン・ブルワリー社の代理店、明治屋が全国販売していた。1907年（明治40）、ジャパン・ブルワリー醸造所が日本人に譲渡され**麒麟麦酒**、現在のキリンビールとなる。

1854年（嘉永《かえい》7）、ペリーは2度目の来航時、4分の1スケールの動く蒸気機関車を幕府に献上した。その、わずか18年後の1872年（明治5）、日本初の蒸気鉄道が新橋・横浜間（28・8㎞）に開通し、長い道のりが約53分に短縮された。

鉄道工事は英国のエドモンド・モレル、木骨石造りの新橋駅舎の設計は米国のブリジェンスによってなされた。

パナソニック電工
汐留シティセンター

汐留川（新橋川）汐留地区（シオサイト）の高層ビルが立ち並ぶ中、かつてと同じ場所、同じ外観の新橋停車場《しんばしていしゃじょう》が㈶東日本鉄道文化財団により再現された。建物内には**鉄道歴史展示室**があり、鉄道発祥《はっしょう》の地としての汐留《しおどめ》の歴史を知ることができる。後ろは汐留シオサイトの高層ビル群。電通ビル等が立ち並んでいる。

明治時代の新橋停車場構内

新橋停車場 大正時代

元烏森駅だった新たな「新橋駅」。今の新橋駅もこちらの場所である。この駅舎は、辰野金吾の設計による万世橋を参考に鉄道院が設計。ルネサンス様式煉瓦造。

歌舞伎座（初代）明治時代

歌舞伎座《かぶきざ》は、時代考証を重視した「演劇改良運動」の流れを受けて開設。日本を代表する歌舞伎の殿堂となる。

初代歌舞伎座は、外見は洋風、内部は和風だった。

ジャーナリストの福地源一郎（桜痴）と千葉勝五郎により、1889年（明治22）開業。

【手彩色絵はがき】

1911年（明治44）、外観が純和風に造り替えられた。このように、明治初期や中期に建てられた日本各地の歌舞伎等の演劇場は、演じられる内容に関わりなく洋風のものが流行したが、後に改築された時に和風のデザインに変えられたというケースが多い。

歌舞伎座（三代目）昭和初期

Kabuki-za Theater, Kobikicho. Kyobashi. (Greater Tokyo)
大歌舞伎の殿堂歌舞伎座（京橋木挽町）　（大東京）

歌舞伎座（四代目）2004年

歌舞伎座（五代目）現代の姿

謹賀新年

二代目の劇場が火災で焼失したため、1925年（大正14）、大きな屋根をもつ桃山風の**三代目の新劇場**が完成。しかし、大空襲により、大屋根が落ち、内部は焼失。

戦後、1951年（昭和26）、修復が完了し**四代目の歌舞伎座**が竣工。興行を再開。しかし、中央の大屋根はなくなった。

2013年（平成25）、高層オフィスビル「歌舞伎座タワー」（高さ145m、地下4階地上29階建て）と地下広場「木挽町広場」を併設した複合施設の**五代目の歌舞伎座**が完成した。

浜離宮 明治後期

渡櫓門
高麗門
IMPERIAL P-LAOE CF OHAMA TOKYO
御濱離宮
（東京名所）

浜御殿の表門は、渡櫓門や高麗門を備えた枡形門であった。1921年（大正11）発行の「東京市全図」では、この橋の名が「汐見橋」となっている。現在の橋は南門橋《みなみもんばし》と呼ばれ、関東大震災後の1926年（大正15）に架橋。

浜御殿《はまごてん》は、寛永《かんえい》年間（1624~44年）までは、将軍家の鷹狩場《たかかりば》で、葦《あし》の生える一面の野原であった。四代将軍家綱《いえつな》の弟で甲府宰相《こうふさいしょう》の松平綱重《つなしげ》がここを譲り受け、下屋敷を建てた。その後、綱重の子の綱豊《つなとよ》が六代将軍家宣《いえのぶ》になったのを機に、この屋敷は将軍家の別邸となり、名称も浜御殿と改められた。

Tokyo- Moon of Detached Palace.
東京名所 御濱御殿の月

明治・大正時代は、カメラの性能の問題ゆえに夜景撮影は困難だった。それで昼間に撮った写真を夜景のように加工した絵はがきが時折見られる。月光だけで長時間露出して撮影していたなら波はこれほどはっきり映らない。

浜離宮恩賜庭園 南門橋 現代の姿

明治維新後、皇室の離宮となり、名称も浜離宮となった。1945年（昭和20）、東京都に下賜され、浜《はま》離《り》宮《きゅう》恩《おん》賜《し》庭《てい》園《えん》となった。

1728年（享保13）、ベトナム生まれの7歳の白象が将軍吉宗に献上された。オランダ船で長崎に着いた象は、江戸までの約1200kmの道程を歩いて行進した。そしてこの象が、浜御殿内に造られた象舎で飼育されていた。一時は江戸に象ブームが起きる。吉宗もはじめ喜んでいたが、飼料代がかかり過ぎるため、1741年（寛保元《かんぽう》）、中野村の農民に払い下げられた。

献上する象に乗る象使い
川鰭実利《かわばたさねとし》画「象之図」に基づく

庭園内には、旧幕府海軍伝習屯所を改築した延遼館《えんりょうかん》という屋敷があり、鹿鳴館が建てられるまで、ここが迎賓館として使用された。1879年（明治12）のアメリカのグラント前大統領（南北戦争を勝利に導いた将軍）の日本訪問時も延遼館が宿舎となった。

銀座「日本初」物語

銀座は文明開化の地であり、「日本初」の店が多い。その一部をご紹介する。

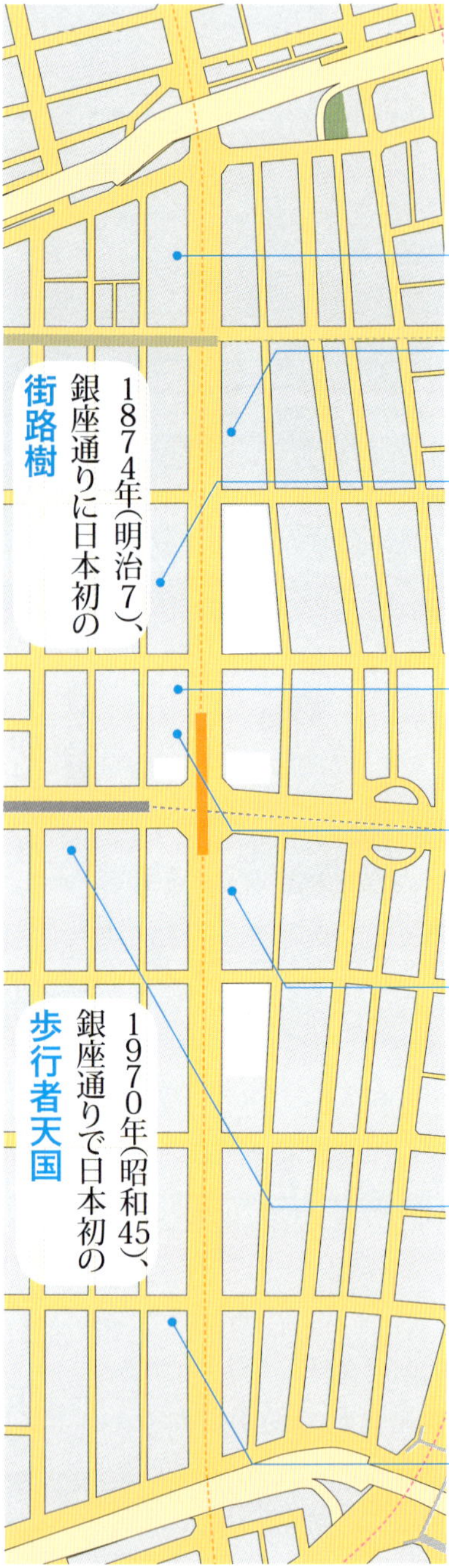
1874年(明治7)、
銀座通りに日本初の
街路樹
1970年(昭和45)、
銀座通りで日本初の
歩行者天国

銀座タニザワ本店 1874年(明治7)創業。**鞄**という漢字を発案。

銀座 伊東屋 1904年(明治37)創業。日本初の文具専門店。

煉《れん》瓦《が》亭《てい》 1895年(明治28)創業。日本で最初に、**とんかつ(ポークカツレツ)**、**カキフライ**などの数々の洋食メニューを考案。

銀座 ミキモト本店 1893年(明治26)世界で初の**真珠の養殖**を成功させた御木本幸吉が1899年(明治32)真珠店を開業。

木村屋總本店 1869年(明治2)創業。日本ではじめて**あんパン**を考案。

銀座 若松《わかまつ》 1894年(明治27)、ぜんざい屋として創業。1930年(昭和5)、**あんみつ**を考案。

銀座千疋《せんびき》屋《や》本店 1894年(明治27)果物専門屋として創業。1913年(大正2)**日本初フルーツパーラー**となる。1923年(大正12)**フルーツポンチ**考案。

資《し》生《せい》堂《どう》パーラー 銀座本店 1902年(明治35)、資生堂薬局内に創業。日本ではじめて**ソーダ水**、**アイスクリーム**を販売。

紙幣寮（明治時代の紙幣の印刷局）。

第11章
日本初のオフィス街 丸の内

江戸時代、丸の内には武家屋敷が広がっていた。1890年（明治23）、この一帯を、三菱の岩崎《いわさき》弥之助《やのすけ》が購入。当初、「三菱ケ原《みつびしがはら》」と呼ばれていた場所に、イギリス風の洋風オフィス街が建設されたため、「**一丁《いっちょう》倫敦〈ロンドン〉**」と呼ばれるようになる。東京駅が完成すると、北にビジネス街の中心が移り、丸ビル、東京海上ビル、郵船ビルなどの近代的なアメリカ式ビルが立ち並び「**一丁紐育〈ニューヨーク〉**」と呼ばれた。

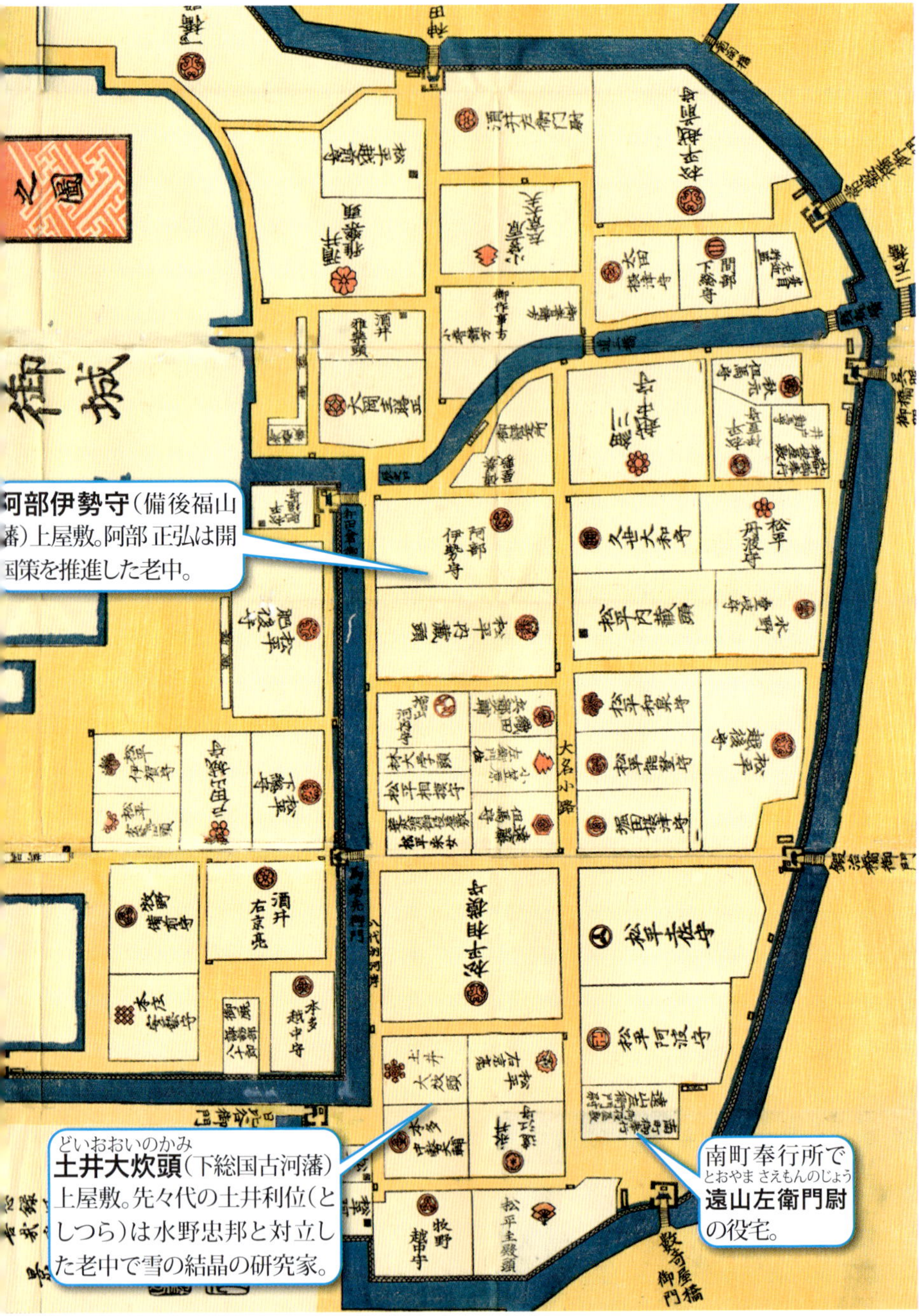
阿部伊勢守（備後福山藩）上屋敷。阿部 正弘は開国策を推進した老中。
土井大炊頭《どいおおいのかみ》（下総国古河藩）上屋敷。先々代の土井利位（としつら）は水野忠邦と対立した老中で雪の結晶の研究家。
南町奉行所で遠山左衛門尉《とおやまさえもんのじょう》の役宅。
御城
大名小路
松平土佐守
松平阿波守
酒井右京亮
牧野越中守
数寄屋橋御門

大名小路《こうじ》 嘉永二年改正尾張屋板「大名小路神田橋内内桜田之図」（1849年）より

遠山左衛門尉、つまり遠山金四郎景元《かげもと》は、いわゆる「遠山の金さん」のモデル。1840-43年に北町奉行、1845-52年に南町奉行を務めた。

丸の内 現代

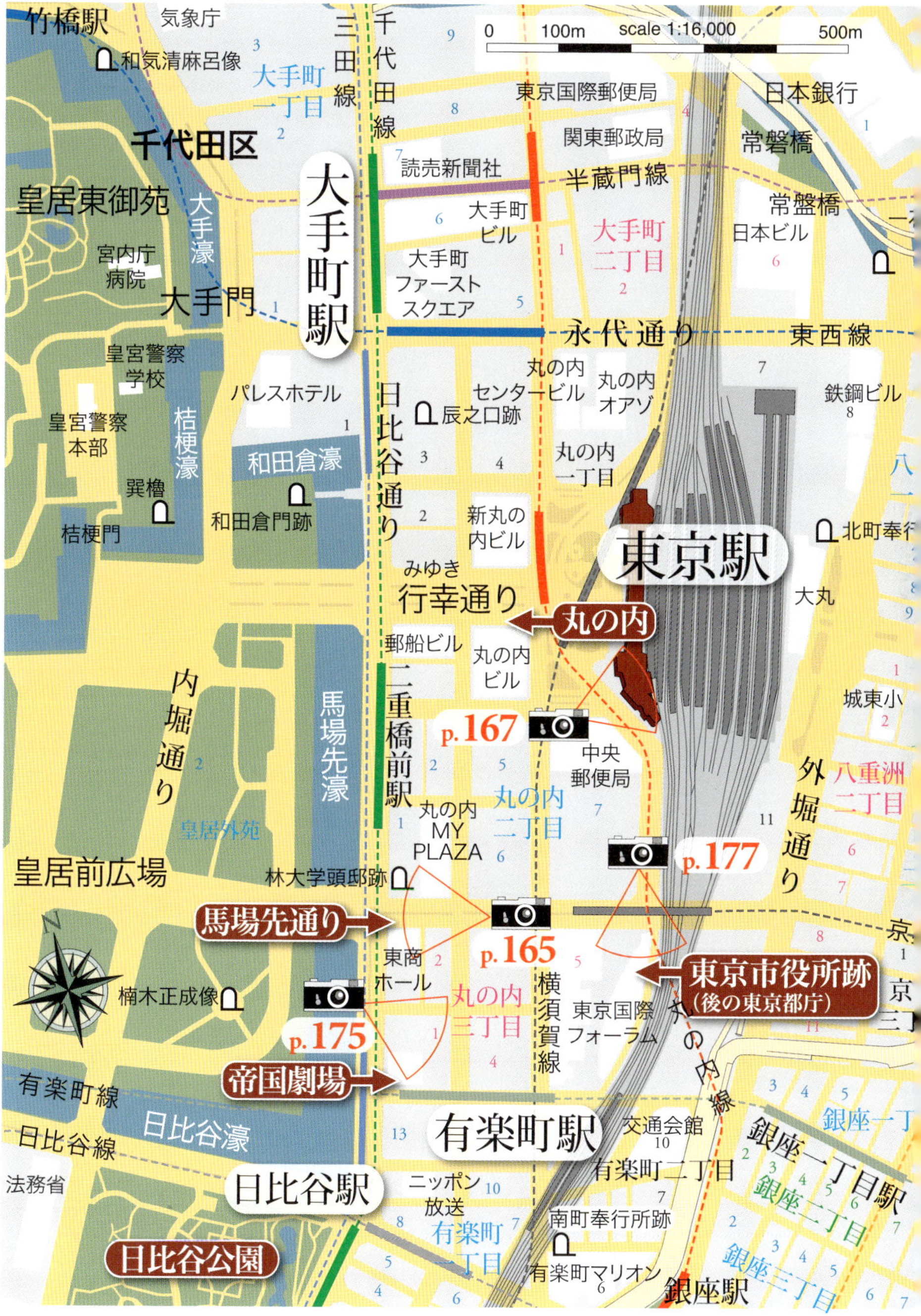

明治維新後、大名小路の大名屋敷は没収され、官庁や軍の庁舎として転用されたり、取り壊されて陸軍の練兵場となった。後に日本で最初のビジネス街として発展する。

第11章　日本初のオフィス街　丸の内

東京駅　昭和初期（関東大震災前）

Tokyo Station Tokyo　東京驛　（東京名所）

The Tokyo Station　東京驛　（東洋第一）

1914年（大正3）竣工の東京駅・駅舎は、堅牢な設計で知られた**辰野金吾**による（辰野**堅固**とあだ名された）。関東大震災を持ちこたえたが、東京大空襲で3階が焼失。駅舎は2階建てとして修復された。2012年（平成24）、東京駅は創業当初の姿に復原された。

赤レンガに白い花崗岩のストライプは、設計者の辰野金吾が好んだデザインで「**辰野式**」と呼ばれている。こうした辰野式のレンガ建築は、大阪市中央公会堂（現存）や旧第一銀行神戸支店（外壁保存『神戸今昔散歩』p.78参照）、旧第一銀行京都支店（復元建築）、旧日本生命九州支店（現存）など、日本各地にある。→p.116「万世橋駅」も参照。

| 神田川 | 上野 | 隅田川・両国 | 浅草・仲見世 | 向島 | 亀戸 | 江戸城・皇居 |

東京駅 2004年

王冠型ドームは、戦後の修復で簡素な八角屋根になった。グラントウキョウノースタワーやグラントウキョウサウスタワーはまだ東京駅の背後にない。

現代の姿

2012年に復原工事は完了し、王冠型ドームの屋根やドーム内部の見上げ部分、また失われていた3階部分が戦前の姿に戻った。

国鉄本社ビル
1952年（昭和27）竣工
2004年（平成16）丸の内オアゾに
修復された
八角形の屋根
派出所は現在、愛知県の博物館
村に移築・保存されている。

東京駅前

昭和30年頃　南から北を眺める

丸の内オアゾ

現代の姿　KITTE6階屋上庭園から

新丸ノ内ビルヂング（新丸ビル）
1952年（昭和27）竣工
2007年（平成19）建替え
日本工業倶楽部
1920年（大正9）竣工
丸の内ビルヂング（丸ビル）
1923年（大正12）竣工
2002年（平成14）建て替え

日本工業倶楽部
会館の正面や内部等が保存・再生されている。
新丸ビル
丸ビル

Looking up Imperial Palace from
Babasaki Street, Tokyo
馬場先通ヨリ宮城ヲ望ム（東京）

馬場先門通り　大正後期

馬《ば》場《ば》先《さき》門《もん》通《どお》りには、1894年（明治27）、英国の建築家ジョサイア・コンドル設計の地階付き3階建ての三菱1号館が建った。次いで2号館、3号館（日本初のエレベーター付きビル）、**東京商業会議所**が建設された。英国風の赤レンガビルが、一丁にわたって立ち並び、**「一丁倫敦」**と呼ばれた。

三菱1、2、3号館と東京商業会議所ができると、「三菱村の四軒長屋」と呼ばれた。

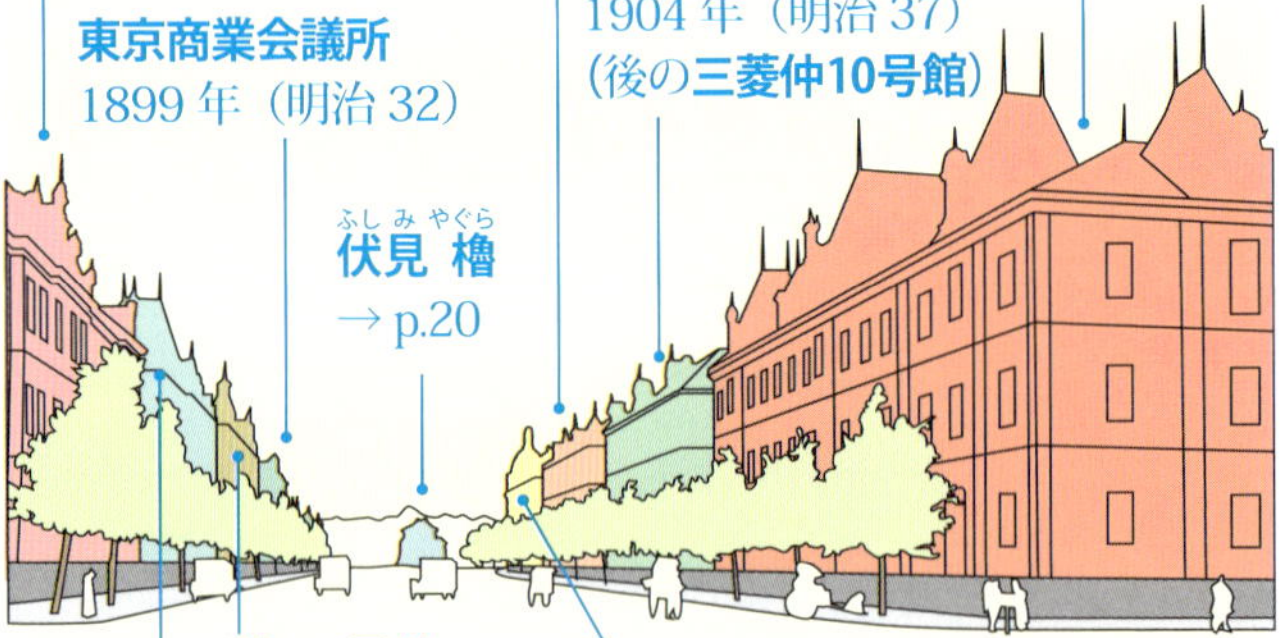
三菱3号館
1896年（明治29）
（後の三菱東7号館）
三菱5号館
1905年（明治38）
（後の三菱仲9号館）
三菱1号館
1894年（明治27）
（後の三菱東9号館）
三菱4号館
1904年（明治37）
（後の三菱仲10号館）
東京商業会議所
1899年（明治32）
伏見《ふしみ》櫓《やぐら》
→ p.20
三菱13号館
1911年（明治44）
（後の三菱仲7号館）
三菱2号館
1895年（明治28）
（後の明治生命館）
三菱12号館
1910年（明治43）
（後の三菱仲8号館）

現代の姿

かつて三菱１号館のあった場所に、明治時代の姿を復元して、2009年に「三菱一号館美術館」として開館した。

三菱一号館美術館 現代の姿

東京銀行集会所 大正時代

銀行集會所
所在地 麹町區永樂町二
工事費 九〇、〇〇〇圓
延坪 一、四〇〇坪餘
延人員 六五、〇〇〇人

ルネッサンス様式の煉瓦造り２階建て。1916 年（大正５）に竣工。設計は松井貴太郎。 渋沢栄一により創設された東京銀行協会のための集会施設。

東京銀行協会 現代の姿

1993 年（平成５)、外壁の西面と南面の２面のみを保存し、高層建築に改築された。外壁を残す「ファサード保存」の先駆けとなった建物。

丸ビル

昭和初期　北東からの眺め

Marunouchi Building in front of Tokyo Station. (Greater Tokyo)　東京驛頭に聳びゆる丸の内ビルデイングの壯觀　(大東京)

現代の姿　南東からの眺め

丸ノ内ビルヂング（通称、丸ビル）は、桜井小太郎の設計による地下1階地上8階建て。1923年（大正12）完成。戦前には、「東洋一のビル」と謳われた。

２００２年（平成14）に地上37階建て、地上１８０ｍの新しい**丸ビル**が完成。低層部は、角《かど》にアール（曲線）のある初代「丸ビル」の面影を残す造りとなっている。お隣の**新丸ビル**も同様に、低層部は初代の新丸ビルのイメージを残しつつ、２００７年（平成19）に建て替えられた。

丸の内空撮　昭和5年

皇居外苑
建築中の明治生命館
三菱１号館
東京市庁舎
丸の内ビル
帝国劇場
邦楽座
日劇ビル
朝日新聞
数寄屋橋
マツダビル

かつては、建築物の高さが「百尺規制」つまり100尺（約30m）に制限されていた。手前には埋め立てられる前の外濠や、それに架かる数寄屋橋が見える。

数寄屋橋　昭和初期

Marunouchi from Sukiya-bridge
日本劇場（日劇）
朝日新聞社東京本社ビル
邦楽座
（一時期、丸ノ内松竹）
戦後のピカデリー劇場
VIEWS OF TOKYO

写真の石造二連アーチ橋の数寄屋橋は1929年（昭和4）竣工。ラジオドラマの『君の名は』で、主人公たちが出会い、何度もすれ違う場面として有名。

現代の姿

DN タワー 21
帝国劇場
東京国際
フォーラム
有楽町センタービル

かつて「一丁倫敦」「一丁紐育」と呼ばれた丸の内は、高層化が今も進んでおり、丸の内再開発計画は「丸の内マンハッタン計画」とも呼ばれることがある。

現代の姿

有楽町センタービル
(有楽町マリオン)
首都高速
消火栓
数寄屋通り
数寄屋橋跡の碑
数寄屋橋公園
岡本太郎作
「若い時計台」
数寄屋通り

外堀は埋め立てられ（首都高速が通る部分）、数寄屋橋も「橋」としては存在しない。「数寄屋橋交差点」や「数寄屋橋公園」「数寄屋通り」にその名残りをとどめている。

帝国劇場　大正時代

1911年（明治44）、実業家の渋沢栄一を発起人として、ルネサンス建築の「本格的な鉄骨造」の西洋式の**帝国劇場（帝劇）**が完成。設計は、日本の鉄骨建築の先駆者となった建築家で、横河グループの創業者でもある**横河民輔**《よこがわたみすけ》による。

58 Board Metropolitan Poliee Theatre Teikokugekijō Tokyo
警視廳及ビ帝國劇場遠望
〔東京名所〕

帝国劇場の定員は椅子席で 1700 名もあった。ドームの上には渋沢栄一の立像が小さく見える。帝国劇場の右のレンガ造３階建ての建物は**警視庁**。鍛冶橋から移転し、1911 年（明治 44）竣工。手前は日比谷濠。これらの洋風建築が濠に映る姿が印象的。

IMPERIAL THEATRE TOKYO.
帝國劇場
（東京名所）

帝国劇場とDNタワー21 現代の姿

DN タワー 21
帝劇
旧第一生命館の正面
に相当する部分

現在の帝国劇場は、1966 年（昭和 41）に竣工。設計者は、谷口吉郎（博物館明治村の初代館長）。

第一生命館 昭和初期

警視庁は、関東大震災で焼失。1938 年（昭和 13）に、跡地に第一生命館が建つ。終戦後、GHQ に接収され、マッカーサーの GHQ 本部が置かれた。1995 年（平成 7）、隣りの農林中金のビルと共に再開発によって DN タワー 21 が建つ。基層部には従来の第一生命館の姿が残されている。

東京市役所 明治後期

TOWN OFFICE TOKYO
東京市役所 （東京名所）

東京市役所は、1889年（明治22）東京府下の中心部（というか東部）の15区が「東京市」となったときの市役所のこと。東京府庁共々、この建物内にあった。1943年、東京市と東京府は合併し東京都となる。

1868年、**東京府庁**が大和郡山藩柳沢家の屋敷跡に開庁する。1894年(明治27)、鍛冶橋の新庁舎に移転。1943年（昭和18）に**東京都**が設置されると、この建物が**東京都庁**として使われた。

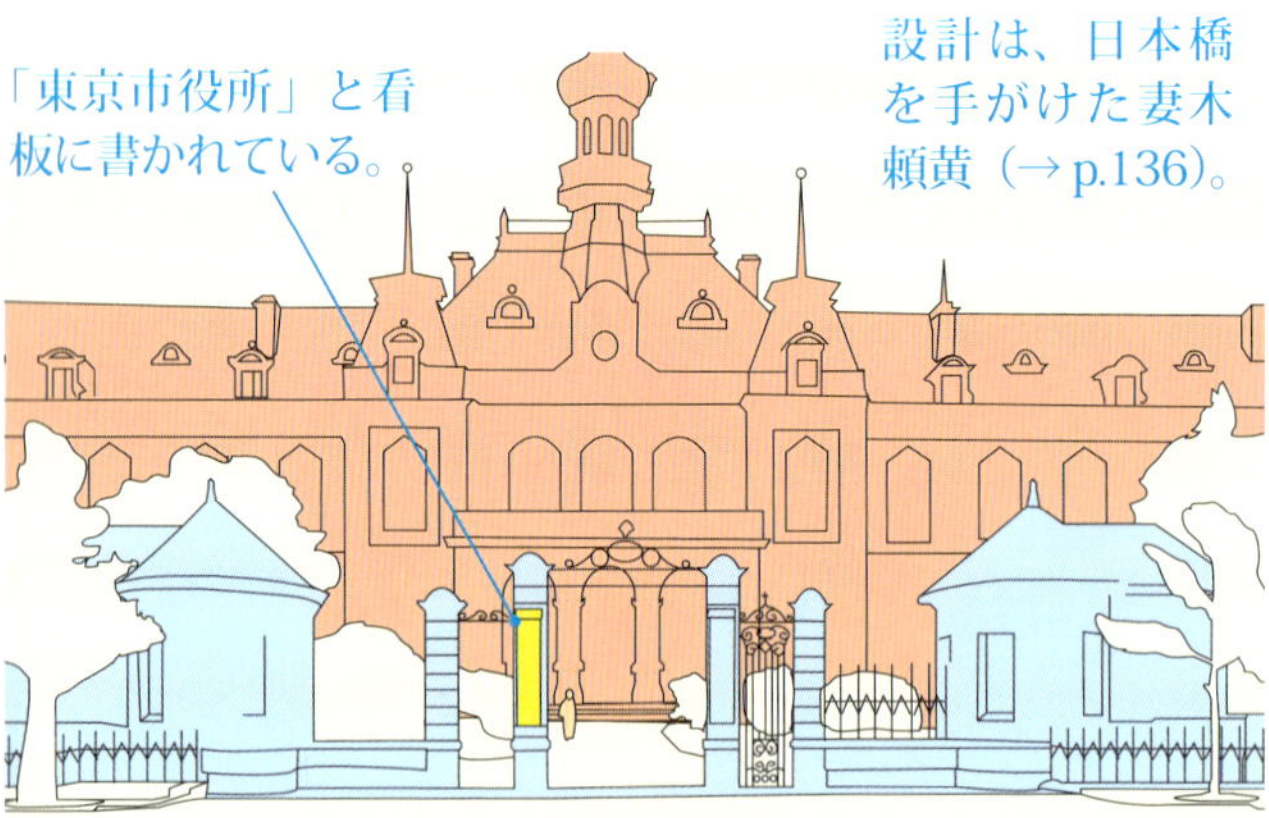
「東京市役所」と看板に書かれている。
設計は、日本橋を手がけた妻木頼黄（→ p.136）。

ドイツ・ルネサンス様式の2階建て鉄骨レンガ造建築。妻木は、工部大学校ではイギリス人コンドルに学び、若い頃アメリカのコーネル大学に留学したが、ドイツ留学後、ドイツ様式を好んだ。

東京国際フォーラム 現代の姿

有楽町の東京市役所（後の東京都庁）跡地には、ラファエル・ヴィニオリ設計による東京国際フォーラムが建っている。設計に際し、日本初の国際公開コンペが行なわれ、50カ国、395案の中から彼の設計が選ばれた。

東京都庁 現代の姿

東京都庁は、1991年（平成3）に新宿副都心へ移転。設計は丹下健三。第一本庁舎は竣工当時、日本一の高さだった。

Kazokukaikan at Tokyo
東京華族會館

華族会館（旧鹿鳴館）明治後期〜大正初期

外務《がいむ》卿《きょう》井上馨《いのうえかおる》が不平等条約改正のため、外国に日本が文明国たることを示そうと建設したのが、この**鹿鳴館**《ろくめいかん》である。薩摩藩《さつまはん》の中屋敷《なかやしき》（装束《しょうぞく》屋敷）跡に、1883年（明治16）竣工。外国の賓客《ひんきゃく》を招き、夜ごと晩餐会・舞踏会を開くも、交渉は捗《はかど》らず、井上は失脚。鹿鳴館は払い下げられ、**華族**《かぞく》**会館**（霞《かすみ》会館の前身）となる。

鹿鳴館の設計は、上野博物館やニコライ堂を手がけたジョサイア・コンドル。正門は薩摩藩中屋敷時代の黒門が使われ、洋館とは著しい対照をなしている。下の黒門の奥にその建物が見える。

ちなみに、日本初のバザーが、1884年（明治17）に鹿鳴館で開催。華族や高官夫人からなる「婦人慈善会」が手工芸品を持ち寄り、入場者は約1万人を越す大盛況。収益金で「有志共立東京病院」（慈恵《じけい》医大病院の前身）所属の日本初の看護婦養成学校が実現した。

現代の姿

帝国ホテル
NBF 日比谷ビル
（旧大和生命ビル）
「鹿鳴館跡」のパネル

鹿鳴館の建物は、1940年（昭和15）に取り壊され、階段の一部が東京大学工学部建築学科に保存されている。現在、NBF日比谷ビル（旧大和生命ビル）と帝国ホテルとの境の壁に「鹿鳴館跡」のパネルがある。

写真の華族会館の右に二代目帝国ホテルが見える。奥に日比谷公園が広がる。現在、その敷地には、大和生命ビルが建つ。

華族会館付近鳥瞰図 昭和初期

日比谷公会堂
日本勧業銀行
華族会館
帝国ホテル
日比谷公園
(Greater Tokyo) Imperial Hotel, Kwangyo Ginko and Public Hall of Tokyo
機上ヨリ見タル帝國ホテル勸業銀行及ビ公會堂 （新大東京名所）
外濠（外濠川）は埋め立てられ、外濠通りとなる。
レンガ張の高架
初代帝国ホテルは外濠沿いに建っていた。
山下橋

帝国ホテル

ライト設計の二代目の帝国ホテル

初代帝国ホテルは、1890年（明治23）竣工。しかし、1922年（大正11）に全焼した。アメリカの建築界の巨匠**フランク・ロイド・ライト**の設計による新館が1923年（大正12）完成した。

上の絵はがきは、ライト設計の二代目帝国ホテルのバンケットホール「孔雀の間」。部屋には、孔雀をモチーフにした彩色画（画面上方）や、大谷石製の孔雀の装飾（青矢印）が幾つも配置されていた。建物内外に古代マヤの遺跡からインスピレーションを得たといわれる幾何学模様の彫刻や、透《すか》しテラコッタによる装飾が施されていた。

初代帝国ホテルの設計者は、渡辺譲《ゆずる》。ドイツ・ネオ・ルネッサンス式木骨レンガ造３階建。

ライト設計の帝国ホテルは、落成披露宴を関東大震災が襲うも無傷であった。1967年（昭和42）に閉鎖され、1970年に、現在の帝国ホテルが完成した。

IMPERIAL HOTEL, TOKYO, JAPAN.
東京帝國ホテル

帝国ホテル 昭和初期

明治村に移築された帝国ホテル

撮影協力：博物館 明治村

博物館 明治村

愛知県犬山市。開館は9:30 ～ 17:00（11 月は16:00 まで、12 月 ～ 2月は 10:00 ～16:00）。毎日開館(12 月～2 月の月曜日と 12/31 は休館)。TEL（0568）67-0314

玄関部分が 17 年間をかけて明治村に移築され、池も再現されて展示されている。

右の写真は、帝国ホテルの1970 年（昭和 45）竣工の新本館。地上 17 階、地下３階。

日比谷公園 野外音楽堂（小音楽堂の前身）

明治時代末から大正時代初期

日比谷公園は、陸軍練兵場跡地に、本多静六の設計によるドイツ式の洋風公園として1903年（明治36）に開園。園内には、1908年（明治41）に日比谷図書館が、1929年（昭和4）には日比谷公会堂が造られ、人々の憩いの場として活用されている。

Hibiya Park at Tokyo
東京日比谷公園

この樹木は今はない。
写真の右端の木は、今も同じ場所に立っている。
野外音楽堂（小音楽堂）

日比谷公園の野外音楽堂（小音楽堂の前身）は、1905年（明治38）に建てられた日本最古の野外音楽堂。開設当初、陸軍戸山学校軍楽隊と横須賀海兵団軍楽隊による定期演奏会が開かれた。現在の大音楽堂（野音）の前身となる音楽堂は、1923年（大正12）に開設された。

日比谷公園 小音楽堂 現代の姿

大正時代と比べると、左に噴水のある大きな池ができている。

日比谷公園のつつじ 大正時代

日比谷公園はつつじの名所としても知られていた。右奥に 1908 年（明治 41）竣工の日比谷図書館が見える。

古い絵はがきの年代推定のヒント

1900年（明治33）に私製はがきの使用が認可されて以来、様々な絵柄の絵はがきが発行され、収集が流行するようになった。絵はがきには大抵、発行日付は書かれていないが、通信面（住所を書く面）の仕様から発行された時期を推定することが可能である。ただし、発行時よりもかなり以前に撮影された写真を使用している場合も多いことや、制度が変わっても古いタイプのものがしばらくは流通しているので、留意する必要がある。

● 通信欄・住所欄間の罫線がない
1900年（明治33）
～1907年（明治40）3月まで

● 通信欄・住所欄間の罫線が1/3
1907年（明治40）4月
～1918年（大正7）3月

● 通信欄・住所欄間の罫線が1/2
1918年（大正7）4月以降～

その他のヒント

● 1933年（昭和8）2月以降
「きかは便郵」→「きがは便郵」

「か」に**濁点**が付く。

●戦前「きがは便郵」右から左
戦後「郵便はがき」左から右

●葉書（国内宛）の料金
明治32年4月～1銭5厘
昭和12年4月～2銭
昭和19年4月～3銭
昭和20年4月～5銭

※ Carte Postale は、フランス語で「郵便はがき」を意味する。これは、フランス語が万国郵便連合の公用語と定められていたため。

T486)
THE HOUSE OF H.I.H. ARISUGAWA-NO-MIYA, TOKYO.
有栖川宮邸

有栖川宮邸 明治時代　九鬼氏の屋敷跡に1884年（明治17）コンドルの設計による洋館。

第12章

大名屋敷から官庁街へ

霞ケ関

かつては外桜田《そとさくらだ》と呼ばれた霞ケ関《かすみがせき》・永田町《ながたちょう》は、江戸時代、有力な諸大名の屋敷が立ち並んでいた。維新直後は、屋敷が外務省《がいむしょう》などの庁舎、公使館《こうしかん》、政府高官や華族《かぞく》の邸宅に転用された。さらに明治初期は陸軍施設が皇居周辺を占め、軍都の様相を呈していた。のちにそれらは、広い軍用地を求めて郊外に移転し、永田町には国会議事堂や首相官邸が、霞ケ関には行政機関が集まり、日本の政治の中枢となる。

霞ヶ関

大老の**井《い》伊《い》直弼《なおすけ》**が、1860年（安政7）、水戸浪士らによって桜田門外で襲撃され暗殺される（桜田門外の変）。桜田門から井伊家の屋敷まではわずか数百メートルの距離であった。井伊家の上屋敷は、国会前庭園となっている。

元治元年改正尾張屋板「外櫻田永田町絵図」（1864年）より

大岡越前守忠相《おおおかえちぜんのかみただすけ》は、八代将軍吉宗の享保《きょうほう》の改革時代の町奉行、寺社奉行。上屋敷は現在、検察庁合同庁舎付近。法務省本館裏には、大岡越前守上屋敷に置かれていた灯籠と庭石が移されている。

※元治元年の頃は、大岡越前守忠相の子孫、大岡忠敬（ただたか）が藩主だった。

ワイド版 東京今昔散歩

霞ヶ関 1907年（明治40）

「東京市全図」

桜田門 / p.189 / p.22 / 日比谷公園 / 司法省 / 大審院 / p.182 / 華族会館 / 帝国ホテル / p.190 / p.180 / 総理官邸 / 貴族院 / 衆議院 / p.184 / 五二館 / 有栖川宮邸 / p.56

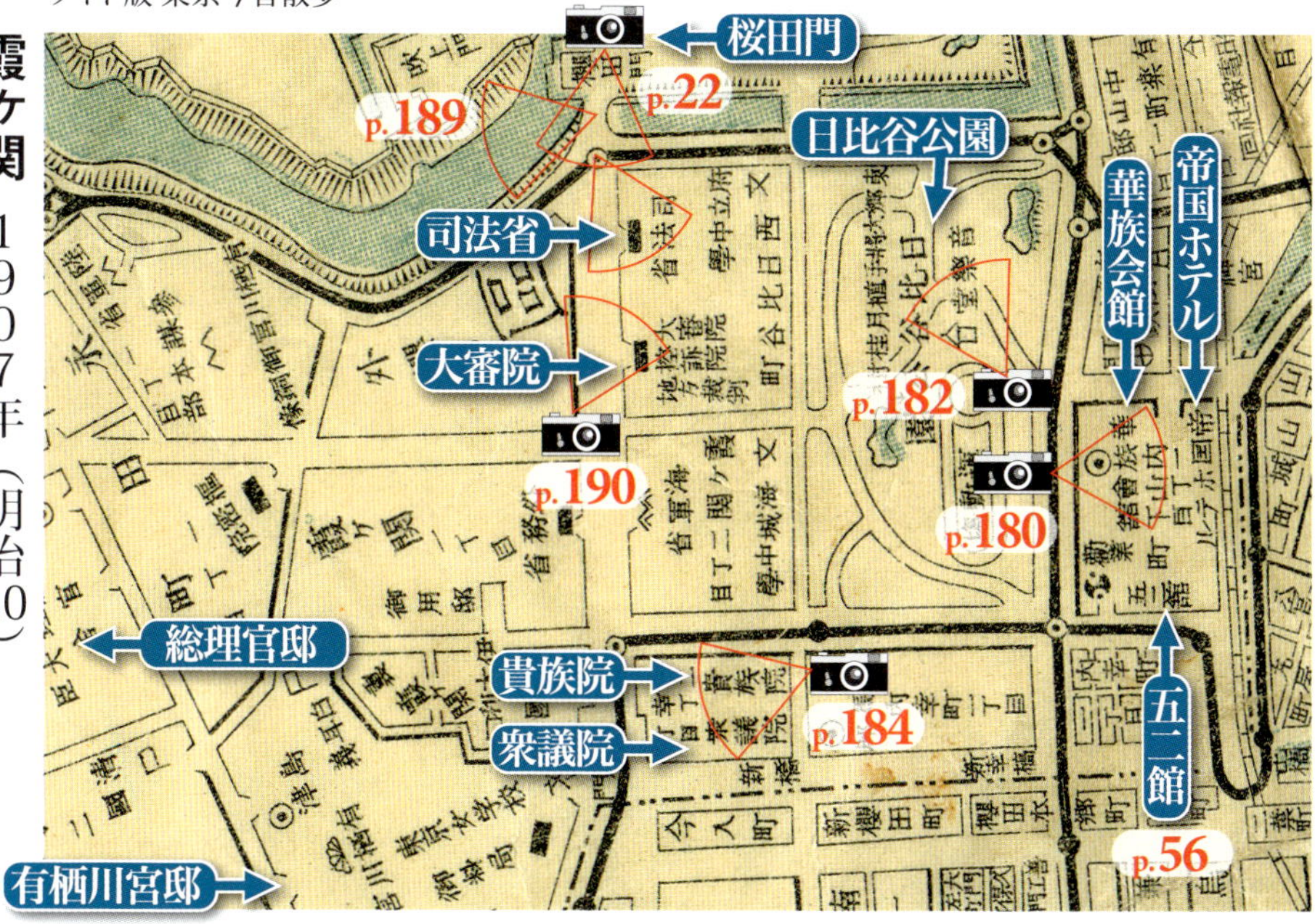

欧風建築の1895年（明治28）司法省、1896年（明治29）大審院竣工。

霞ヶ関 現代

皇居 / 千代田区 / 桜田濠 / p.189 / 桜田門 / p.23 / 法務省 / 帝国ホテル / p.183 / p.181 / p.191 / 日比谷公園 / 国会議事堂

霞ヶ関の庁舎は、年々、高層化や統合化（合同庁舎など）が進んでいる。

芝・高輪　赤坂・四谷　**霞ヶ関 永田町**　丸の内 日比谷　銀座・浜離宮　日本橋・兜町　九段

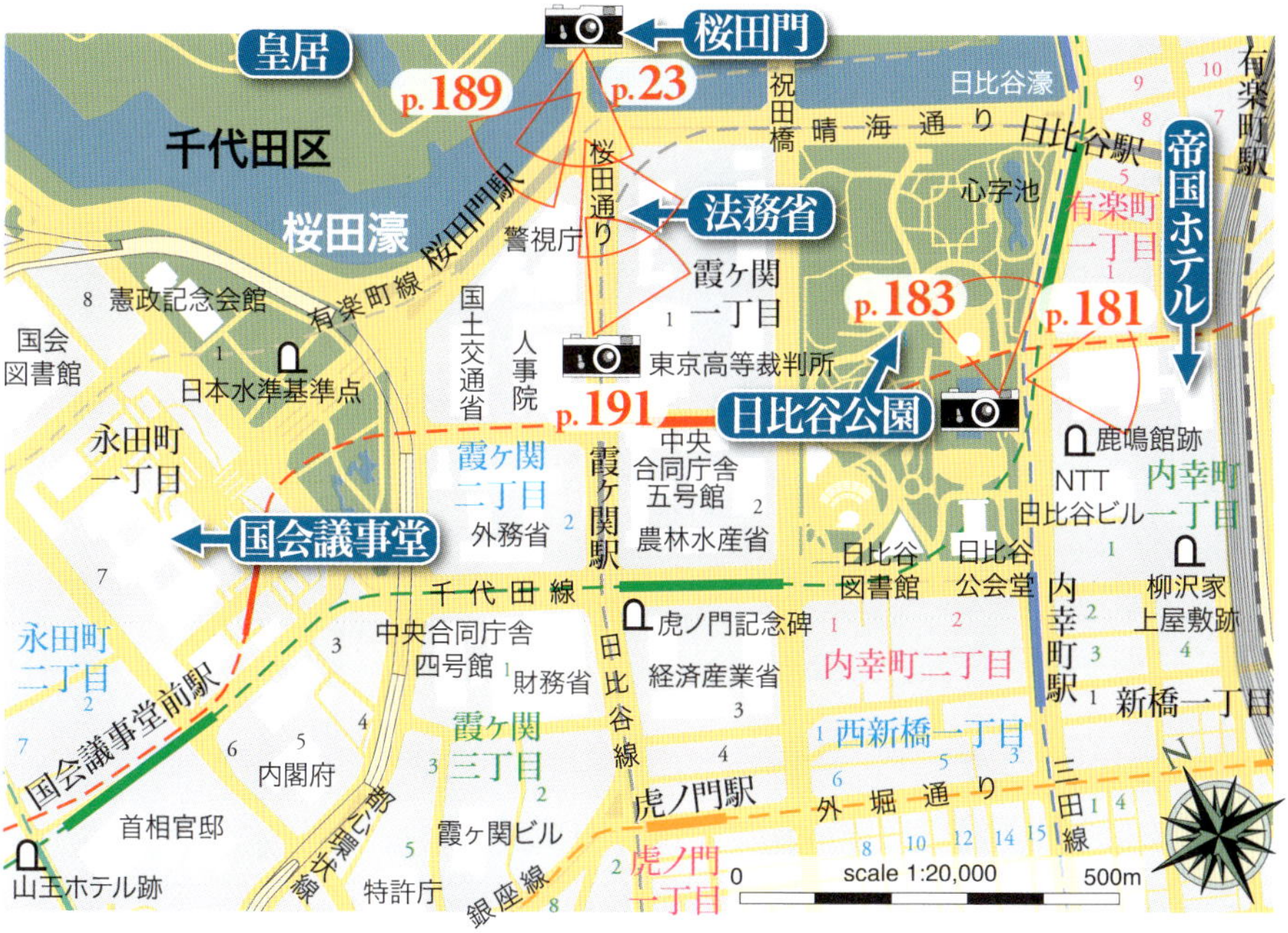

桜田濠　大正時代

General Staff Office,
Looking from Sakurada Gate, Tokyo
陸地測量部
陸軍参謀本部
桜田濠
桜田門→

陸軍参謀本部付近は、幕府創建時は肥後熊本藩52万石の大名・加藤清正の屋敷だった。清正の子忠広の改易後、近江彦根藩の井伊家の上屋敷となる。その場所に1881年（明治14）、ジョバンニ・V・カペレッティ設計によってイタリア・ルネサンス式の陸軍参謀本部が建設された。

桜田濠《さくらだぼり》は、近郷に桜が多く植えられて**桜田郷**《さくらだごう》と呼ばれていたことにちなむ。安政《あんせい》の大獄《たいごく》を行なって反対派を弾圧した開国派大老の井伊直弼《いいなおすけ》が登城途中の桜田門外で、尊攘派の水戸浪士らによって暗殺された。１８６０年（安政７）３月３日の季節はずれの雪の朝だった（**桜田門外の変**）。

The General staff Office

右が陸軍参謀本部。左が陸軍陸地測量部（旧参謀本部）。その間の騎馬像は、初代参謀総長の有栖川《ありすがわ》宮《のみや》熾仁《たるひと》親王。1962年（昭和37）、港区の有栖川宮記念公園に移された。

桜田濠 明治後期 陸軍参謀本部を望む

Headquartei Staff from Sakurada Gate, Tokyo.
東京櫻田門外ヨリ參謀本部遠望

東京市全図 大正11年

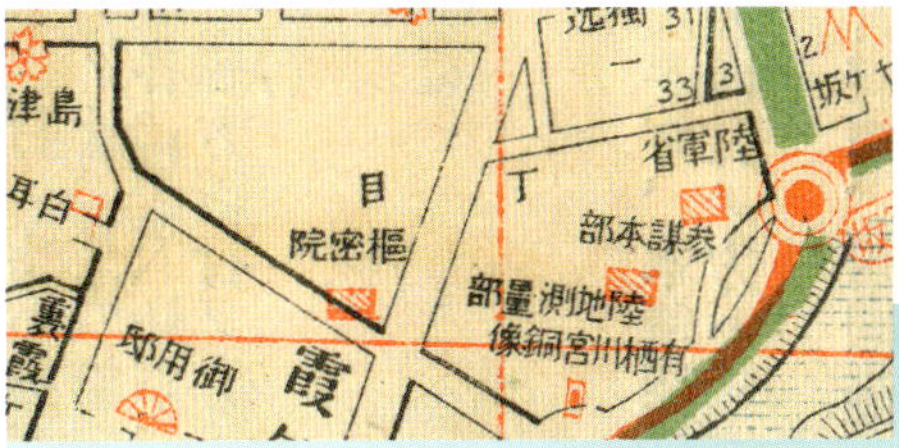
陸軍省
参謀本部
陸地測量部
有栖川宮銅像
樞密院
御用邸

カペレッティの陸軍参謀本部は、後に陸地測量部となり、隣接地に、新たな陸軍参謀本部が建てられた。それらの場所には現在、憲政記念館がある。

桜田濠 国会議事堂を望む 現代の姿

国会議事堂前庭付近（左）も、元は井伊家の上屋敷跡の一部だった。中央に高くそびえるのは、プルデンシャルタワー。その手前の細長い塔は憲政記念館の時計塔。立法、行政、司法の三権分立を表す三角柱となっている。

司法省

北（桜田門側）からの眺め 明治後期〜大正初期

The Judicial department, Tokyo.
司法省
【東京名所】

司法省は、1895年（明治28）竣工。設計は、エンデ、ベックマン、河合浩蔵。ネオ・バロック様式のレンガ造3階建て。**大審院**《たいしんいん》は、1896年（明治29）竣工。ここが、明治時代初期から現在の最高裁判所が設置されるまでの最高の司法裁判所。

外務卿《がいむきょう》の井上馨《いのうえかおる》は、近代国家にふさわしい威容をもつ官庁街を目指し、ドイツのビスマルク宰相の建設顧問だった著名な建築家ヘルマン・エンデとヴィルヘルム・ベックマンを招聘《しょうへい》。官庁集中計画や、議事堂・司法省などの設計を委嘱《いしょく》。財政困難や井上失脚により、計画で実現を果たしたのは、この大審院や司法省、海軍省だけであった。

大審院（この建物は現存せず）
司法省
The Supreme Court Tokyo
大審院
（東京名所）

大審院の右には、**海軍省庁舎**があった。ジョサイア・コンドルの設計により1894年（明治27）に竣工。現在、中央合同庁舎第1号館が建つ。

中央合同庁舎赤レンガ棟（旧司法省／旧法務省）

大空襲でレンガ壁を残して焼失、屋根を簡素なものに葺き替えて使用していたが、1994 年（平成 6）に、屋根も創建時の姿に復元された。

霞《かすみ》**ヶ**《が》**関**《せき》の名は、**日本武尊**《やまとたけるのみこと》が蝦夷《えぞ》からの侵入に備えて設けた関所に由来（他説あり）。特に江戸時代は、福岡藩黒田家上屋敷と広島藩浅野家上屋敷の間の坂を霞ヶ関と呼んでいた。左の浮世絵では、黒田家が右側（現外務省）、浅野家が左側（現警察庁）にあたる。霞ヶ関は、霞《かすみ》たなびく絶景の地で、昔は眼下に築地本願寺や江戸湾を一望できた。

名所江戸百景「霞ヶ関」歌川広重

帝国議事堂（貴族院）第2次仮議事堂　明治〜大正期

THE HOUSE OF PEERS, THE UPPER HOUSE, TOKYO.
貴族院
（東京名所）

場所は現在の千代田区霞が関１丁目（現、経済産業省）。設計は、ドイツ人建築家と吉井茂則（後に大阪停車場、逓信省を設計）による。関東大震災でも、建物本体は無事だったが、1925 年（大正 14）の火災で焼失。

帝国議事堂　第3次仮議事堂　大正時代

The Imperial Houses of the Diet.
帝國議事堂
（大東京）

国会議事堂と陸地測量部 昭和初期

明治・大正の建築界の大御所の二人（妻木頼黄と辰野金吾）が議事堂設計の主導権を争うも、二人の存命中は議事堂建設は予算等の理由で行なわれなかった。後のコンペで、渡辺福三の案が１等に当選するが、吉武東里、大熊喜邦が実質的設計に当たったといわれている。

国会議事堂 昭和初期

外装には御影石、内装には大理石を用い「白亜の殿堂」と呼ばれる。高さ65・45 mの塔屋は、竣工当時は日本一の高さを誇った。

最初の仮議事堂は、第1回帝国議会召集の前日、１８９０年（明治23）の11月24日に完成した。しかし翌年1月に火災で焼失。**第2次仮議事堂**は、１８９１年の10月に完成（右ページ上の写真）。それもまた火事で焼失。**第3次仮議事堂**が、１９２５年（大正14）に建てられた（右ページ下の写真）。こうして、木造の仮議事堂が何度も火災に遭い、その都度再建されたが、ようやく陸軍参謀本部の隣接地に、１９３６年（昭和11）現在の鉄骨鉄筋コンクリート造の新議事堂が完成した。

江戸の三十六見附

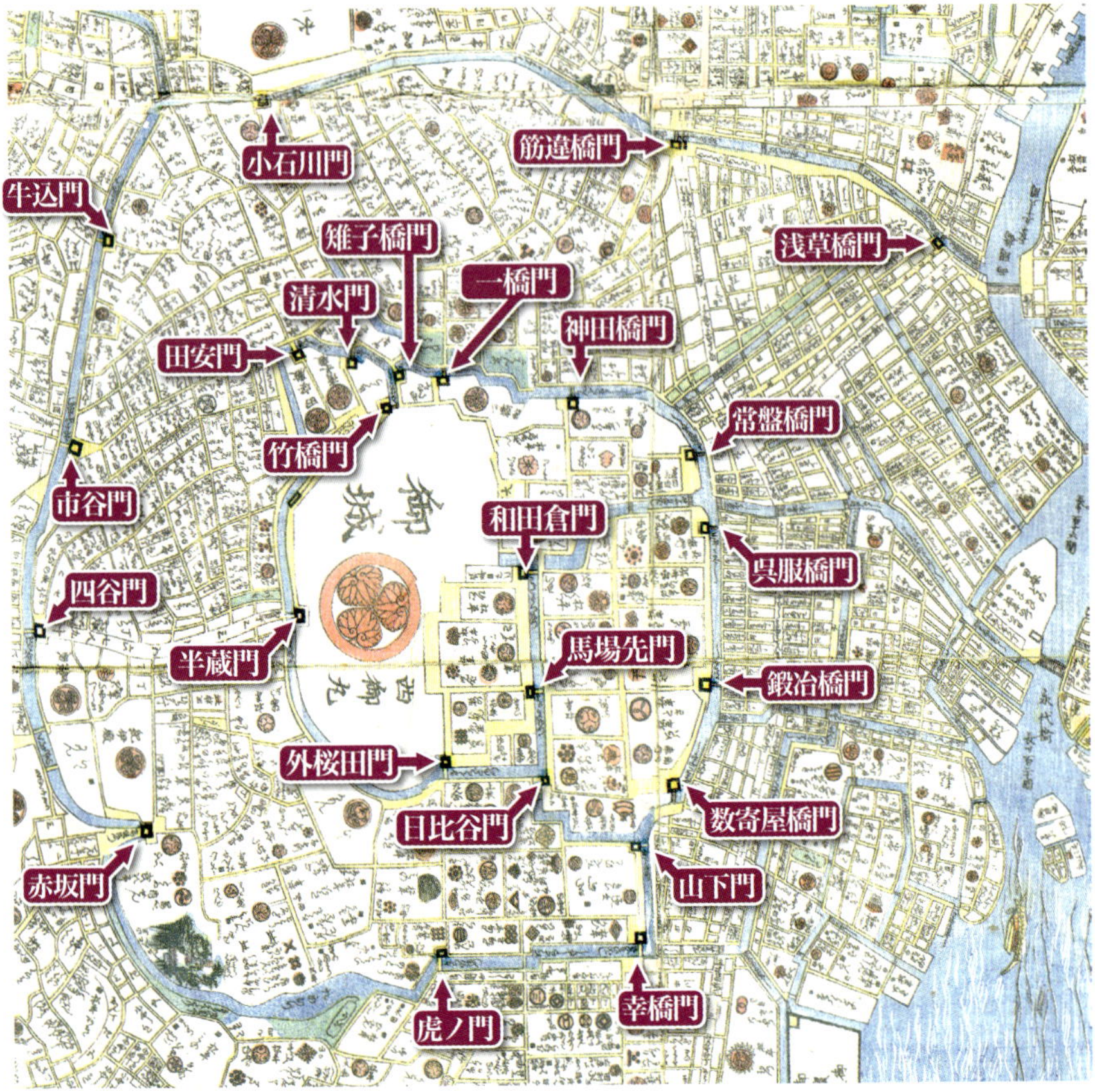
小石川門
筋違橋門
牛込門
雉子橋門
浅草橋門
清水門
一橋門
神田橋門
田安門
竹橋門
常盤橋門
市谷門
御城
和田倉門
呉服橋門
四谷門
半蔵門
馬場先門
鍛冶橋門
西御丸
外桜田門
日比谷門
数寄屋橋門
赤坂門
山下門
幸橋門
虎ノ門

四谷《よつや》見附《みつけ》、赤坂《あかさか》見附《みつけ》、牛込《うしごめ》見《み》附《つけ》といった地名の**見附**《みつけ》とは、「みつける、見張る」番所のある門のこと。江戸城は内外の濠で防御されていたが、濠に架かる橋は、見附によって厳重に守られ、各々の見附は大名・旗本が警備の責を負っていた。俗に「江戸三十六見附」と呼ばれるが、厳密に36カ所あったとは限らない。江戸時代の地図では、太線の四角で表わされている。明治に入ると交通の妨げとされ、すべて撤去されたが、各地に部分的に石垣が残っている。

Cherry Blossoms in Benkeibashi Akasaka, Tokyo.
（東京名勝）赤坂辨慶橋の櫻花

赤坂見附から見た弁慶橋 明治後期

第13章

江戸城の西の守り 赤坂・四谷

徳川家康は、日本橋を起点とした東海道・中山道・奥州街道・日光街道を整備したが、甲州街道だけは、江戸城陥落のような危急時に備え、甲府城まで落ち延びるための脱出ルートの機能を持たせた。

沿道には鉄砲百人組（新宿の百人町）や、八王子千人同心（八王子千人町）を配置。要所には赤坂見附、四谷見附といった見張り所が通行を厳重に見張っていた。

赤坂・麴町

元治元年改正尾張屋板「外櫻田永田町絵図」（1864年）より

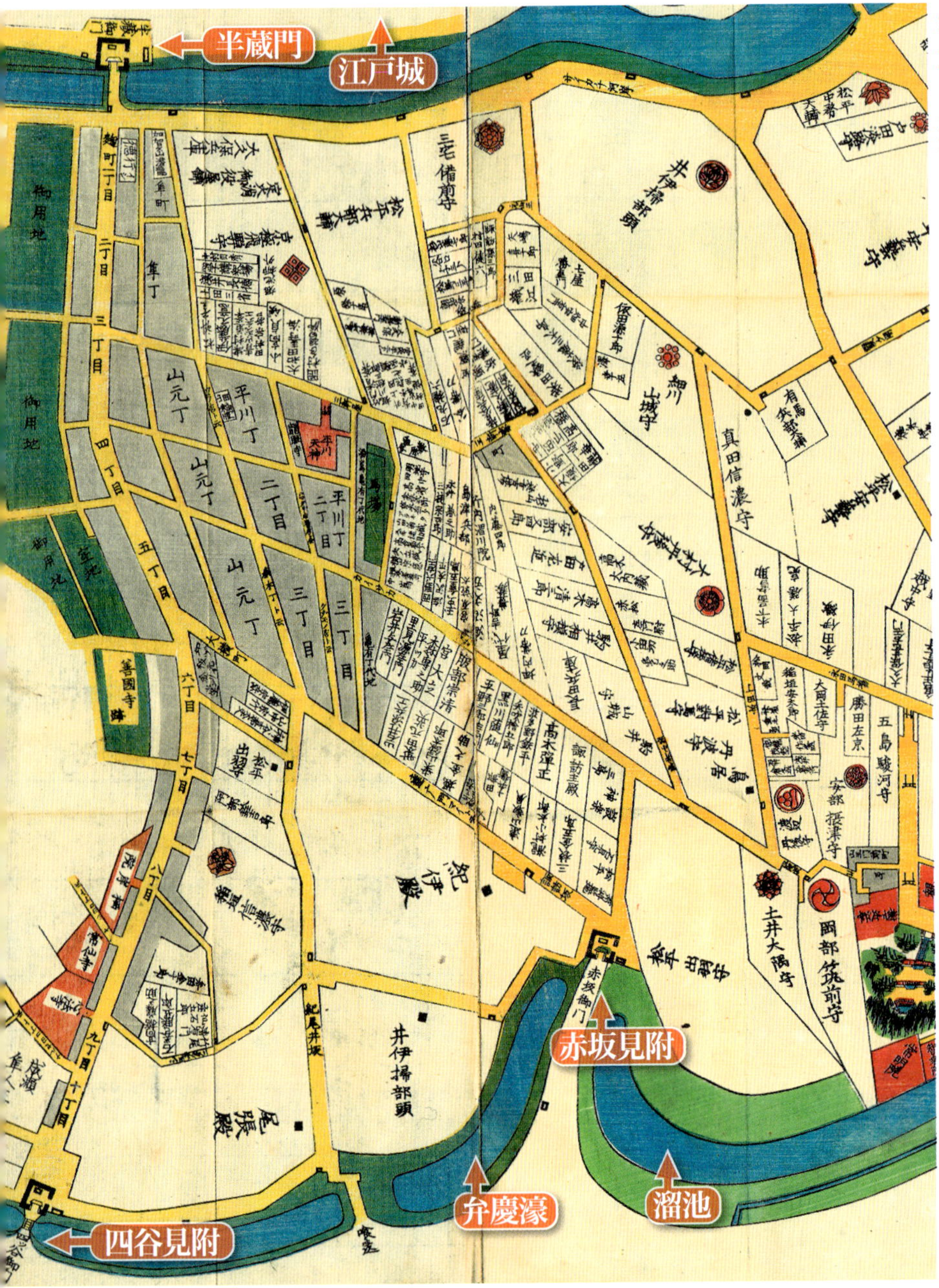

半蔵門は、徳川家康の旧臣でこの門の警備を任ぜられていた服部正成（まさなり）・正就（同じ読みで、まさなり）父子の通称、服部半蔵（いわゆる伊賀忍者の頭領）に由来。

赤坂・麹町 現代の姿

江戸城の西の半蔵門から四谷見附に至るまでの甲州街道沿いにできた町人町を「糀村（こうじむら）」と呼んだ。麹町に加えて、番町、永田町、霞ケ関、皇居、丸の内を「麹町区」といった。

赤坂見附　大正後期～昭和初期

向こう側は紀尾井町
1881年（明治14）頃に植えられた桜
赤坂見附のあった付近
弁慶橋
Akasaka-mitsuke, Tokyo.
東京赤坂見附

赤坂《あかさか》見《み》附《つけ》は、江戸城36見附の一つ。1639年（寛永16）完成。1872年（明治5）に取り壊されたため、この写真にはない。この絵はがきで見ても、弁慶橋の擬宝珠（ぎぼし）の形がまちまちである（→ p.200）。

赤坂《あかさか》という地名は、「茜山《あかねやま》（赤根山）への坂」（現在の紀《き》伊《の》国坂《くにざか》）に由来する説や、「赤土《あかつち》の坂《さか》」由来説など諸説ある。かつての大名・武家屋敷は、一流ホテルやTBS本社ビルなどが立ち並ぶ国際的なビジネス街へと変貌を遂げた。

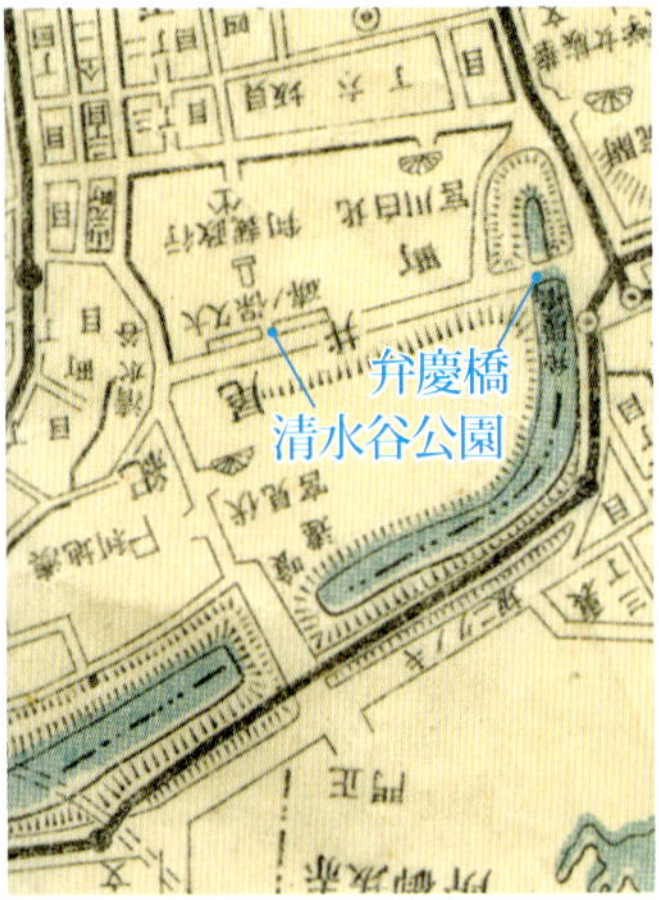
弁慶橋
清水谷公園

「東京市全圖」
1907年（明治40）
紀州徳川家→北白川邸、尾張家→墺地利（墺太利 オーストリア大使館）、井伊家→伏見宮邸になった。

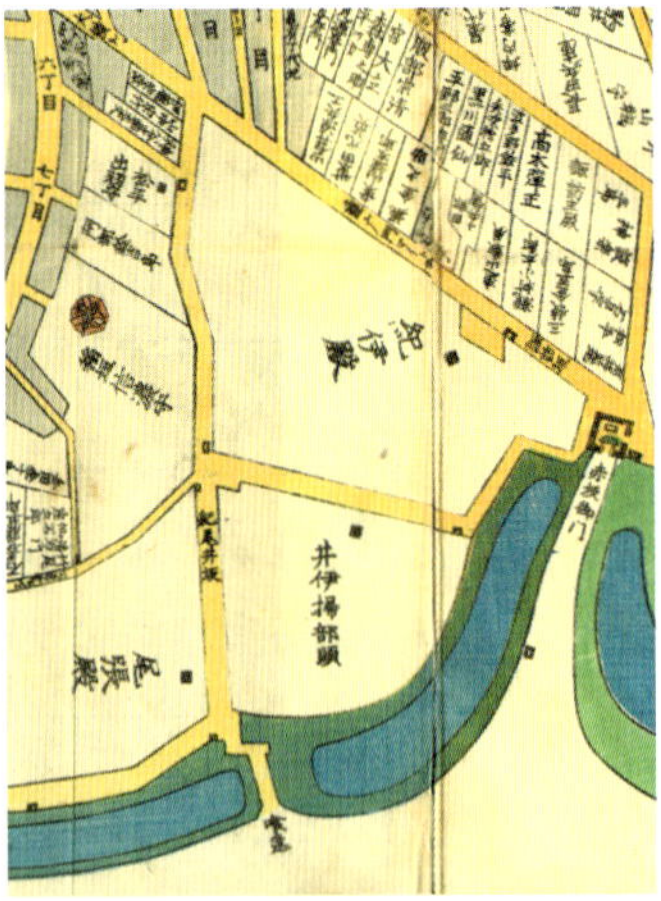

紀尾井町
江戸切絵図
紀州徳川家中屋敷、**尾**張徳川家中屋敷、彦根**井**伊家中屋敷の文字を取って**「紀尾井町」**になった。

赤坂見附 現代の姿

赤坂見附

頭上には、首都高速道路が走る。右奥は、都道府県会館。

赤坂見附跡 現代の姿

赤坂プリンスホテル
旧館（旧李王家邸）

枡形門の石垣が一部残っている。石垣西端に几号（→ p.124）がある。

弁慶橋

明治時代後期

弁慶橋《べんけいばし》は、義経《よしつね》の家来「武蔵坊弁慶《むさしぼうべんけい》」とは無関係。寛《かん》永《えい》年間（1624〜44）の江戸城普請《ふしん》時の名匠として当時知られた大工の棟梁《とうりょう》、**弁慶小左衛門**《べんけいこざえもん》が由来。弁慶作の東神田・藍染《あいぞめ》川の「弁慶橋」が濠の埋め立てで廃橋となり、1889年（明治22）、ここに移設された。弁慶濠も弁慶によって築造されたため二重の意味で、「弁慶橋」である。

擬宝珠《ぎぼし》とは、ネギ坊主のような橋の装飾のことで、幕府管理の格式ある公儀橋《こうぎばし》のしるし。明治生まれの弁慶橋に、この擬宝珠が付いていたのは、かつての筋違橋《すじかいばし》、浅草橋、神田橋、一ツ橋から集められたため。そのため、少しずつ形が異なる（下図）。昭和60年の橋の改修で、新しいものに取り替えられた。

擬宝珠という名の由来は、模擬の「宝珠（ほうじゅ）」から来たという説や、ネギ坊主を模したものという説もある。宝珠とは、五重塔などの仏塔の先端の装飾。北の丸公園の日本武道館の頂上にも擬宝珠がある。

弁慶橋 現代の姿

橋を進むと清水谷公園が右手にある。左奥にホテルニューオータニがある。

紀尾井町上空写真 昭和40年代

1964年（昭和39）開業のホテルニューオータニが建っている場所は、井伊家の中屋敷跡（p.198地図参照）。さらに昔は、加藤清正の下屋敷だった時代もある。

清水谷公園　明治時代後期

清水谷公園は、紀伊家、井伊家の屋敷の境に位置し、清水が湧き出ていたことから「清水谷」と呼ばれた。1878年（明治11)、明治政府の中心的人物であり、参議兼内務卿（今の内閣総理大臣に相当）の**大久保利通**が不平士族に襲われた。世に言う**紀尾井坂の変**である。1884年（明治17)、その死を悼んで哀悼碑が造られた（実際に暗殺された場所はやや弁慶橋寄りである)。

現代の姿

1890年（明治23）、この碑の周囲に公園が造られた。桜の名所の一つ。この古写真では、三人の娘が並んでポーズをとっている。両側には露店が出ている。

四ツ谷

明治後期～大正初期　四谷見附より陸軍士官学校を望む

1889年（明治22）、私鉄甲武鉄道《こうぶてつどう》（現在のJR中央線）が立川・新宿間に開通。四ツ谷駅付近では土手の斜面が削られて線路が敷かれた（現在の中央線普通電車の線路）。外濠は関東大震災後に埋め立てられてしまった。

この付近の外濠は、関東大震災の復興時のがれきを処分したため、埋め立てられた。

【手彩色絵はがき】

外濠の向こうの市ヶ谷台は、かつては尾張徳川家の上屋敷。維新後、陸軍士官学校となり、戦時中は陸軍参謀本部も置かれた。現在、防衛省の諸機関があり、日本の防衛の中枢である。

四ツ谷駅 現代の姿 新四谷見附橋からの眺め

外濠の跡地は、野球場などの運動施設や、土木学会施設、中央線快速のホームや線路になった。よって快速のホームは普通電車のと比べて低い。

四谷見附周辺図

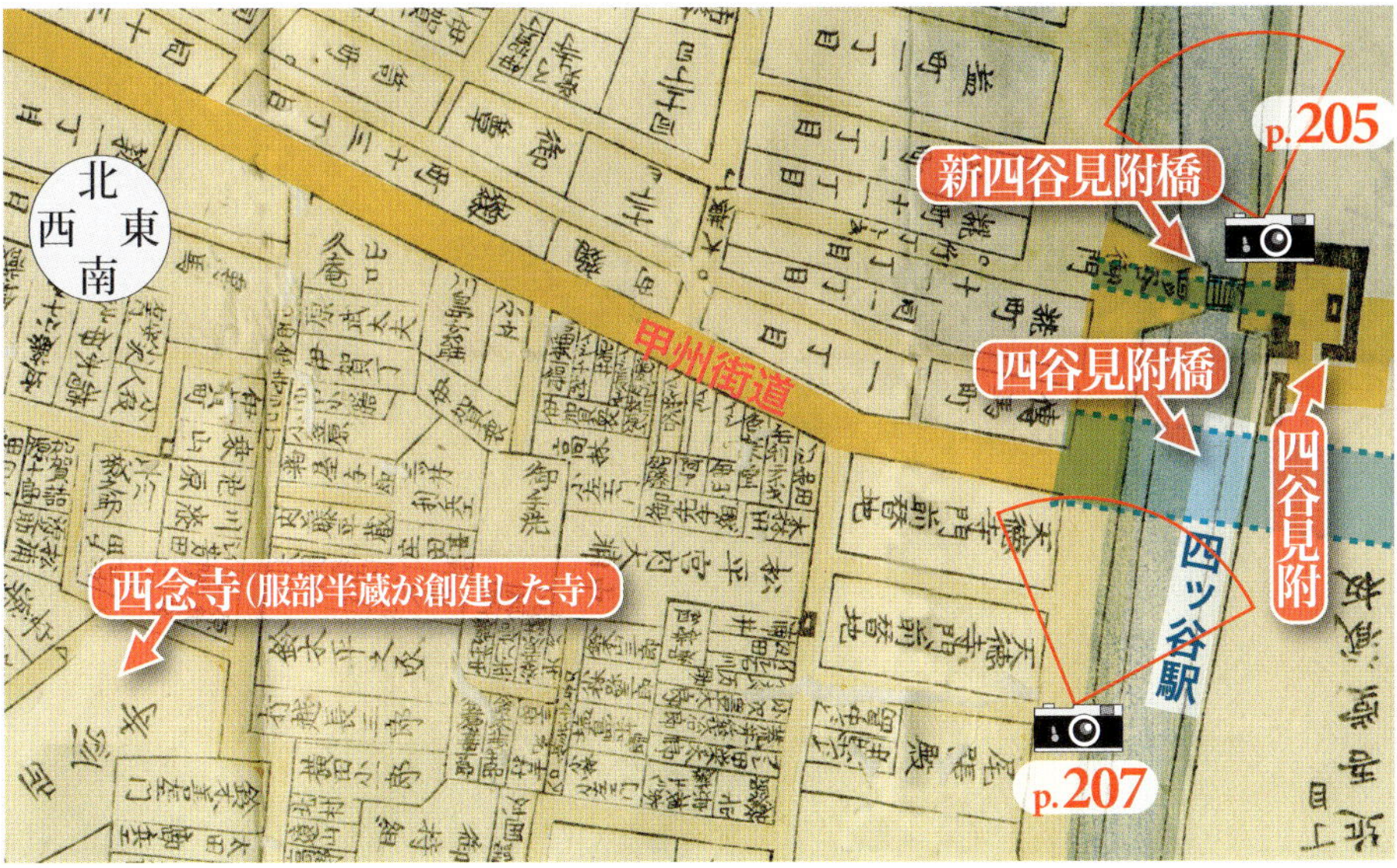

江戸時代、**四谷見附**は敵がストレートに侵入しないように甲州街道からずれている。明治時代、道を直線にするため、**四谷見附橋**が架けられた。**新四谷見附橋**が昔の四谷見附の場所に相当する。

四谷見附橋　大正時代　南西からの眺め

B-185 YOTSUYA MITSUKE, Tokyo.
附見谷四
雙葉学園
消防署の櫓（やぐら）
消防第三分署
四谷見附橋
四ツ谷駅
まだ残っていた外濠の一部

四谷見附橋《よつやみつけばし》は、1913年（大正2）竣工。10月5日に開橋式が行なわれた。1909年（明治42）完成の赤坂《あかさか》離宮《りきゅう》のデザインに対応した、ネオ・バロック調の装飾が高欄《こうらん》や橋灯《きょうとう》、橋名板《きょうめいばん》に施され、当時はモダンな橋として名所となった。

消防第三分署（現在の麹町消防署）1881年（明治14）、都内に6カ所設置された「消防分署（現在の消防署の前身）」の一つ。

雙葉学園の最初の校舎は、1910年（明治43）竣工。設計はチェコ人の建築家のヤン・レツル（レッツェル）。上智大学聖堂、広島県物産陳列館（後の産業奨励館・現、原爆ドーム）を手掛けている。

櫻の附見谷ツ四京東
The Cherry blossoms at the
Yotsuyamitsuke Tokyo.

右はJR四ツ谷駅「四ッ谷口」近くにある**「四谷停車場桜植樹記念碑」**。1896年（明治29）、四ッ谷駅から堀端まで桜の植樹が行われ、桜の名所として知られていた。今は外濠の堤の遊歩道が桜の名所として知られる。

四ツ谷見附橋 現代の姿

現在の橋は旧来のデザインを残しつつ、新たに架け替えられたもの。1991 年（平成３）の 10 月５日が開橋式。

多摩ニュータウンの長池見附橋 現代の姿

四谷見附橋は文化的価値から多摩ニュータウンに移設され、1993 年（平成 5）の 10 月 5 日に開通式が行なわれた。名は長池見附橋となったが、橋名板は大正時代のまま四谷見附橋である。池は橋の姿が水面に映るため、姿池と呼ばれる。

東宮御所　大正時代

紀州《きしゅう》藩の上屋敷のあった場所に、1909年（明治42）、東宮御所《とうぐうごしょ》が建てられた（東宮とは皇太子のこと）。明治を代表する建築家、片山東熊《かたやまとうくま》の設計による日本で唯一のネオ・バロック様式の洋風建築物。後に赤坂離宮《あかさかりきゅう》と改称された。

TOGU GOSHO AT TOKYO
東宮御所
（東京名所）

赤坂離宮正門哨舎《しょうしゃ》　銅板葺《どうばんぶき》のドームを載せた、しゃれたデザインの哨舎。明治時代のものは、犬山市の明治村に移設されている。上の絵はがきでは銅板葺を赤く着色しているが（完成直後だったのだろう）、左の現在の写真では緑青で薄緑色になっている。

内部はベルサイユ宮殿、外部はバッキンガム宮殿を模した石造りの洋館。門の装飾には、菊の紋章が見られる。

迎賓館 現代の姿

羽衣の間—舞踏室
(Hagoromo-no-Ma, used as Ball Room)

国立国会図書館 羽衣の間 1950年頃

戦後、**国立国会図書館**（1948～61年）として用いられ、その後、「法務庁法制意見長官」「裁判官弾劾裁判所」「内閣憲法調査会」「東京オリンピック組織委員会」となる。1974年（昭和49）以降、**迎賓館**となり、首脳会談、表敬訪問、レセプション等の外交の場として用いられている。

お台場今昔

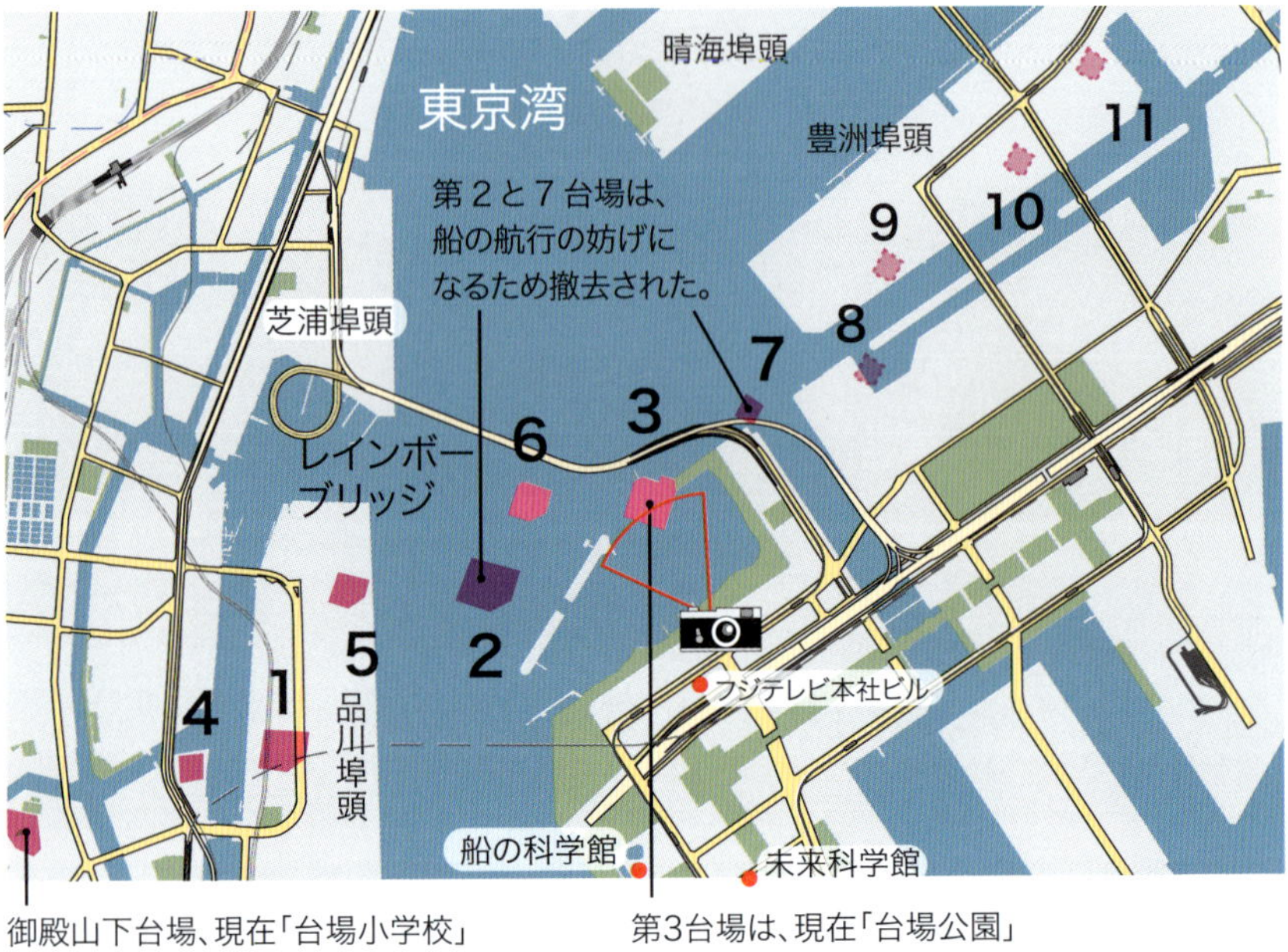
晴海埠頭
東京湾
豊洲埠頭
第２と７台場は、
船の航行の妨げに
なるため撤去された。
芝浦埠頭
レインボー
ブリッジ
品川埠頭
フジテレビ本社ビル
船の科学館
未来科学館
1
2
3
4
5
6
7
8
9
10
11
御殿山下台場、現在「台場小学校」
第3台場は、現在「台場公園」

第６台場
レインボーブリッジ
第３台場

台場《だいば》（通称お台場《だいば》）は、ペリー艦隊の来航により、江戸湾防衛の必要を感じた幕府が、伊豆韮山《にらやま》の代官・江川太郎《えがわたろう》左衛門英龍《ざえもんひでたつ》に命じて造らせた海上砲台の品川台場（品海砲台）に由来する。第11台場まで計画されたが、実際に工事が行なわれたのは第7台場まで（未完）。東京湾の埋め立てのため、現存するのは、第3・6台場のみである。

Temple of Tokugawa Shiba Park Tokyo.
東京芝徳川御靈屋

崇源院霊廟　大正時代【手彩色絵はがき】

第14章 徳川家霊廟　芝

芝《しば》増上寺《ぞうじょうじ》は、徳川将軍十五代のうち6人の霊廟《れいびょう》、及び将軍の正室や側室たちの墓があり、日光東照宮《にっこうとうしょうぐう》に劣らぬ壮大な建築物が立ち並んでいた。しかし、東京大空襲で多くが焼失。古写真から、その壮麗な姿を垣間みることができる。

戦後、荒れ地となっていた霊廟跡に、西武グループの東京プリンスホテルが建設。残っていた宝塔《ほうとう》は一カ所に集められた。さらに、二代秀忠《ひでただ》（台徳院《だいとくいん》）の霊廟の門は、西武のユネスコ村跡に建てられた狭山不動尊《さやまふどうそん》に移築・保存されている。

芝

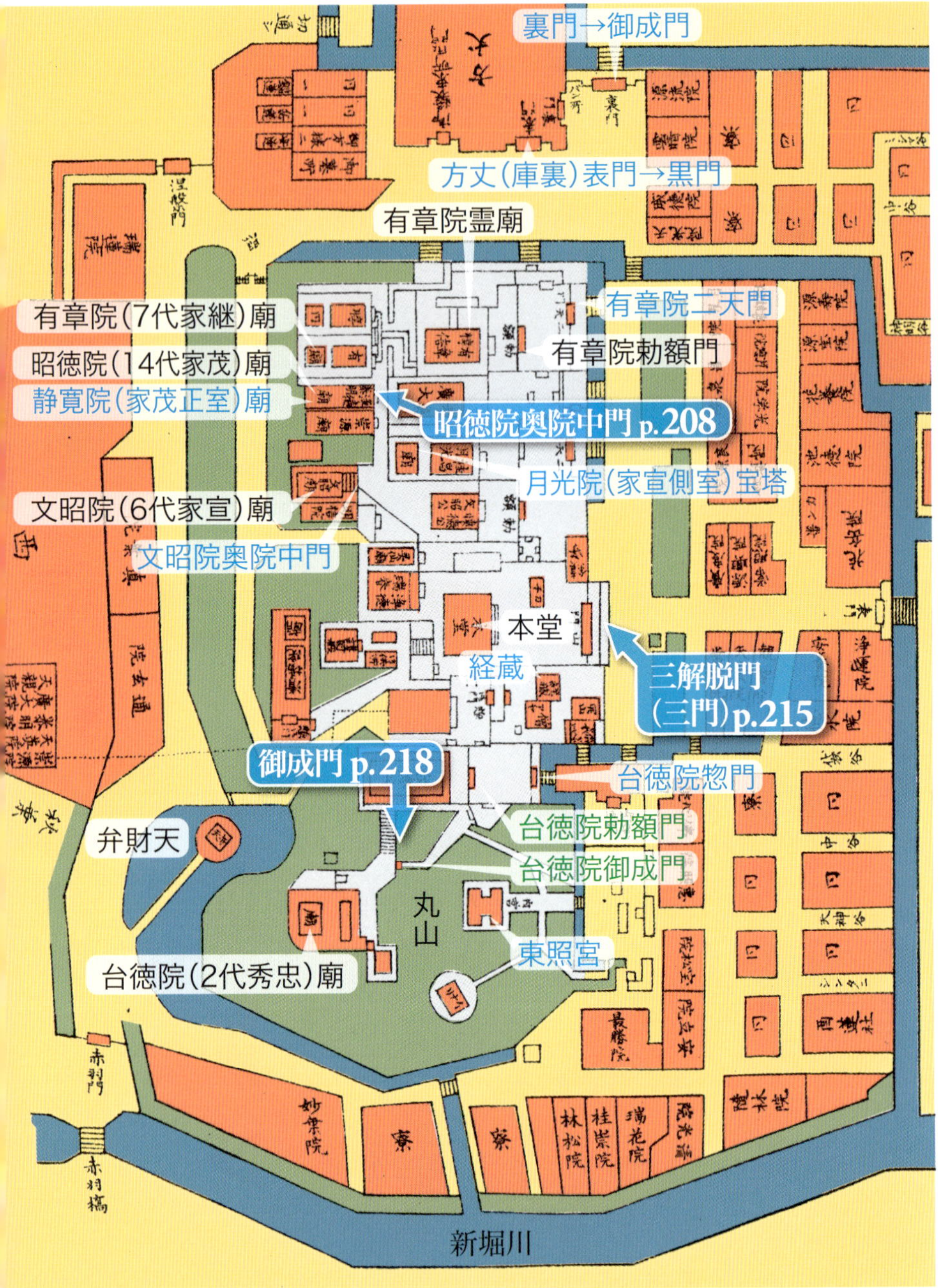
裏門→御成門
方丈（庫裏）表門→黒門
有章院霊廟
有章院二天門
有章院（7代家継）廟
有章院勅額門
昭徳院（14代家茂）廟
静寛院（家茂正室）廟
昭徳院奥院中門 p.208
月光院（家宣側室）宝塔
文昭院（6代家宣）廟
文昭院奥院中門
本堂
経蔵
三解脱門
（三門）p.215
御成門 p.218
台徳院惣門
台徳院勅額門
弁財天
台徳院御成門
丸山
東照宮
台徳院（2代秀忠）廟
新堀川

「東京名所図会 芝公園」（明治30年）収載の天保年間調整之図に基づく（彩色は著者）

芝は江戸時代、徳川家菩提寺の増上寺関連施設で埋め尽くされていた。維新後、敷地の多くは芝公園となる。大空襲で多くの建物が被災。1958年（昭和33）、将軍や側室の遺体は調査後、現墓所に改葬された。

増上寺周辺 現代

徳川家霊廟の拡大された配置図は217ページ参照

正則高校
御成門小
芝公園
裏門が移設され「御成門」として知られる。
御成門駅
御成門
芝中・高校
芝公園
芝公園三丁目
配置図①
p.217
宝塔は移設され徳川家霊廟に改葬された。
有章院廟 二天門
東京プリンスホテル
芝公園一丁目
慶應義塾大学共立キャンパス
東京タワー
徳川家霊廟
文昭院奥院中門が移設され、現在の徳川家霊廟入口の「鋳抜門」となる。
配置図②
p.217
港区役所
都営三田線
もみじ谷
増上寺墓地
p.216下
鐘楼
熊野社
方丈（庫裏）の表門移設（黒門は通称
大殿
清揚院霊廟の水盤舎を移築。
増上寺
三門
水盤舎
黒門
p.215
経蔵
配置図③
p.219
芝公園四丁目
台徳院廟 惣門
ザ・プリンスパークタワー東京
芝公園二丁目
伊能忠敬記念碑
赤羽橋駅
東照宮
芝丸山古墳
芝公園
新堀川
都営大江戸線
芝公園駅
芝公園競技場
N
scale 1:5,300
0
300m
芝三丁目

芝丸山古墳は東京都内に現存する古墳としては、最古級（紀元4世紀頃）・最大級（推定全長100m以上）の前方後円墳と考えられている。

増上寺山門（三門・三《さん》解《げ》脱《だつ》門《もん》）大正後期～昭和初期

Zojioji temple Shiba, Tokyo
東京芝増上寺山門

増上寺山門（三門、三解脱門）は江戸初期に入母屋造り、朱漆塗で造られたが、1614年（慶長19）に強風のため倒壊。1622年（元和8）再建。1873年（明治6）や、その後の火災で増上寺本堂は焼失したが、山門は江戸時代の再建時のものが、今も現存する。

写真にあるような幌（ほろ）付きの人力車を発明したのは銀座の秋葉大助だった（→ p.150）。
三田・日比谷間の路面電車は、1904年（明治37）開業。

増上寺が14世紀に創設された当初は、現在の紀尾井町にあった。1598年（慶長3）、江戸城拡張に伴って芝に移る。徳川家の菩提寺として、増上寺の関連施設が芝の一帯を占めていた。

増上寺山門（三門・三解脱門）現代の姿

桜の季節には、増上寺の境内は花見客でにぎわう。

増上寺山門と黒門 現代の姿

東京タワー
愛宕フォレスト
タワー
東京慈恵会
医科大学
附属病院
愛宕 MORI
タワー
山門（三門）
有章院二天門

増上寺黒門　江戸時代初期の建築。黒漆塗であったために黒門と呼ばれた。元は少し北にあった方丈（住職の住居）の正門だったものを移築した。

徳川家霊廟 昭徳院奥院中門　明治時代後期

奥院中門では、六代将軍家宣（文昭院）のもののみ現存し、移設されて現在の徳川家墓所入口（鋳抜き門）に使われている。上の絵はがきの Six Shogun temple が正しいなら、下の鋳抜き門と同じはずだが、模様が違う。実ははがきの題が違っており、十四代家茂・昭徳院のものである。

徳川家墓所入口の鋳抜き門 現代の姿

配置図②
現在の徳川家霊廟
二代 秀忠
六代 家宣
十四代 家茂
七代家継
静寛院
九代家重
合祀塔（将軍生母・側室）
十二代家慶
鋳抜き門
p.216下

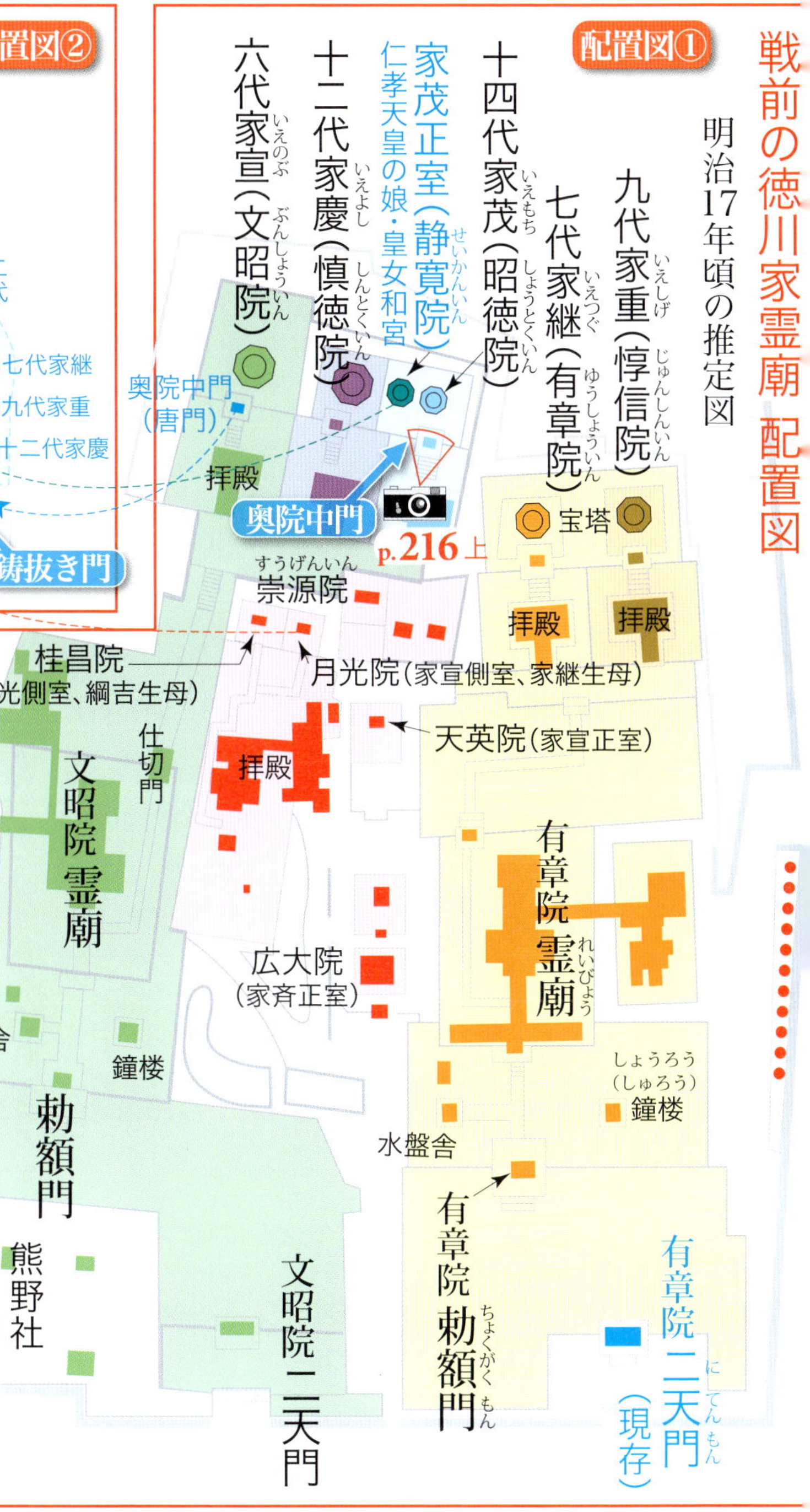

戦前の徳川家霊廟 配置図
配置図①
明治17年頃の推定図
九代家重《いえしげ》（惇信院《じゅんしんいん》）
七代家継《いえつぐ》（有章院《ゆうしょういん》）
十四代家茂《いえもち》（昭徳院《しょうとくいん》）
家茂正室（静寛院《せいかんいん》）
仁孝天皇の娘・皇女和宮
十二代家慶《いえよし》（慎徳院《しんとくいん》）
六代家宣《いえのぶ》（文昭院《ぶんしょういん》）
奥院中門（唐門）
拝殿
奥院中門
p.216上
宝塔
拝殿
拝殿
崇源院《すうげんいん》
桂昌院（家光側室、綱吉生母）
月光院（家宣側室、家継生母）
天英院（家宣正室）
仕切門
文昭院霊廟
拝殿
有章院霊廟《れいびょう》
広大院（家斉正室）
水盤舎
鐘楼
鐘楼《しょうろう（しゅろう）》
水盤舎
勅額門
熊野社
有章院勅額門《ちょくがくもん》
文昭院二天門
有章院二天門《にてんもん》（現存）
N

空襲によって荒れ地となっていた霊廟跡に残されていた宝塔は、現在の徳川家霊廟の場所に集められた。

台徳院（二代秀忠）の御成門　明治後期　拝殿側から霊廟方向を見る

Otamaya bridge from Onari-gate.
（東京名所）二代将軍御成門ヨリ御霊家橋ヲ望ム

かつて二代将軍秀忠《ひでただ》（台徳院《だいとくいん》）の壮麗な霊廟が増上寺の南にあった。多くの建物は戦災で焼失したが、惣門《そうもん》や御成門《おなりもん》、勅額門《ちょくがくもん》は生き延び、往時の華麗さを垣間みせている。

飛天の彫刻や絵画が多く描かれていて、天人門といわれた。

御成門《おなりもん》とは、寺院や大名屋敷において、天皇や将軍が「御成《おな》り」になる時に使う専用の門。

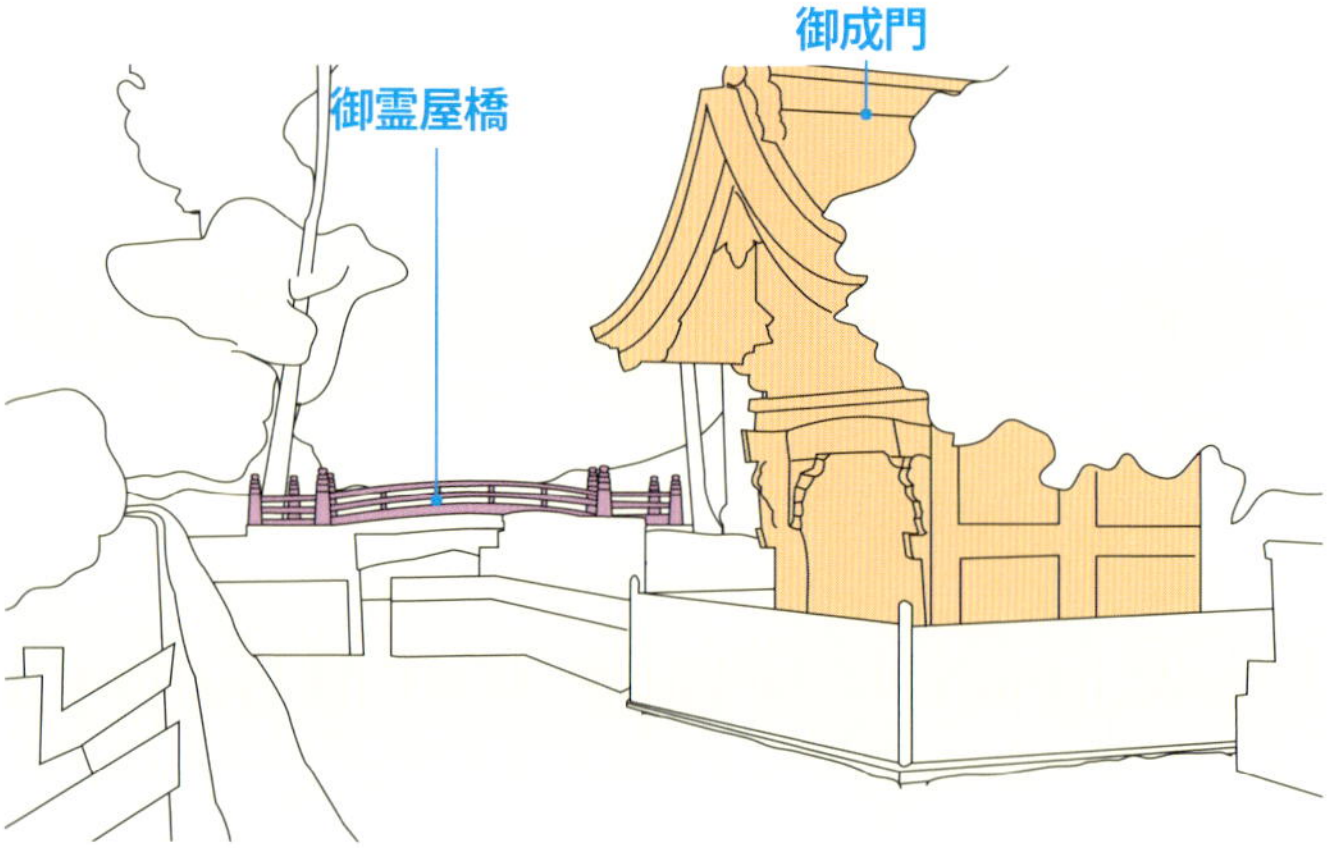
御成門
御霊屋橋

「御成門」の地名は、増上寺の北側の旧裏門（現存）の方の御成門に由来。1892 年（明治 25）の道路拡張で少し南（今の御成門交差点近く）に移された。

台徳院霊廟および水盤舎 大正時代

水盤舎とは手水（ちょうず）で手を洗うための場所。

台徳院の**勅額門**《ちょくがくもん》、**御成門**《おなりもん》、**丁子門**《ちょうじもん》は戦災をまぬがれた。後に、西武球場前駅そばの狭山不動尊に移築された（左は、戦災前の芝の台徳院霊廟配置図）。

台徳院（二代秀忠）霊廟配置図 明治中期

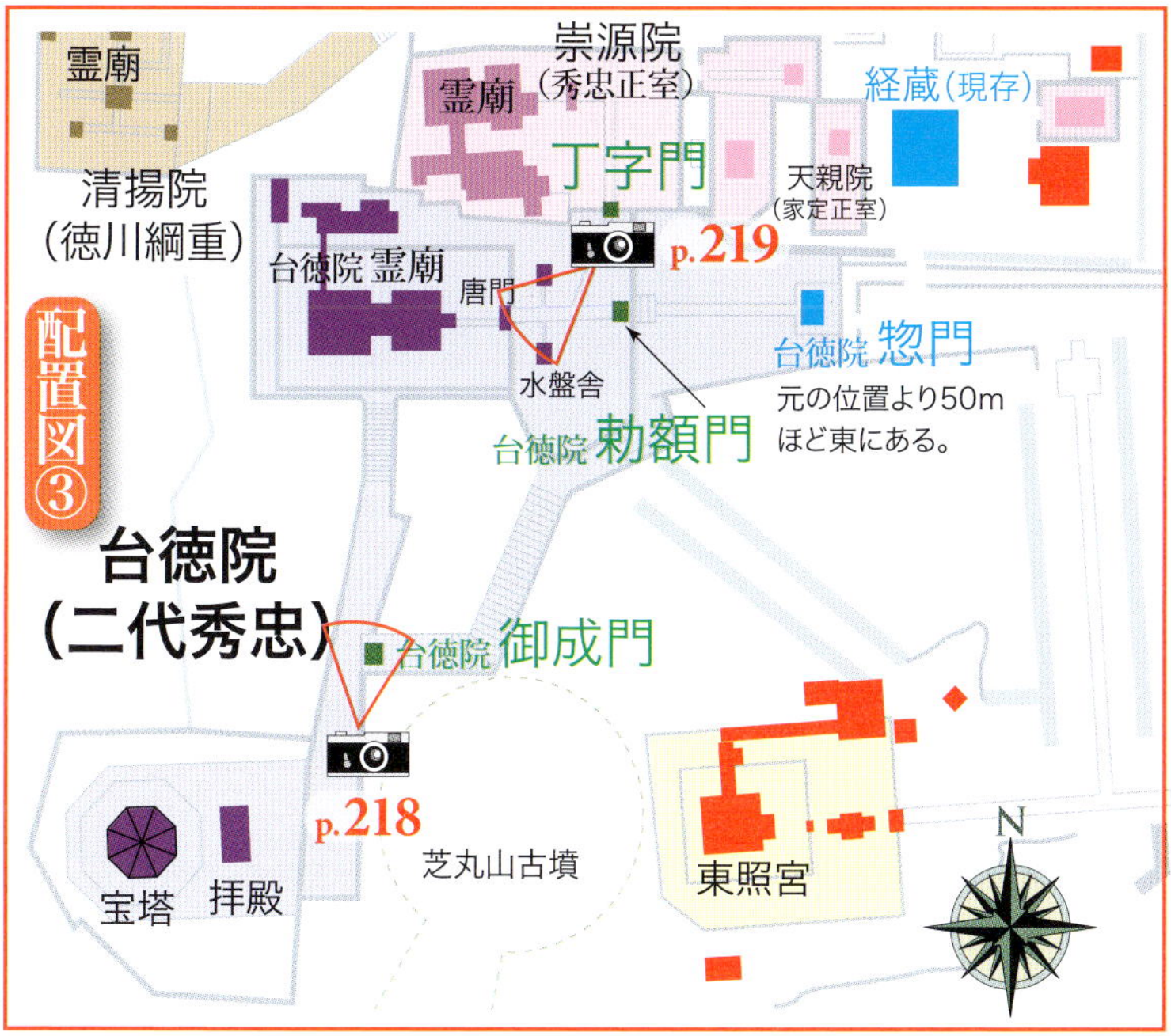
配置図③
霊廟
清揚院
（徳川綱重）
崇源院
（秀忠正室）
霊廟
丁字門
経蔵（現存）
天親院
（家定正室）
p.219
台徳院 霊廟
唐門
水盤舎
台徳院 惣門
元の位置より50m
ほど東にある。
台徳院 勅額門
台徳院
（二代秀忠）
台徳院 御成門
p.218
芝丸山古墳
宝塔
拝殿
東照宮
N

高輪・三田

松山藩の松平（久松）隠岐守中屋敷には、大石主税他10人が預けられた。

福沢諭吉の慶應義塾は、1871年（明治4）に芝から移転した。

三河岡崎藩の水野監物（けんもつ）の中屋敷に、赤穂浪士9人が預けられた。

済海寺 幕末に、フランス公使館が置かれた。

尾張屋の切絵図で、家紋は上屋敷（藩主の住む本邸）を、■は中屋敷（隠居した藩主や嫡子の屋敷）を、●は下屋敷（郊外の別邸、荷揚所、貯蔵所）を表わす。

熊本藩細川越中守の中屋敷には、大石内蔵助他17人が預けられた。

高輪の大木戸 伊能忠敬が全国測量の基点とした。

泉岳寺 浅野長矩と、討ち入りをした赤穂浪士達の墓がある。


嘉永三年改正尾張屋板「高輪邉繪圖」（1850年）より。

1702年（元禄15）、討ち入りの後に泉岳寺に着いた赤穂浪士は、細川越中守、松平隠岐守、水野監物、毛利甲斐守の4家（図中の赤枠）に預けられ、翌年切腹を命じられた。赤穂浪士10人が預けられた、長州藩毛利甲斐守の上屋敷（図の範囲外）には、現在、六本木ヒルズが建つ。

高輪・三田 現代の姿

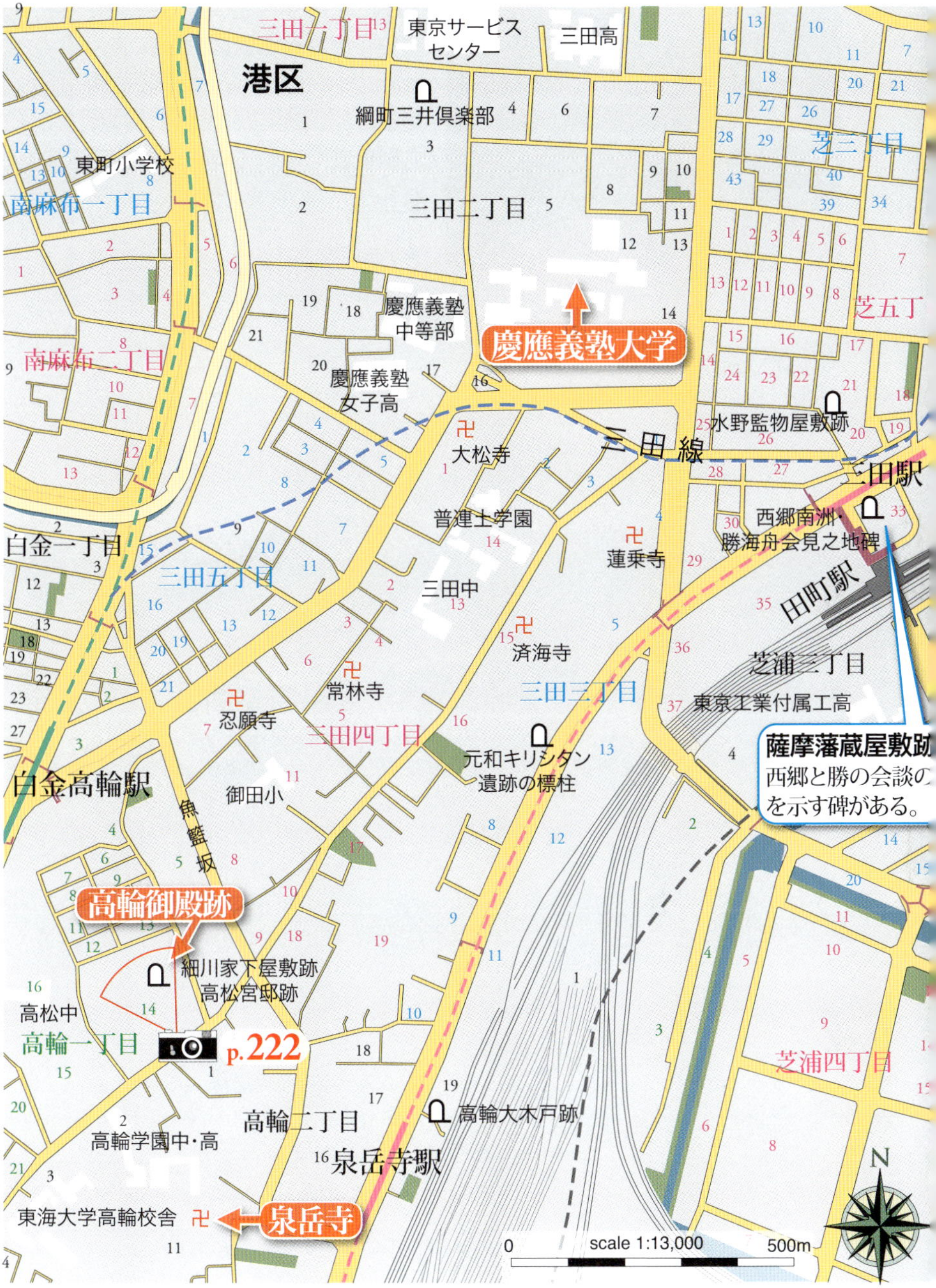

田町駅や泉岳寺駅より東は、かつては海だった。新橋・品川間に鉄道が通った時には、海中に土手を築いて線路を敷設した。工場用地とするため、東側は次々と埋め立てられ、海岸線は東進した。

池田家上屋敷表門・後の高輪御殿　明治初期

1954年（昭和29）、この門は国立東京博物館の敷地内に移築された。外の道路から正面の姿を眺めることができる。江戸時代の大名屋敷表門として現存する貴重なもの。国の重要文化財。

◀現代の姿

高輪東宮御所《たかなわとうぐうごしょ》正門は元々、32万5千石《ごく》の因幡鳥取《いなばとっとり》藩松平（池田）相模守《さがみのかみ》上屋敷《かみやしき》（現在の帝国劇場あたり）の表門を移築したもの。屋根は入母屋《いりもや》造り、左右に向唐《むかいから》破風《はふ》造りの番所をもつ門は、国持《くにもち》大名のみ許され、最も格式が高い形式。この画像は、池田家上屋敷が東京鎮台に用いられていた頃のもの。その後、この門は、高輪の東宮御所に移築された。高松宮邸、後に高輪皇族邸になる。

手彩色絵はがきの歴史

明治大正時代、まだカラー印刷の技術が開発されていない時代、名所の〝彩色〟古写真や〝彩色〟絵はがきが広く出回り、日本に来た外国人のお土産用や海外へ輸出もされていた。実は、職人が水彩で一枚一枚色付けを施していたため、**手彩色絵はがき**※と呼ばれていた。写真の台頭によって仕事が減った、浮世絵職人・画家たちが多くこの彩色に携わったという。やがて手彩色絵はがきが流行するにつれ、女性の内職仕事として広まっていった。すべて手作業のため、塗り手によって違いが生じる。丁寧な塗りあり、大雑把なものあり、淡い色調もあれば、サイケ調のものまで存在した。手彩色絵はがきには、大量生産品では味わえない一枚一枚の趣き・個性がある。

本書1ページ目の亀戸天神の絵はがきがどんな色で塗られていたのかを、試みに、画像処理ソフト（アドビ社のフォトショップ）を用いて、推定してみた。おそらく7種類の顔料で彩色されており、重ね塗りはあまり行なわれていない。空は、上から水色・無色・朱色というグラデーションで塗られている。塗り方さえ理解すればモノクロの古写真に対して、手彩色ならぬ「マウス彩色」をすることも比較的容易である。

①コロタイプ印刷（モノクロ）

②職人の彩色（推定）

①+② 手彩色
経年変化をしていない状態の復元。

※「手彩色」の漢字の読み方は、辞書によってもまちまちである。「てさいしき」や「てざいしき」「てさいしょく」「しゅさいしょく」「しゅさいしき」などあらゆる読みが見られる。

よくある違いは通行人の衣装。彩色者には元の色を知るすべがないので、同じ写真でも彩色者によって色は様々。これもひとえに職人のセンス（？）・空想（？）のなせる業である。

この写真には、桜の花に濃淡の差が付けてある。

凌雲閣や桜は他と同じ彩色だが、衣服は異なる彩色。

店の暖簾《のれん》は、上下だけ茶色に塗られている。

有名な橋や建物の色さえ実物と全く違う色に塗られたものもある。また、季節をよく考えずに「紅葉」の彩色を付けてしまうケースはとても多い。右の絵はがきの拡大図を見ると（p.95上野東照宮入口）、虫捕り網を少年が持っているので明らかに季節は夏だが、つい職人が筆を走らせて、葉を紅葉の色に塗っている。

明治期の絵はがきに見られる**コロタイプ印刷**は、ゼラチンと重クロム酸カリを混ぜた感光液をガラス板上に塗布した感光板を使用する。単身渡米し、写真技術を学んだ**小川一真**が、1888年（明治21）、コロタイプ印刷を実用化した。大正時代になると、大量印刷が可能なカラーオフセット印刷が主流となる。次第に手間のかかる手彩色は廃《すた》れ、東京では関東大震災以降見られなくなる。コロタイプ印刷と網版を使うオフセット印刷の違いは、拡大すれば一目瞭然である。オフセット印刷全盛の現在でも、美術印刷やレプリカの分野ではコロタイプ印刷が時に使用される。つまり、戦前の絵はがきは、古い印刷の方が精細度が優れていることになる。コロタイプの絵はがきは、虫眼鏡や顕微鏡で拡大すると、楽しみが増すのである。

明治後期のコロタイプ印刷
（銀座４丁目交差点の服部時計店の時計台）

昭和初期のオフセット印刷
上のコロタイプのものと同じ拡大率にしているが、画質の違いは明白である。

ちなみに、**コロタイプ**のコロとは、感光液が**コロイド溶液**（コロジオン液）だったため。「コロ」は、ギリシャ語のコッラ（κόλλα）「膠（にかわ）、接着剤」に由来。写真を糊付けするコラージュ（collage）や、タンパク質コラーゲン（collagen）も派生語。

江戸～昭和初期年表

西暦	干支	年号	天皇	将軍	出来事
1564	甲子	永禄(えいろく) 7	第106代 正親町(おおぎまち)	第14代 足利義輝(よしてる)	
1565	乙丑	8			
66	丙寅	9			
67	丁卯	10			
68	戊辰	11		第15代 足利義昭(よしあき)	
69	己巳	12			
1570	庚午	元亀(げんき) 1			
71	辛未	2			
72	壬申	3			
73	癸酉	天正(てんしょう) 1			
74	甲戌	2			
1575	乙亥	3			
76	丙子	4			
77	丁丑	5			
78	戊寅	6			
79	己卯	7			
1580	庚辰	8			
81	辛巳	9			
82	壬午	10			・本能寺の変
83	癸未	11			
84	甲申	12			
1585	乙酉	13			
86	丙戌	14	第107代 後陽成(ごようぜい)		
87	丁亥	15			
88	戊子	16			・刀狩令
89	己丑	17			
1590	庚寅	18			・豊臣秀吉、全国統
91	辛卯	19			家康は関八州 与えられ、江 城に入る。
92	壬辰	文禄(ぶんろく) 1			
93	癸巳	2			
94	甲午	3			
1595	乙未	4			
96	丙申	慶長(けいちょう) 1			
97	丁酉	2			
98	戊戌	3			・豊臣秀吉没
99	己亥	4			
1600	庚子	5			・関ヶ原の戦い
01	辛丑	6			
02	壬寅	7			
03	癸卯	8		第1代 徳川家康(いえやす)	・家康、征 将軍に任 される
04	甲辰	9			
1605	乙巳	10		第2代 徳川秀忠(ひでただ)	
06	丙午	11			
07	丁未	12			・江戸城天 (慶長
08	戊申	13			
09	己酉	14			
1610	庚戌	15			
11	辛亥	16	第108代 後水尾(ごみずのお)		
12	壬子	17			
13	癸丑	18			
14	甲寅	19			・大坂冬の
1615	乙卯	元和(げんな) 1			・大坂夏の
16	丙辰	2			
17	丁巳	3			
18	戊午	4			
19	己未	5			
1620	庚申	6			・浅草に米蔵
21	辛酉	7			
22	壬戌	8			江戸城天守 ・(元和度)
23	癸亥	9		第3代 家光	

西暦	干支	年号	天皇	将軍	出来事
1624	甲子	寛永(かんえい) 1	後水尾		
1625	乙丑	2			・寛永寺本坊
26	丙寅	3			
27	丁卯	4			・上野東照宮
28	戊辰	5			
29	己巳	6	第109代 明正(めいしょう)	第3代 徳川家光(いえみつ)	・紫衣事件
1630	庚午	7			
31	辛未	8			
32	壬申	9			
33	癸酉	10			
34	甲戌	11			・安宅丸建造
1635	乙亥	12			・参勤交代の制
36	丙子	13			
37	丁丑	14			・島原・天草一揆
38	戊寅	15			・江戸城天守閣(寛永度)
39	己卯	16			
1640	庚辰	17			
41	辛巳	18			
42	壬午	19			
43	癸未	20	第110代 後光明(ごこうみょう)		
44	甲申	21 / 正保(しょうほう) 1			
1645	乙酉	2			
46	丙戌	3			
47	丁亥	4			
48	戊子	慶安(けいあん) 1			
49	己丑	2			
1650	庚寅	3			
51	辛卯	4		第4代 徳川家綱(いえつな)	
52	壬辰	承応(じょうおう) 1			・由井正雪の乱(慶安の変)
53	癸巳	2			
54	甲午	3	第111代 後西(ごさい)		
1655	乙未	4 / 明暦(めいれき) 1			
56	丙申	2			
57	丁酉	3			
58	戊戌	万治(まんじ) 1			・明暦の大火(振袖火事)
59	己亥	2			
1660	庚子	3			
61	辛丑	寛文(かんぶん) 1			
62	壬寅	2			
63	癸卯	3	第112代 霊元(れいげん)		
64	甲辰	4			
1665	乙巳	5			
66	丙午	6			
67	丁未	7			
68	戊申	8			
69	己酉	9			
1670	庚戌	10			
71	辛亥	11			
72	壬子	12			
73	癸丑	延宝(えんぽう) 1			
74	甲寅	2			
1675	乙卯	3			
76	丙辰	4			
77	丁巳	5			
78	戊午	6			
79	己未	7			
1680	庚申	8		第5代 綱吉(つなよし)	
81	辛酉	天和(てんな てんわ) 1			
82	壬戌	2			
83	癸亥	3			

西暦	干支	年号		天皇	将軍	
1684	甲子		貞享（じょうきょう）1	霊元	第5代 徳川綱吉（つなよし）	
1685	乙丑		2			
86	丙寅		3			
87	丁卯		4	第113代 東山（ひがしやま）		
88	戊辰	元禄（げんろく）1				
89	己巳	2				
1690	庚午	3				
91	辛未	4				
92	壬申	5				
93	癸酉	6				
94	甲戌	7				
1695	乙亥	8				
96	丙子	9				
97	丁丑	10				
98	戊寅	11				•永代橋架橋
99	己卯	12				
1700	庚辰	13				
01	辛巳	14				•松の廊下事件
02	壬午	15				•赤穂浪士の討入(12/14)
03	癸未	16				
04	甲申	宝永（ほうえい）1				
1705	乙酉	2				
06	丙戌	3				
07	丁亥	4				
08	戊子	5				
09	己丑	6		第114代 中御門（なかみかど）	第6代 家宣（いえのぶ）	
1710	庚寅	7				
11	辛卯		正徳（しょうとく）1			
12	壬辰		2			
13	癸巳		3		第7代 家継（いえつぐ）	
14	甲午		4			
1715	乙未		5			
16	丙申	享保（きょうほう、きょうほ）1			第8代 徳川吉宗（よしむね）	•享保の改革（〜45）
17	丁酉	2				
18	戊戌	3				
19	己亥	4				
1720	庚子	5				
21	辛丑	6				
22	壬寅	7				
23	癸卯	8				
24	甲辰	9				
1725	乙巳	10				
26	丙午	11				
27	丁未	12				
28	戊申	13				
29	己酉	14				
1730	庚戌	15				
31	辛亥	16				
32	壬子	17				
33	癸丑	18				
34	甲寅	19				
1735	乙卯	20		第115代 桜町（さくらまち）		
36	丙辰	元文（げんぶん）1				
37	丁巳	2				
38	戊午	3				
39	己未	4				
1740	庚申	5				
41	辛酉		寛保（かんぽう、かんぽ）1			
42	壬戌		2			
43	癸亥		3			

西暦	干支	年号		天皇	将軍	
1744	甲子		延享（えんきょう）1	桜町	吉宗	
1745	乙丑		2		第9代 徳川家重（いえしげ）	
46	丙寅		3			
47	丁卯		4	第116代 桃園（ももぞの）		
48	戊辰	寛延（かんえん）1				
49	己巳	2				
1750	庚午	3				
51	辛未	1	宝暦（ほうれき、ほうりゃく）1			
52	壬申	2	2			
53	癸酉	3	3			
54	甲戌	4	4			
1755	乙亥	5	5			
56	丙子	6	6			
57	丁丑	7	7			
58	戊寅	8	8			
59	己卯	9	9			
1760	庚辰	10	10		第10代 徳川家治（いえはる）	
61	辛巳	11	11			
62	壬午	12	12	第117代 後桜町（ごさくらまち）		
63	癸未	13	13			
64	甲申	明和（めいわ）1				
1765	乙酉	2				
66	丙戌	3				
67	丁亥	4				
68	戊子	5				
69	己丑	6				
1770	庚寅	7		第118代 後桃園（ごももぞの）		
71	辛卯	8				
72	壬辰	9	安永（あんえい）1			•明和の大火（江戸時代最大の火災。）
73	癸巳		2			
74	甲午		3			•吾妻橋架橋
1775	乙未		4			
76	丙申		5			
77	丁酉		6			
78	戊戌		7			
79	己亥		8	第119代 光格（こうかく）		
1780	庚子		9			
81	辛丑					
82	壬寅	天明（てんめい）1				•天明の飢饉
83	癸卯	2				
84	甲辰	3				
1785	乙巳	4				
86	丙午	5				
87	丁未	6			第11代 徳川家斉（いえなり）	•寛政の改革（〜93）
88	戊申	7				
89	己酉	8				
1790	庚戌	寛政（かんせい）1				
91	辛亥	2				
92	壬子	3				
93	癸丑	4				
94	甲寅	5				
1795	乙卯	6				
96	丙辰	7				
97	丁巳	8				
98	戊午	9				
99	己未	10				
1800	庚申	11				
01	辛酉		享和（きょうわ）1			
02	壬戌		2			
03	癸亥		3			

西暦	干支	年号	天皇	将軍	
1864	甲子	元治(げんじ) 1	孝明	家茂	
1865	乙丑	慶応(けいおう) 1			
66	丙寅	2			・薩長同盟
67	丁卯	3		第15代 慶喜(よしのぶ)	・大政奉還
68	戊辰	明治(めいじ) 1	第122代 明治(めいじ)		・戊辰戦争勃発
69	己巳	2			・版籍奉還
1870	庚午	3			
71	辛未	4			・廃藩置県
72	壬申	5			・学制公布
73	癸酉	6			・地租改正実施
74	甲戌	7			
1875	乙亥	8			
76	丙子	9			
77	丁丑	10			・西南戦争
78	戊寅	11			
79	己卯	12			
1880	庚辰	13			
81	辛巳	14			
82	壬午	15			
83	癸未	16			
84	甲申	17			
1885	乙酉	18			・内閣制度の設立
86	丙戌	19			
87	丁亥	20			
88	戊子	21			
89	己丑	22			・大日本帝国憲法発布
1890	庚寅	23			・教育勅語、第一回帝国議会
91	辛卯	24			
92	壬辰	25			
93	癸巳	26			
94	甲午	27			・日清戦争
1895	乙未	28			・下関条約、三国干渉
96	丙申	29			
97	丁酉	30			
98	戊戌	31			
99	己亥	32			
1900	庚子	33			・義和団事件
01	辛丑	34			
02	壬寅	35			・日英同盟
03	癸卯	36			
04	甲辰	37			・日露戦争
1905	乙巳	38			
06	丙午	39			
07	丁未	40			
08	戊申	41			
09	己酉	42			
1910	庚戌	43			
11	辛亥	44			・辛亥革命
12	壬子	大正(たいしょう) 1	第123代 大正(たいしょう)		・第一次護憲運動
13	癸丑	2			
14	甲寅	3			・第一次世界大戦勃発
1915	乙卯	4			
16	丙辰	5			
17	丁巳	6			
18	戊午	7			・米騒動
19	己未	8			
1920	庚申	9			・最初のメーデー
21	辛酉	10			
22	壬戌	11			
23	癸亥	12			・関東大震災(9/1)

西暦	干支	年号	天皇	将軍	
1804	甲子	文化(ぶんか) 1	第119代 光格(こうかく)	第11代 徳川家斉(いえなり)	
1805	乙丑	2			
06	丙寅	3			・文化の大
07	丁卯	4			
08	戊辰	5			・間宮林蔵 樺太を探
09	己巳	6			
1810	庚午	7			
11	辛未	8			
12	壬申	9			
13	癸酉	10			
14	甲戌	11			
1815	乙亥	12			
16	丙子	13			
17	丁丑	14	第120代 仁孝(にんこう)		
18	戊寅	文政(ぶんせい) 1			
19	己卯	2			
1820	庚辰	3			
21	辛巳	4			
22	壬午	5			
23	癸未	6			
24	甲申	7			
1825	乙酉	8			・異国船打払
26	丙戌	9			
27	丁亥	10			
28	戊子	11			
29	己丑	12			
1830	庚寅	天保(てんぽう) 1			
31	辛卯	2			
32	壬辰	3			
33	癸巳	4			・天保の飢
34	甲午	5			
1835	乙未	6			
36	丙申	7			
37	丁酉	8		第12代 徳川家慶(いえよし)	・大塩平 郎の乱
38	戊戌	9			
39	己亥	10			
1840	庚子	11			
41	辛丑	12			・天保の改 (～43)
42	壬寅	13			
43	癸卯	14			
44	甲辰	弘化(こうか) 1			
1845	乙巳	2			
46	丙午	3	第114代 孝明(こうめい)		
47	丁未	4			
48	戊申	嘉永(かえい) 1 / 弘化 5			
49	己酉	2			
1850	庚戌	3			
51	辛亥	4			
52	壬子	5			
53	癸丑	6		第13代 家定(いえさだ)	・ペリー来
54	甲寅	安政(あんせい) 1			・日米和親
1855	乙卯	2			
56	丙辰	3			
57	丁巳	4			
58	戊午	5		第14代 家茂(いえもち)	・安政の大
59	己未	6			
1860	庚申	万延(まんえん) 1			
61	辛酉	文久(ぶんきゅう) 1			
62	壬戌	2			
63	癸亥	3			

西暦	干支	年号	天皇	
1935	乙亥	10	昭和	
36	丙子	11		・二・二六事件、日独防共協定
37	丁丑	12		・日中戦争
38	戊寅	昭和（しょうわ）13		・国家総動員法
39	己卯	14		
1940	庚辰	15		・日独伊三国同盟
41	辛巳	16		・真珠湾攻撃
42	壬午	17		
43	癸未	18		
44	甲申	19		
1945	乙酉	20		・大空襲、広島・長崎原爆投下、終戦

西暦	干支	年号	天皇	
1924	甲子	大正13	大正	・甲子園大運動場完成
1925	乙丑	14		・治安維持法、普通選挙法
26	丙寅	1	第125代 昭和（しょうわ）	
27	丁卯	昭和（しょうわ）2		・金融恐慌
28	戊辰	3		
29	己巳	4		
1930	庚午	5		
31	辛未	6		・満州事変
32	壬申	7		・満州国建国、五・一五事件
33	癸酉	8		
34	甲戌	9		

干支（えと、かんし）一覧表

小さな番号が干支の順番を示す

干支《えと》とは、十干《じっかん》と十二支《じゅうにし》の組み合わせ。60年1サイクル。甲子の次は乙丑というように、十干と十二支がひとつずつずれてゆく（最初の12年分のみ矢印で順番を示す）。干支にちなんだ出来事の名称は数多い（壬申の乱、戊辰戦争、辛亥革命、甲子園など）。甲子（かっし）と辛酉（しんゆう）は革命の年とされ、それを防ぐため「甲子改元、辛酉改元」がしばしばなされてきた。本書の年表は最上段が「甲子」になるように配列されている。

十二支 / 十干	子《し》 ね	丑《ちゅう》 うし	寅《いん》 とら	卯《ぼう》 う	辰《しん》 たつ	巳《し》 み	午《ご》 うま	未《び》 ひつじ	申《しん》 さる	酉《ゆう》 とり	戌《じゅつ》 いぬ	亥《がい》 い
甲《こう》 きのえ 木の兄	1 甲子 きのえね かっし / こうし		51 甲寅 きのえとら こういん		41 甲辰 きのえたつ こうしん		31 甲午 きのえうま こうご		21 甲申 きのえさる こうしん		11 甲戌 きのえいぬ こうじゅつ	
乙《いつ》 きのと 木の弟		2 乙丑 きのとうし いっちゅう		52 乙卯 きのとう いつぼう		42 乙巳 きのとみ いっし		32 乙未 きのとひつじ いつび		22 乙酉 きのととり いつゆう		12 乙亥 きのとい いつがい
丙《へい》 ひのえ 火の兄	13 丙子 ひのえね へいし		3 丙寅 ひのえとら へいいん		53 丙辰 ひのえたつ へいしん		43 丙午 ひのえうま へいご		33 丙申 ひのえさる へいしん		23 丙戌 ひのえいぬ へいじゅつ	
丁《てい》 ひのと 火の弟		14 丁丑 ひのとうし ていちゅう		4 丁卯 ひのとう ていぼう		54 丁巳 ひのとみ ていし		44 丁未 ひのとひつじ ていび		34 丁酉 ひのととり ていゆう		24 丁亥 ひのとい ていがい
戊《ぼ》 つちのえ 土の兄	25 戊子 つちのえね ぼし		15 戊寅 つちのえとら ぼいん		5 戊辰 つちのえたつ ぼしん		55 戊午 つちのえうま ぼご		45 戊申 つちのえさる ぼしん		35 戊戌 つちのえいぬ ぼじゅつ	
己《き》 つちのと 土の弟		26 己丑 つちのとうし きちゅう		16 己卯 つちのとう きぼう		6 己巳 つちのとみ きし		56 己未 つちのとひつじ きび		46 己酉 つちのととり きゆう		36 己亥 つちのとい きがい
庚《こう》 かのえ 金の兄	37 庚子 かのえね こうし		27 庚寅 かのえとら こういん		17 庚辰 かのえたつ こうしん		7 庚午 かのえうま こうご		57 庚申 かのえさる こうしん		47 庚戌 かのえいぬ こうじゅつ	
辛《しん》 かのと 金の弟		38 辛丑 かのとうし しんちゅう		28 辛卯 かのとう しんぼう		18 辛巳 かのとみ しんし		8 辛未 かのとひつじ しんび		58 辛酉 かのととり しんゆう		48 辛亥 かのとい しんがい
壬《じん》 みずのえ 水の兄	49 壬子 みずのえね じんし		39 壬寅 みずのえとら じんいん		29 壬辰 みずのえたつ じんしん		19 壬午 みずのえうま じんご		9 壬申 みずのえさる じんしん		59 壬戌 みずのえいぬ じんじゅつ	
癸《き》 みずのと 水の弟		50 癸丑 みずのとうし きちゅう		40 癸卯 みずのとう きぼう		30 癸巳 みずのとみ きし		20 癸未 みずのとひつじ きび		10 癸酉 みずのととり きゆう		60 癸亥 みずのとい きがい

※十二支12×十干10＝120の組み合わせが可能だが、そのうち半分（子乙や丑丙）は用いられていない。
戌は戊の字も用いられる。十二支と方角の関係はp.20参照。

撮影協力・画像提供

本書に掲載された写真の撮影に関して御協力感謝申し上げます。

宮内庁総務課報道室
皇居外苑管理事務所
亀戸天神社
江戸東京博物館
博物館 明治村
横浜開港資料館
すみだ郷土文化資料館
上野恩賜公園管理所
円通寺
東京都建設局橋梁保全係
かちどき橋の資料館
㈶東日本鉄道文化財団
日比谷公園管理所
㈶徳川記念財団
増上寺

本書の現代地図は、㈱デジタルファインの『DTP MAP 東京23区』に基づいて作成。

参考文献一覧（本書執筆の参考にした文献の一部）

●永原慶二監修『岩波日本史辞典』岩波書店（1999）●『復元・江戸情報地図』朝日新聞社（1994）●『嘉永・慶応 江戸切絵図』㈱人文社（1995）●人文社第一編集部編『嘉永・慶応 江戸切絵図で見る幕末人物事件散歩』㈱人文社（1995）●人文社編集部編『切絵図・現代図で歩く 江戸東京散歩』㈱人文社（2002）●下中邦彦編集兼発行人『アトラス東京－地図でよむ江戸～東京』㈱平凡社（1986）●人文社編集部編『古地図・現代図で歩く明治大正東京散歩』㈱人文社（2003）●『図説 明治の地図で見る鹿鳴館時代の東京』㈱学習研究社（2007）●人文社編集部編『古地図・現代図で歩く昭和東京散歩』㈱人文社（2003）●正井泰夫監修『昭和30年代 懐かしの東京』㈱平凡社（2001）●人文社編集部編『古地図・現代図で歩く昭和30年代東京散歩』㈱人文社（2004）●芳賀徹、岡部昌幸著『写真で見る江戸東京』㈱新潮社（1992）●石黒敬章編『明治・大正・昭和 東京写真大集成』㈱新潮社（2001）●石黒敬章著『ビックリ東京変遷案内』㈱平凡社（2003）●富田昭次著『絵はがきでみる日本近代』㈱青弓社（2005）●渡辺秀樹編『東京遊覧』㈱日本文芸社（2007）●小松和博著『江戸城－その歴史と構造』㈱名著出版（1985）●平井聖監修『地図と写真で見る幕末明治の江戸城』㈱学習研究社（2003）●平井聖監修『よみがえる江戸城』㈱学習研究社（2005）●藤森照信著『東京のまちづくり』彰国社（1986）●伊藤孝監修白井裕編『隅田川・橋の紳士録』㈱東京堂出版（1993）●棚橋正博著『江戸名所 隅田川 絵解き案内』小学館（1998）●㈳日本橋梁建設協会編『日本の橋―多彩な鋼橋の百余年史』㈱朝倉書店（1994）●佐藤洋一著『あの日の浅草』㈱武揚堂（2006）●上坂倉次著『あさくさ仲見世史話』浅草観光連盟（1985）●佐藤洋一著『あの日の銀座』㈱武揚堂（2007）●長谷川章・三宅俊彦・山口雅人著『東京駅歴史探見』JTB（2003）●俵元昭著『江戸の地図屋さん－販売競争の舞台裏』吉川弘文館（2003）●交通博物館編『図説駅の歴史－東京のターミナル』河出書房新社（2006）●湯本豪一著『明治ものの流行事典』柏書房㈱（2005）●東京都江戸東京博物館監修、湯川説子編『帝都の誕生を覗く』中央公論新社（2003）●矢田挿雲著『新版 江戸から東京へ』中央公論新社（1999）

〔著者紹介〕

原島　広至（はらしま　ひろし）

歴史・サイエンスライター、イラストレーター、3DCG作家。手彩色絵はがき、古地図の蒐集家。著書に、『東京今昔散歩』『横浜今昔散歩』『大阪今昔散歩』『神戸今昔散歩』『東京スカイツリー今昔散歩』『百人一首今昔散歩』『名古屋今昔散歩』『＋－×÷のはじまり』（以上、KADOKAWA中経出版）、『語源から覚える解剖学英単語集』シリーズ『骨単』『肉単』『脳単』『臓単』（韓国語版・中国語版も既刊）、『生薬単— 語源から覚える植物学・生薬学名単語集』『骨単MAP&3D』『3D踊る肉単』『ツボ単』『骨肉腱え問 解剖学問題集（運動器編）』（以上、エヌ・ティー・エス）などがある。

ワイド版 東京今昔散歩

（検印省略）

2014年4月26日　第1刷発行

著　者　原島　広至（はらしま　ひろし）
発行者　川金　正法

発行所　株式会社KADOKAWA
〒102-8177　東京都千代田区富士見2-13-3
03-3238-8521（営業）
http://www.kadokawa.co.jp

編　集　中経出版
〒102-0071　東京都千代田区富士見1-8-19
03-3262-2124（編集）
http://www.chukei.co.jp

落丁・乱丁本はご面倒でも、下記KADOKAWA読者係にお送りください。

送料は小社負担でお取り替えいたします。

古書店で購入したものについては、お取り替えできません。

電話049-259-1100（9：00～17：00／土日、祝日、年末年始を除く）

〒354-0041　埼玉県入間郡三芳町藤久保550-1

DTP／スフィーノ　印刷・製本／錦明印刷

©2014 Hiroshi Harashima, Printed in Japan.

ISBN978-4-04-600247-1　C2025

本書の無断複製（コピー、スキャン、デジタル化等）並びに無断複製物の譲渡及び配信は、著作権法上での例外を除き禁じられています。また、本書を代行業者などの第三者に依頼して複製する行為は、たとえ個人や家庭内での利用であっても一切認められておりません。